現代西亞的前世今生

國際強權與區域勢力競爭中的邊界劃分、消逝、再劃分

陳立樵　著

好評推薦

（按姓氏筆畫排序）

一般認為現代西亞的衝突經常與民族、教派及宗教矛盾有關。陳立樵老師所著的《現代西亞的前世今生》突破傳統論述，認為今日西亞地區的諸多爭議乃與領土爭議有關。領土是現代主權國家最根本的構成要素，該書分別從宏觀視角及個案探討之方式，梳理西亞各地的邊境劃分問題，有助於讀者釐清近百年西亞地區的整體歷史發展。

——包修平／暨南國際大學歷史系助理教授

《現代西亞的前世今生》以樸實的文字，道出西亞各國於邊界劃分及國家建立時所經歷之銘心刻骨的痛。除豐富的歷史事實梳理外，作者也提出對該區域研究的獨到觀點。這是一本能帶領讀者穿越百年來西亞國家建立時所經歷的點點滴滴，是認識當代西亞必讀的一本好書！

——張景安／政治大學阿拉伯語文學系副教授

《現代西亞的前世今生》縱貫古今，以「邊界」問題切入西亞歷史，帶領讀者重新認識、理解發生於這片廣大區域的歷史事件、衝突與戰爭。有別於一般歐美中心論的史觀，陳立樵博士透過嚴謹的歷史考證和犀利、批判的筆鋒，重新詮釋近現代西亞史。《現代西亞的前世今生》是值得一讀再讀的好書！

——崔進揆／中興大學國際政治研究所副教授、當代南亞與中東研究中心主任

西亞算是一個比較年輕的區域。儘管它具有幾千年的文化文明，但以民族國家的標準來看，多數國家是新建立的。要瞭解具有此種特色之區域中的衝突、角力與戰爭，即需要瞭解其幕後的知識。本書將有助於學政治(尤其是國際關係)的學生更深刻地認識西亞的政治狀況。

——顧朋／政治大學外文中心兼任助理教授

目次

Contents

自序

本書主要討論現代西亞國家邊界的劃分，內容整合了先前筆者已在自由評論網「伊朗與西亞世界」專欄所發表的邊界問題系列，並融入了專欄中與本書主旨相關的文章，再加上一些全新撰寫的篇幅，形成現在所看到的樣子。

撰寫這樣的主題，始於筆者所做的二十世紀英國與伊朗外交關係研究。在英國與伊朗外交檔案中，有大量關於伊朗與鄂圖曼帝國邊界劃分爭議的紀錄，而英國與俄國兩個外來強權對該問題介入許多。伊鄂邊界糾紛其實從十六世紀以來就已存在，兩個西亞國家早期簽署過的條約、協議，都成為往後交涉時參考的基礎。一九二三年鄂圖曼帝國瓦解後，在英國主導之下所建立的伊拉克，有很長一段邊界與伊朗共享，兩伊對於邊界劃分有不同的想法，一九八〇年代著名的兩伊戰爭開打，邊界問題也是導火線之一。由此可見，即使接近二十世紀末，有些上個世代的歷史糾葛都還是「陰魂不散」。

筆者以自身研究為基礎，擴大探討其他西亞國家的情況，發現各國邊界的劃分其實也都有歷史的糾葛，以及西方強權介入的痕跡。舉例來說，一九一六年著名的《賽克斯－皮科協議》，便是英國與法國瓜分阿拉伯地區的鐵證，而一九一七年的《貝爾福宣言》則是造成後來阿拉伯國家與以色列衝突的始作俑者。這些外來強權所做的決定，僅是為了他們自己的利益，犧牲了西亞當地人的生存空間與生存權益，並導致西亞地區對於西方強權的不滿與抵抗。今日的許多西亞國家，例如伊拉克、約旦、敘利亞、黎巴嫩、土耳其、埃及，都是建立不到百年的國家，其邊界就是在英法的劃分、當地勢力的抵抗之下所形成，而這些紛爭在這百年來從未停歇。無止盡的衝突，其實是英法等外來強權的「傑作」。

於是，現今西亞地區或許有許多令人不解的事情，但若瞭解一百年前、或者上溯至鄂圖曼帝國時期的歷史，大致可以明白為什麼二〇一四年伊斯蘭國在崛起時，提到了要粉碎《賽克斯－皮科協議》所設下的框架；也能明白為什麼二〇一七年美國前總統川普稱耶路撒冷為以色列首都、二〇一九年又說以色列擁有戈蘭高地的主權時，會激起阿拉伯地區相當不滿的聲浪；二〇二〇年亞塞拜然與亞美尼亞為了爭奪納卡一地而交戰，也是跟前一個世代的問題有關；對於二〇二一年阿富汗塔利班重取得政權這樣的事情，似乎也就不會覺得那麼意外了。這些問題本來就已經持續了一段時間，即使有時看似已經平靜，但又不知道在什麼時候就會再次爆發衝突。

在開始閱讀資料與書寫之後，每當發現了許多自己以前不知道的事情時，總是感到興奮無比。但問題是，在這些邊界劃分後所簽署的條約與文件中，有些界線經過的地方、山谷、河流，可能已經改名，而且當地語言轉變成拉丁字母拼字後，英文文件與研究學者的拼寫都有差異，導致從條文或者現在可搜尋到的地圖之中，不易精準瞭解界線的走向。有些學者雖然也談邊界劃分，但沒有把細節寫出來，也沒有在書末附加條約全文。因此，筆者在撰寫每週一篇專欄文章時，花了很多時間在找尋某個地名，但最後總是一無所獲，只好不專業且自我一廂情願地理解，所以書中肯定有許多不詳盡、甚至錯誤之處。文責自負，敬請讀者指教。

本書完成於二〇二一年五月三級封鎖時的WFH（這個H可以是Home也可以是Hell），少掉了每天往返學校、接送小孩上下課的時間，反而能夠好好靜下心來寫作。小小的歷史研究工作者，最微小的願望就是有一點點時間寫作與作研究。感謝內人長久以來的陪伴與照顧，她有如福星一樣讓我的日子相當平順。也謝謝兩個小孩在家的吵吵鬧鬧，帶來許多不知該如何形容的……歡樂。數學家 Joseph J. Rotman 在他的著作 *An Introduction to Algebraic Topology* 中感謝家人，但他卻寫道：「沒有他們的話，這本書兩年前就已經出版了。」相當有趣，我深表同感。比較難過的是，因為疫情的關係，已有一段時間沒能回家看父母，對他們感到很抱歉。

感謝自由評論網，讓筆者能夠有很長的一段時間可以一直寫文章，每週一篇的壓力確實激發交稿與求生意志，畢竟寫專欄不能只寫自己的研究，所以要去接觸平常怎樣都不太可能去接觸的主題。單純只聚焦在自己的研究興趣，或許也不算是壞事，但因為大量的文章撰寫，需要拓展題材並瞭解自身研究之外的部分，對西亞歷史的理解反而更加廣泛，而且寫作時所研讀的資料，也可加入自己的研究之中，深感獲益良多。

感謝輔大歷史系和諧與穩定的氣氛，無論是同仁之間的相互幫忙與鼓勵，還有學生在課後的回饋與閒聊，都讓這份教職有了許多意涵。

感謝時報文化，願意出版這本書。臺灣並非不關注西亞歷史，只是較少引進這方面的著作，教科書也鮮少這部分的討論，而國際新聞的報導面向也有其侷限性。或許這本書探討各個西亞國家因邊界劃分而牽扯到的歷史糾葛、強權競爭、導致更多的動盪，是為較少研究學者切入的觀點，但不管有沒有貢獻，至少自己覺得增長一些知識了。

二〇二二年六月三十日
寫於326咖啡館
陳立樵

前言

本書重點為二十世紀西亞地區各國邊界劃分、消逝、再劃分的過程。這主題發想自筆者在二十世紀初期英國與伊朗外交關係的研究裡，有關第一次世界大戰（後文簡稱為一戰）之前，伊朗（Iran）卡加王朝（Qajar Dynasty, 1774-1925，後文簡稱為卡加）與鄂圖曼帝國（Ottoman Empire, 1299-1922，後文簡稱鄂圖曼）的邊界劃分。在英國與伊朗的外交檔案之中，可看到伊朗與鄂圖曼邊界糾紛，聚焦在北方的高加索（Caucasus）地區與南方的阿拉伯河（Shatt-e Arab）如何劃分界線的問題。

在稍作研究回顧之後，發現這個議題相當複雜，牽涉到自十六世紀以來伊朗薩法維王朝（Safavid Dynasty, 1501-1736，後文簡稱薩法維）與鄂圖曼競爭的歷史，也間接造成二十世紀一九八〇年到一九八八年伊朗與伊拉克（Iraq）的兩伊戰爭（Iran-Iraq War）。有關伊朗與鄂圖曼邊界問題的相關研究，可參考一九五八年哈拉利（Maurice Harari）的博士論文，[1]以及二

○一三年學者阿特希（Sabri Ateş）出版的《鄂圖曼帝國與伊朗的邊境》（*The Ottoman-Iranian Borderlands*），[2]探討一戰之前兩個伊斯蘭國家的邊界關係。

學者史科菲爾德（Richard Schofield）則有多篇研究文章，闡述從十六世紀至二十世紀伊朗與鄂圖曼幾次邊界糾紛的因素與結果，另有伊朗與伊拉克邊界關係的研究，[3]也編纂了兩伊邊界的檔案匯集。[4]二○一九年《伊朗研究》（*Iranian Studies*）刊登了數篇文章，從不同議題來討論薩法維與鄂圖曼的邊界關係。該刊主編指出，近年來跨區域研究的風氣正盛，著重在區域間的歷史問題與現代國家邊界劃分的糾葛，伊朗與鄂圖曼邊界問題的研究正在起步。[5]可見伊鄂邊界這議題除了一些舊有的研究成果之外，還有再發展的空間。

二○二○年九月，亞塞拜然（Azerbaijan）與亞美尼亞（Armenia）為了爭奪一塊飛地（enclave）納戈爾諾－卡爾巴賀共和國（Republic of Nagorno Karbakh，[6]後文稱納卡）而大打出手，其實這問題也與伊朗與鄂圖曼邊界有關。此外，早期俄國也在這區域爭奪勢力範圍，是以有些區域該歸屬於誰並沒有定論。一九二三年鄂圖曼瓦解之後，這區域出現的新勢力該如何劃分彼此的界線，當時土耳其（Turkey）、蘇俄、伊朗掌握著這區域勢力範圍劃分的優勢；可是，那並不代表符合當地人的想法，以致於糾紛與衝突仍難平息。時至今日，二十一世紀已經進入二○年代了，衝突並未結束，百年來這區域的情勢仍然隨時可能風起雲湧。

邊界的昨日與今日

其實世界上各區域的邊界問題俯拾即是，不僅伊朗與鄂圖曼邊界問題糾纏幾世紀，有些國與國的邊界糾紛也是一樣。宛如同一問題「投胎轉世」，諸多「前世」的問題在「今生」再度顯現出來。

依稀記得以前歷史課本提到法國與德國之間的亞爾薩斯－洛林（Alsace-Lorraine）兩地，幾世紀之前就有爭議。一八七〇年，法國與普魯士交戰，法國因於一八七一年戰敗，亞爾薩斯－洛林就成為普魯士（後來為德意志帝國）的領土。進入二十世紀，兩地因受兩次世界大戰波及，於一九四五年德國戰敗後，轉為法國擁有至今。但是，這可能只是暫時的，因為往後可能在某些情況下，又出現法德之間的衝突，也可能當地人的認同與兩國政府不見得一致，一旦有任何因素加入，很有可能德法會為了爭奪亞爾薩斯－洛琳而再次爆發戰爭。

二〇二〇年，中國與印度發生邊界衝突，其實也是歷史問題。在十九世紀末英國殖民印度時期，英國為防範北方的俄國往印度擴張，因此將在印度的勢力範圍往北拓展，但這就帶來了在西藏與中國勢力範圍重疊的問題。印度雖然不斷抵抗英國殖民，並在第二次世界大戰（後文簡稱二戰）之後終於脫離英國，但總理尼赫魯（Jawaharlal Nehru, 1889-1964）卻不願意放棄原本英國殖民時期在西藏所擁有的勢力範圍。儘管中印之間曾力圖保持友好，但仍因西藏與周邊的疆界問題而互不相讓，並在一九六二年爆發戰爭。以中印兩方來說，都是要維持過去所擁有的權益，儘管英國已經離去，問題卻留下來由當地人去面對。在二〇二〇年的衝突之後，未來糾紛再起的可能性仍然很高。

由上述兩例子可看到，其實都是歷史問題，或許在某個時期看似已然平息，但不會有人知道什麼時候還會再現爭端。這樣的想法並非唯恐天下不亂，而是任何決定與方案都不可能讓當地人與交涉方都百分之百的滿意，也就成為邊界局勢難以穩定的未爆彈。

創造出來的邊界

劃分你我的邊界，有時會以不同形式呈現。意識形態便是一種邊界類型，例如民族主義（nationalism），以單一民族建立國家，劃清與周邊勢力的界線。學者葛爾納（Ernest Gellner, 1925-1995）所說的「國族主義」，提到政治與國族一致的現象，不得有人違背，而統治者不應該是異族。換句話說，「國族主義乃關於政權正當性的理論，其基本主張在於種族的界限不得超越政體的疆界，尤其在特定的國家領土之上，若要依據種族的界線……就不該區分掌權者跟其他人。」[7]

已故學者霍布斯邦（Eric Hobsbawm, 1917-2012）所寫的《民族與民族主義》（*Nation and Nationalism*）提到民族之創立，也表達與葛爾納相似的概念，即是區隔你我的手段。但是，霍布斯邦指出，我們至今都沒有區分民族的標準，以語言、族群特性、共有歷史都無法解釋，甚至再怎麼強調標準客觀，也無法有一標準成立，而且任何標準都不可能永遠不變、無法適用於各地。[8]此外，霍布斯邦提到民族之建立，其實是「創造傳統」（The Invention of Tradition）的概念。他以阿拉伯人與猶太人衝突為例：「不論是猶太人或是中東回教徒（穆斯林）在歷史上的延續性，以色列和巴勒斯坦的民族主義或民族必定是新創的，因為現今它們之間對領土範圍的爭議，也不過只是一個世紀之前的事，而且在一次世界大戰之前幾乎不是什麼嚴重的事。」[9]無論是國族主義或者民族主義，這樣區隔他人的邊界，都是刻意創造而非原本就存在的。

另一種意識形態的邊界，是二戰結束之後出現的美國資本主義（Capitalism）與蘇俄共產主義（Communism）對峙的「冷戰」（Cold War）。一九四六年英國首相邱吉爾（Winston Churchill, 1874-1965）說：「從波羅的海（Baltic）的斯塞新（Stettin）到亞德里亞海（Adriatic）的的里雅斯特（Trieste），已經有一道貫穿歐洲大陸的鐵幕（iron curtain）了。」[10]雖然這不是明確有一條界線出現在歐洲大陸，但卻是資本主義與共產主義的界線，為意識形態性質的邊界。由於這是邱吉爾所言，所以拉下鐵幕的人不是蘇俄領導人史達林（Joseph Stalin, 1878-1953），而是邱吉爾。很明顯的，這樣的邊界也是創造出來的。

然而，以創造出來的邊界來區隔你我，不僅是要把對方區隔開來，還要表現自己比對方來得優越。已故學者薩依德（Edward W. Said, 1935-2003）談論到東西方的關係，便是如此，他說，東方這個「他者」（Other）是由西方「自我」（Self）來表述，而且還表現出西方的權威性，「『我們西方』有權否決『他們東方』的自治權。」[11]學者阿迪布摩格達姆（Arshin Adib-Moghaddam）也致力於分析與解釋長久以來「西方」（West）與「伊斯蘭」（Islam）的對峙，區隔「我們」（Us）與「他們」（Them），以及「文明」（civilisation）與「野蠻」（barbarism）。[12]學者奇邁可（Michael Keevak）的研究也有類似的面向，他提到歐洲人特別在十八、十九世紀後認定自我為「白種人」，而亞洲人則是「黃種人」，其實也是表現出區隔你我、劃分界線的立場，而且有白種人優於黃種人的意涵。[13]可見，區隔你我之際，免不了還是要分高下，才能強調要把對方排擠出去的正當性。

可能破除邊界嗎？

從諸多共享邊界的國家來看，各方的政治中心對於邊疆的認定，有時會跟邊疆人民的認同有所差異，像是對邊疆歸屬的認定相互重疊，導致爆發捍衛主權的戰爭。學者安德森（Benedict Anderson, 1936-2015）所寫的《想像的共同體》（*Imagined Communities*），便指出，「由於國家是以中心來界定的，故國家與國家之間的邊界是交錯模糊的，而且主權也頗有相互滲透重疊之處。」[14]學者里博（Afred J. Rieber）所寫的《歐亞帝國的邊境》（*The Struggle for the Eurasian Borderlands*）也提到，那些交錯與重疊的地帶，是為「複合邊境」（complex frontiers），即國家的邊界時常是模糊的、不斷變動的，受統治的屬民都不斷想辦法抵抗語言與宗教的同化，有爭議的領土則成了各方勢力競爭角力的區域。[15]邊界的劃分並不代表可以讓線的另外一方與自己隔離，總是有相當模糊且複雜的一面。

二〇一六年美國前任總統川普（Donald Trump）宣布要在美國與墨西哥（Mexico）之間興建隔離牆。諷刺的是，對於墨西哥而言，現在美國的德州（Texas）、亞利桑納州（Arizona）、加利福尼亞州（California）等地，都是十九世紀那些所謂的美國人從墨西哥手中奪取的土地，根本不是美國的固有領土，那今日的美國又有什麼資格與權利擁有那些區域，而且還在兩方之間修築隔離牆呢？原本邊界居民早已相互接觸，隔離牆真能完全隔離對方嗎？

再以前文提到的美蘇冷戰為例，美蘇兩方都在想方設法以各種形式在彼此之間建立一道界線，互不相讓，都怕對方跨越雷池一步。一九六一年東、西柏林（Berlin）間的「柏林圍牆」

（Berlin Wall），便是意識形態的實體產物。蘇俄與東德將他們不喜歡的另外一方，囚禁在牆的另一邊。只是誰都沒想到，蘇俄會在一九九一年解體。其實八〇年代後期蘇俄就已經有逐漸崩潰的趨勢。兩個德國在一九九〇年統一，柏林圍牆在那時拆掉了，區隔東西柏林的那條界線頓時消失不見。不過，這僅是實體的牆消失不見，仍然有很多人還認為德國、柏林的東西兩方存在一道無形的牆。

馬歇爾（Tim Marshall）所寫的《牆的時代》（*Divided*），指出雖然從古至今不斷有人修築高牆區隔外來威脅、保護自我，但也有不少人一再試圖要讓大家打破藩籬、更加接近。問題是，人與人之間總是意見紛歧、總是有諸多競爭，最後仍然會區分「我們與他們」，在內心築起隔離你我的牆。[16]學者大衛弗萊（David Frye）所寫的《城牆》（*Walls*）也有類似的看法，區隔你我的牆，不盡然是聳立在眼前的牆，而是心裡面那道無形的牆，亦即自認比他人優越的「心防」。[17]邊界的劃分，無論是心裡或是實體、也無論是邊界線或是圍牆，都很有可能在某個時刻因情勢轉移而轉型、「打掉重練」，不僅既有的問題並沒有解決，還會持續發展、轉型，以另一個模樣延續下去，進而塑造新的界線。然後，同樣的情況在人類世界之中一再循環發生。

本書重點

本書將以前述的幾個概念，再基於筆者自身興趣與近年的學術研究趨勢，試圖以大範圍的西亞地區為觀察對象，來討論這區域各國邊界劃分的過程及其帶來的新發展。

除了前文提及的伊朗與鄂圖曼邊界問題之外，還有一九二三年鄂圖曼瓦解之後，在英法強權的主導之下所劃分的伊拉克、約旦（Jordan）、敘利亞（Syria）、黎巴嫩（Lebanon）、埃及（Egypt）、沙烏地阿拉伯（Saudi Arabia，後文簡稱沙烏地）等國家的界線，這都是外來強權針對自身利益的安排，不在乎當地人的想法，因而導致當地不斷地抵抗與抗爭。此外，現在人們所看到的西亞國家，大致都在一九二〇年代出現，距今雖僅約百年的時間，但在西亞與西方對峙未能和緩的情況下，演變成歷史問題與當下問題的綜合體。有些邊界與領土問題在不同的情況之下不斷浮現，也衍生出武力及意識形態的衝突。

今日輿論對於西亞的報導，多半會將某一國家發生的某一事情，放大成為整個區域的問題，太過於強調區域所有問題會引起牽一髮動全身的效應。或許有些事件如此，但也不盡然如此。薩依德批判西方人以自認較為優越的立場來審視比較低劣的東方，稱為東方主義（orientalism），其特色之一即西方人「總認為東方主體事務本質不變。所以，東方總是相同的、不變的，其本質上根本的特殊性一直維持一致。」還有一些東方主義者認為：「作為一個集合體，阿拉伯人並沒累積存在或語意上的深厚度，他始終不變，由裡到外，從一邊到另一邊『內在沙漠的紀錄』中均沒變……」。[18]因此，本書試圖避免將這區域以「單一個體」來瞭解，而是要觀看不同區域的個別性、特殊性，看到與平常不同面貌的西亞。

接下來的章節，將先行陳述早期的西亞歷史背景，例如鄂圖曼與伊朗本身已存在的問題，還有近代西方勢力進入西亞之後所帶來的影響，瞭解這區域成形與瓦解的過程。隨後，再從不同區塊著手，像是巴爾幹半島（Balkans，後文簡稱巴爾幹）、兩河流域、[19]黎凡特（Levant，大致為地中海東岸區域）、埃及、阿拉伯半島（Arabian Peninsula）、高加索、阿富汗（Afghanistan）地區，陳述各國在一九二〇年代形成的過程中，國際強權與當地勢力因界線劃分而衍生無法解決的衝突。

今日臺灣與西亞國家並沒有密切的外交關係，以致於關注這區域發展的人較不多。儘管我們沒有像西亞國家一樣有陸地邊界劃分的問題，卻也一樣有民族主義的影響，並曾深陷過冷戰這樣意識形態對抗與勢力範圍切割的局勢之中，也有區隔你我、比較優劣的情況。目前我們所面臨的情況也沒有像西亞局勢這麼多的危機與衝突，可是必然有些問題是過去沒有解決，即使今日看似無狀況，卻不知道什麼時候會以新的面貌再出現。瞭解另一區域的歷史、對他人遭遇感同身受，雖然不代表我們就能學得什麼經驗去解決問題，但卻是我們瞭解另一世界的基本工作。

第一章 走向破碎的西亞世界

現代西亞的形成，主要是在一戰結束之後，以英國與法國為主的戰勝國在鄂圖曼境內劃分勢力範圍，此後隨著許多新興國家成立所劃分出來的邊界，帶來意想不到的問題與衝突。不過，鄂圖曼為什麼會「被瓦解」？又為什麼是歐洲國家來瓦解？此實與更早之前西亞地區的發展以及歐洲勢力滲透有密切的關係。本章先行釐清二十世紀之前西亞世界大致的面貌，以瞭解原本存在什麼樣的問題，還有與後續問題之間的關係。

第一節　十四世紀之後的鄂圖曼帝國

在進入鄂圖曼帝國時代之前，西亞的伊斯蘭世界經歷過許多勢力更迭。先是有七世紀以來的巫麥雅帝國（Umayyad Empire, 661-750）與阿巴斯帝國（Abbasid Empire, 750-1258），大致領土由中亞、西亞、埃及，再進入北非、西班牙等區域。

在阿巴斯帝國時期，埃及地區於十世紀後期出現法蒂瑪王朝（Fatimid Dynasty, 909-1171），其成立者為伊斯蘭信仰的什葉派（Shiite）穆斯林，源自於什葉派第一任伊馬目（Imam，該派的領導人之稱）阿里（Ali, 601-661）妻子法蒂瑪（Fatimah, 605-632）。阿里為伊斯蘭先知穆罕默德（Mohammad, 571-632）的堂弟，娶了穆罕默德的女兒法蒂瑪。穆罕默德於六三二年去世後，其權位繼承者稱為哈里發（Caliph），阿里雖於六五六年登上哈里發之位，但在六六一年遭到殺害，其追隨者為後世所稱的什葉派，對抗較為多數的遜尼派（Sunni）勢力。法蒂瑪王朝的勢力範圍拓展到敘利亞地區，以及阿拉伯半島，掌握了伊斯蘭三大聖地：麥加（Mecca）、麥地那

（Medina）、耶路撒冷（Jerusalem）。在阿巴斯領導人稱為哈里發的情況下，法蒂瑪領導人也稱為哈里發，可見其試圖要取代阿巴斯帝國而成為伊斯蘭世界的中心。[1]

一〇四〇年之後塞爾柱（Seljuk）突厥人（Turks）在中亞崛起，成為阿巴斯帝國時期相當重要的一股勢力。塞爾柱似乎無意建立新的帝國，而是扮演整合阿巴斯帝國的角色。有一任塞爾柱首相尼札姆莫爾克（Nizam al-Molk）的著作《治國策》（*Siyasat-nama of Nizam al-Mulk*）提到，哈里發的帝國正值混亂的時代，但是「真主會讓邪惡的眼睛遠離帝國，使帝國保持完美。」[2]這大致可顯示，塞爾柱承認阿巴斯帝國的存在，而且也願意保護這個帝國延續下去。另外，在十二世紀抵抗歐洲十字軍（Crusades）的重要人物薩拉丁（Salah al-Din al-Ayyub，約 1137-1193），出身於塞爾柱，於一一七一年入主了法蒂瑪王朝，隨後建立了阿尤比王朝（Ayyubid Dynasty, 1171-1341），但他主張把埃及還給阿巴斯的哈里發。[3]什葉派的埃及現在回歸阿巴斯帝國，讓早已呈現瓦解狀態的帝國一時之間又有整合起來的氣勢，也象徵遜尼派恢復了其既有的勢力範圍。

阿尤比王朝在持續對抗十字軍之外，還面臨到從東方來的蒙古勢力。一二五八年蒙古消滅了阿巴斯帝國，主宰了廣大的歐亞世界，伊兒汗國（Il Khanate, 1256-1335）便是主導西亞地區的蒙古勢力。自阿巴斯帝國時期，不少從中亞向西遷徙的突厥人成為帝國的奴隸，稱為 Mamluk，中文音譯為馬木路克，有些為軍隊收編。在法蒂瑪王朝時期，也有這樣的突厥軍人。一二六〇年當阿尤比已經衰弱之際，轉而由突厥軍人掌握了優勢，建立了馬木路克王朝（Mamluk Dynasty, 1260-1517）。阿巴斯末代哈里發穆斯塔希姆（al-Mustasim, 1213-1258）被蒙古人所殺，但王室逃往埃及，受到馬木路克的庇護。由於蒙古沒有能力攻入埃及，而且後期的十字軍也已不如過往來得強勢，使得馬木路克成為延續伊斯蘭文明的重心，也成了「伊斯蘭的救主」（saviours of Islam）。[4]十四世紀初期著名的摩洛哥（Morocco）學者伊本巴杜達（Ibn Battutah, 1304-1369），在他的遊記《伊本巴杜達遊記》（*Travels of Ibn Battutah*）寫到在埃及旅程時，說：「她的君王統治著掌握了阿拉伯人和其他民族的命脈。」[5]這的確顯露出馬木路克在伊斯蘭世界的重要性。

塞爾柱勢力雖然拓展到了安納托利亞（Anatolia），但在十二世紀末沒落。到了十三世紀末，名為鄂圖曼（Ottoman bin Ertgrul〔鄂圖曼一世〕）的突厥人，以安納托利亞西側的布爾薩（Bursa）為據點，往巴爾幹拓展勢力。伊本巴杜達也提到了鄂圖曼，他寫道在布爾薩的素檀（Soltan，意指「君主」或「領導人」）吾爾汗巴克（Urkhan Bak，即鄂圖曼一世）是「最富有、國土最遼闊、軍隊最強大」的素檀。[6]接下來鄂圖曼人一直往巴爾幹邁進，在十四世紀，領導人巴亞齊德一世（Bayezid I, 1354-1403）取得巴爾幹的主導權，獲得「雷霆」（Thunder）的稱號，也獲稱為「魯梅利亞君主」（Soltan of Rumelia）。「魯梅利亞」也為「羅姆」（Rum），是指拜占庭帝國（Byzantine Empire）的領土。[7]或許此刻的鄂圖曼人想要成為歐洲霸主，而不是要成為人們後來所熟知的那個橫跨在歐亞非三洲上面的鄂圖曼帝國。鄂圖曼突厥人是否為延續塞爾柱而來的新一代突厥勢力？有些學者並不這樣認為，反而覺得那是為了讓自身作為領導勢力有合法性所編造的故事。[8]此刻的鄂圖曼也並非「帝國」，儘管逐漸崛起，但應僅是拜占庭帝國周邊的邊界勢力。

到了十四世紀中葉，伊兒汗國瓦解。原本同為蒙古帝國的察合臺汗國（Chagatai Khanate, 1224-1687），在帖木兒（Timur, 1336-1405）領導下的勢力取代伊兒汗國，建立了帖木兒帝國（Timurid Empire, 1370-1507，後文簡稱帖木兒）。一四〇五年帖木兒去世之後，帝國的優勢也逐漸下滑。鄂圖曼勢力曾在一四〇二年於安納托利亞遭到帖木兒擊敗，鄂圖曼君主巴亞齊德一世遭到俘虜。鄂圖曼因而陷入崩潰的狀態，在接下來處於近十四年的「空位時期」（interregnum），即諸多王子相互爭奪王位，[9]但這樣的情況讓拜占庭暫時有喘息的機會。到了一四五三年，鄂圖曼人終於攻下了拜占庭政治中心——君士坦丁堡（Constantinople）。此後，該城市則有伊斯坦堡（Istanbul）之稱。[10]

鄂圖曼此後成為巴爾幹的主導勢力，一直要到一八三〇年希臘（Greece）脫離鄂圖曼之後，才逐漸失去優勢；一九二三年鄂圖曼瓦解，整個巴爾幹才又進入新的時期。也因為鄂圖曼在近代失去優勢，以致於廣義的歐洲（西方）世界，看待鄂圖曼便逐漸持負面的立場。希臘與鄂圖曼的對抗，再加上十九世紀初期希臘脫離鄂圖曼而獨立，更使得希臘可代表優越的西方「自我」，戰勝落後的鄂圖曼「他者」。[11]不過，其實沒有必要比較誰較為優越，也不必做太多的價值判斷。英國學者馬佐爾（Mark Mazower）所寫的《巴爾幹》（*Balkans*），其中一段落提到，有些學者認為鄂圖曼不同於歐洲，「反而帶來落後的異族統治，對歐洲歷史的參與中斷了大約四百年。」許多人就因為這樣的邏輯，略過了巴爾幹的鄂圖曼時期，「彷彿那些歲月中不會冒出什麼美好的事物」。這樣的歐洲觀點，「就要否定鄂圖曼帝國過去的合法性」。[12]馬佐爾這段話的意思是，不要單純以歐洲觀點為主來看巴爾幹的歷史，畢竟巴爾幹是鄂圖曼開始拓展勢力的重要地區，也有很長一段時間都屬於鄂圖曼的領土。

鄂圖曼在入主君士坦丁堡之後，雖仍然持續往歐洲內陸前進，但也開始對西亞、埃及都有拓展勢力的行動。一五一七年鄂圖曼拿下了馬木路克王朝，取得了敘利亞、阿拉伯半島、埃及，鄂圖曼「帝國」終於建立完成。此後，鄂圖曼君主擁有哈里發的稱號，統領所有的穆斯林。而且，鄂圖曼君主還強調他們有阿巴斯王室的認可、有先知的遺物。這雖有爭議，畢竟沒有證據可說明有這樣的事情，更何況突厥人並非來自先知家族，並沒有統領穆斯林的資格。[13]但是，鄂圖曼君主已掌握話語權，怎麼說都行。

由於領土範圍廣大，在其管轄之下有諸多族群。從諸多研究可知鄂圖曼並未以單一的價值觀與制度來成立管理機制，而是以稱為「米利特」（Millet）的方式，讓各地社群可自治且保有自己的習慣。學者巴基（Karen Barkey）的研究提到，「至少在一三〇〇年到一七〇〇年之間（甚至可能更久），相較於其他國家，鄂圖曼帝國是開放和寬容的國家。」[14]在新清史學者濮德培（Peter Perdue）的著作中，有些段落比較同一時期清朝與鄂圖曼管轄邊疆的方式，提到鄂圖曼之所以存在如此長久的時間，就是統治者知道如何與境內不同群體協商。[15]儘管傾向寬容對待不同族類，但可能也是有條件的，像是葉門（Yemen）地區抵抗不斷，鄂圖曼無論如何施壓也未能收服。[16]

十六世紀初，鄂圖曼已掌握部分歐亞非三洲的新勢力，除了在阿拉伯地區建立秩序，還連帶影響歐洲局勢。當時法國正面臨中歐與西班牙的哈布斯堡（Habsburg）家族的左右夾攻，故需要找尋合作的伙伴，鄂圖曼便是法國選擇的對象。一五三六年鄂圖曼與法國達成同盟條約，成為反哈布斯堡的勢力。[17]法國因為擁有鄂圖曼施予的特權，例如可保護東地中海區域的基督徒及天主教徒，在歐洲就可以橫著走，可以傲示哈布斯堡家族「我在鄂圖曼有特權而你沒有！」也有「哈布斯堡家族敢惹我的話，鄂圖曼老大會揍你一頓！」的意涵。儘管今日人們對於近代的鄂圖曼抱持衰敗的印象，但很多大國勢力都一樣有起有落，並不全然是鄂圖曼的本質不完善。至少在十六世紀，歐洲必須注意鄂圖曼的壓迫，也如法國一樣希望能夠獲得鄂圖曼給予的特權。

從上述歷史脈絡看來，鄂圖曼帝國之形成，是由巴爾幹、安納托利亞、高加索、兩河流域、巴勒斯坦、埃及、阿拉伯半島等不同區域所組成，而且鄂圖曼的政治體制，可能不似一般人所認知的中央集權，而是相當鬆散的管理。畢竟鄂圖曼從北方跨境到南方，必然有語言、文化、習慣等許多不熟悉的面向，管轄政策都需要隨著情況不同而作調整。鄂圖曼若對於這些邊疆地區沒有有效的管轄，其實也是歷史上各大帝國都有的情況。

第二節　十六世紀之後的什葉派伊朗

在鄂圖曼成為帝國之際，西亞出現另一個伊斯蘭勢力，即伊朗地區的薩法維王朝。自十三世紀開始發展的薩非（Sheykh Safi al-Din, 1252-1334），其支持者與後人改名組成薩法維教團（Safavid order）。在蒙古的征戰、帖木兒瓦解的過程中，內陸地區出現不少宗教與政治性質結合的團體，薩法維教團便是其中之一。他們在十四世紀中葉之後，曾與帖木兒帝國瓦解之後出現的白羊部落聯盟（Ak Koyunlu, 1378-1501）有過合作關係，與當時黑羊部落聯盟（Qara Koyunlu, 1375-1468）為勢力範圍爭奪的對手。

薩法維原為遜尼派穆斯林，後轉為什葉派的十二伊馬目派（Twelvers）。這一派穆斯林稱，什葉派稱領導人為伊馬目傳承了十一位，但第十二位卻在八七四年離奇失蹤，自此後進入什葉派的「隱遁時期」（occultation），將在某個時間再次出現。有些學者認為沒特定說法可以說明薩法維何以改變教派，[18]有些學者認為這有政治目的，為了嘲諷當下伊朗地區西部政治真空的狀態。[19]也有學者認為，薩非原本就是什葉派穆斯林。[20]

然而，當黑羊部落聯盟被擊潰之後，白羊部落聯盟卻想要撤除薩法維教團的軍事力量，[21]可見白羊領導階層並不樂見薩法維教團的力量過高。薩法維領導人伊斯馬儀（Ismail, 1487-1524）帶領下，於一五〇一年戰勝白羊部落聯盟，以塔不里士（Tabriz）為政治中心，開啟了伊朗地區的薩法維王朝時代。[22]過去白羊部落聯盟曾與鄂圖曼競爭勢力範圍，此刻薩法維也必須承接這樣的對抗問題。高加索地區便是東西兩方對峙重要分界處，一五一四年兩個伊斯蘭勢力在鄰近塔不里士的區域交戰，稱為查爾迪朗戰役（Battle of Chaldiran）。伊朗戰敗，鄂圖曼占領了塔不里士、吉蘭（Gilan）等伊朗西北的重點城鎮（見圖1）。

伊朗與鄂圖曼的對抗並未就此停止，一五五五年雙方再交戰之後，簽署了《阿馬西亞條約》（Treaty of Amasya），兩河流域與安納托利亞大部分區塊都在鄂圖曼掌握之下，伊朗則是擁有今日的克爾曼沙（Kermanshah）、哈馬丹（Hamadan）、胡澤斯坦（Khuzestan）。該條約可能算是伊鄂之間第一次達成邊界劃分的共識，儘管後期還是有新的條約簽署，但其實自此開始到二十世紀鄂圖曼瓦解之前，大致兩方邊界就沒有太大的變化。[23]從條約內容也可看到鄂圖曼占有優勢，因為六八〇年什葉派領導人胡笙（Hossein, 626-680）於卡爾巴拉（Karbala）遭到巫麥雅帝國殺害，該地成為什葉派聖地。卡爾巴拉靠近巴格達（Baghdad），這區域也接近波斯灣

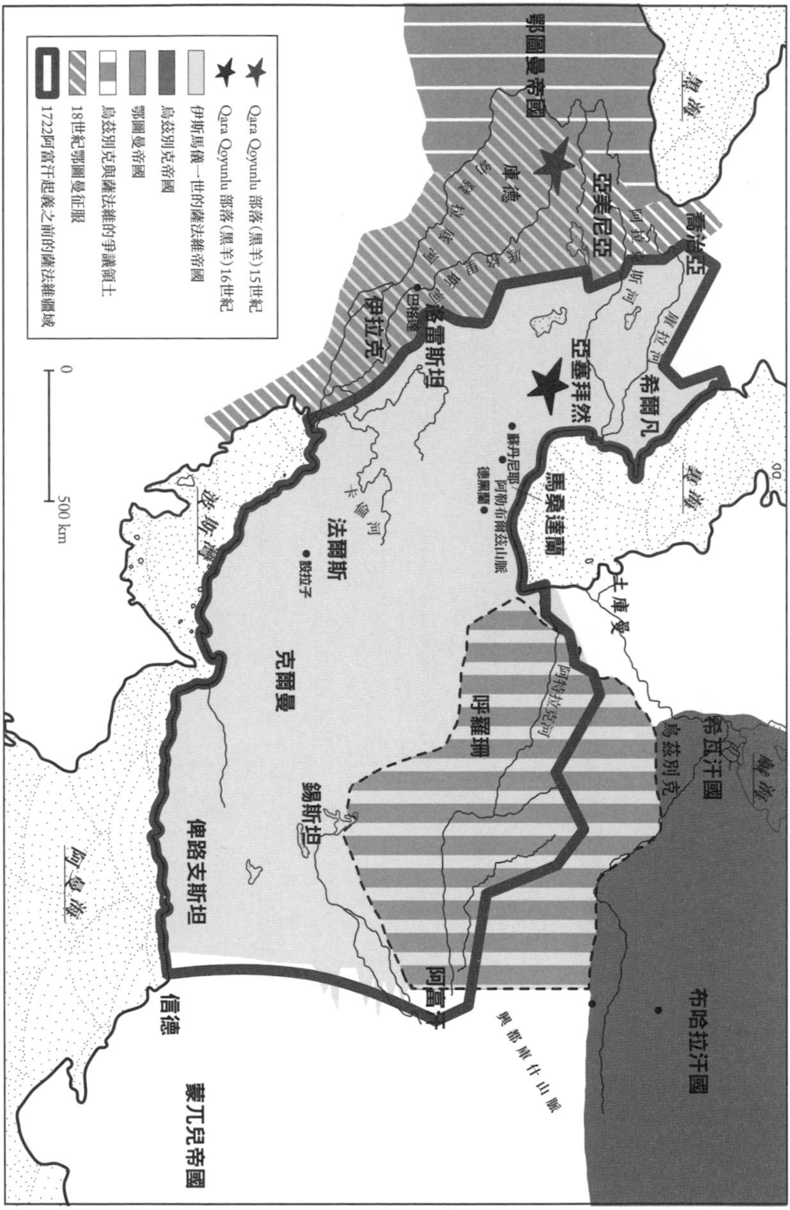
Qara Qoyunlu 部落（黑羊）15世紀
Qara Qoyunlu 部落（黑羊）16世紀
伊斯馬儀一世的薩法維帝國
烏茲別克帝國
鄂圖曼帝國
烏茲別克與薩法維的爭議領土
18世紀鄂圖曼征服
1722阿富汗起義之前的薩法維疆域
0
500 km
黑海
裏海
鹹海
鄂圖曼帝國
喬治亞
亞美尼亞
庫德
希爾凡
亞塞拜然
馬桑達蘭
呼羅珊
希瓦汗國
烏茲別克
布哈拉汗國
阿富汗
錫斯坦
俾路支斯坦
克爾曼
法爾斯
洛雷斯坦
伊拉克
波斯灣
阿曼灣
信德
蒙兀兒帝國
興都庫什山脈
阿勒布爾茲山脈
卡倫河
阿特拉克河
阿拉斯河
庫拉河
土庫曼
設拉子
巴格達
蘇丹尼耶
德黑蘭

圖1 薩法維與鄂圖曼

（Persian Gulf），故鄂圖曼不僅占有什葉派聖地，也有掌握波斯灣頂端區域的優勢。

前文提到，鄂圖曼的強盛讓相互對抗的歐洲國家，出現像法國這樣與鄂圖曼結盟的例子。但西亞的薩法維面對鄂圖曼的強勢，卻是表現出力圖對抗。學者薩里尼巴夫（Fariba Zarinebaf）稱這時候兩方成為「國教國家」（Confessional States），薩法維與鄂圖曼正好一個什葉派一個遜尼派，在無法消滅對方的情況下，藉將另一方指為「他者」，以強調自己才是能夠維持正義與真實信仰的角色。[24]薩法維為了強調什葉派的重要性，咒罵前三任哈里發；[25]而鄂圖曼強調自己才是真正伊斯蘭的守護者。[26]儘管什葉派與遜尼派對抗看來有宗教對立的意涵，但其實本質就是把兩方勢力範圍的爭奪與對抗，轉化為意識形態的競爭。這並不代表什葉派與遜尼派之間水火不容，兩派之間的穆斯林必然也有融洽相處的例子，但牽涉到利益、生存權益的問題時，很容易就會區隔你我，畫下界線，一旦越界後所爆發衝突與戰爭，便披上了意識形態對峙的外衣。

薩法維第二任國王塔賀馬斯普（Tahmasp, 1513-1576）在一五七六年去世，接下來伊朗陷入一段時間王位不穩與爭奪的時代，直到一五八八年擔任國王的阿巴斯一世（Abbas I, 1571-1629）大力試圖變革。一五九八年遷都至伊斯法罕（Isfahan），可能原因之一是避開西部的鄂圖曼壓力，之二是為了要處在伊朗地區的中心地位重新建構王朝。[27]十六世紀末，薩法維對鄂圖曼的戰爭也有成果，例如取得亞美尼亞（Armenia）、又進入安納托利亞東部的迪亞爾巴克爾（Diyarbakr），也在一六二三年取得巴格達。[28]鄂圖曼與薩法維交戰不斷，前者於一六三八年再次取得巴格達，隔年一六三九年兩方簽署了《索哈布條約》（Treaty of Zohab），也稱《卡斯爾席林條約》（Treaty of Qasr Shrin），確定薩法維失去巴格達與兩河流域。此後兩方再也沒有戰爭，所以這份條約算是終止了兩個伊斯蘭國家之間的邊界糾紛。不過，這時的界線，其實都不是今日國與國之間有一條明確的線，甚至到了十九世紀依然依照邊界地區的語言、社會性質、政治認同區隔兩國。[29]

除了鄂圖曼之外，薩法維也需要面對東方的邊界問題。原本帖木兒瓦解之後，扣除掉前文提到的黑羊與白羊部落聯盟之外，還有較東部的殘存勢力於接近印度西北方的地區活動。十六世紀初，帖木兒殘餘勢力領導人為巴布爾（Babur, 1483-1530）。同時，在呼羅珊（Khorrassan），即今日伊朗東北部、土庫曼（Turkmenistan）及周邊地區，有一烏茲別克（Uzbek）的勢力，其領導人昔班尼（Sheibani，約 1451-1510）為一方之霸。在一五一〇年，伊斯馬儀除掉了昔班尼，將薩法維的勢力延伸到了呼羅珊。巴布爾本來也受到昔班尼困擾，可是一五一〇年之後反而受到伊斯馬儀的威脅。薩法維與烏茲別克仍持續對抗，巴布爾則轉往印度的德里（Delhi）拓展勢力範圍，並在一五一六年之後建立了蒙兀兒帝國（Mogul Empire, 1526-1857）（見圖2）。[30]學者哈濟生（Marshall Hodgson, 1922-1968）認為「蒙兀兒」其實就是「蒙古」，僅是發音不同，但巴布爾建立的帝國就是帖木兒殘餘勢力於印度重新再起，故稱為「印度帖木兒帝國」（Indo-

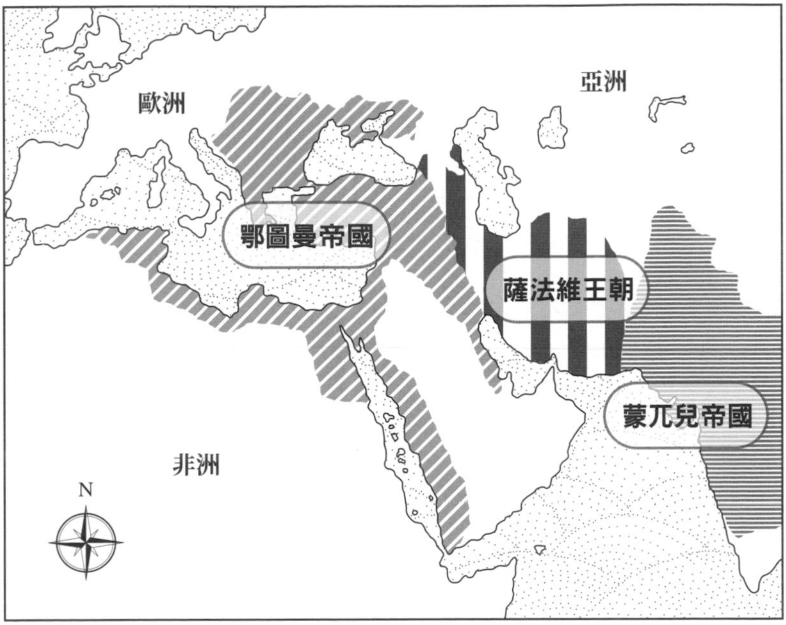

圖2 火藥帝國

Timur Empire，後文稱印度帖木兒）較為合適。

烏茲別克並未因昔班尼去世而停止對呼羅珊的進逼，試圖再往南進入賀拉特（Herat）。而印度帖木兒在此刻也如鄂圖曼、烏茲別克一樣，成為薩法維的外在威脅，爭奪坎大哈（Qandahar）一地。雖然薩法維能夠在長時間內承受腹背受敵的壓力，但終究需要和緩與周邊強權的關係。一六三九年伊朗與鄂圖曼簽訂《索哈布條約》，伊朗就是藉由先與西側的鄂圖曼取得共識，再來處理東側的烏茲別克與印度帖木兒問題。[31]烏茲別克與印度帖木兒也仍有領土爭奪，坎大哈也是其中一處。[32]以上情況，讓薩法維無論在哪一任國王執政時期，都相當困擾。

自十六世紀起，歐洲人逐漸出現在亞洲海域時，葡萄牙人在波斯灣就享有優勢。而鄂圖曼在紅海（Red Sea）、阿拉伯海（Arabian Sea）也有跟葡萄牙人的競爭。一五七五年時，葡萄牙曾向薩法維建議可趁著鄂圖曼與歐洲國家有衝突的時候，對鄂圖曼發動進攻，但那時薩法維與鄂圖曼已有《阿馬西亞條約》了，薩法維國王塔賀馬斯普認為不適合違背約定。[33]阿巴斯一世時，試圖加強薩法維在波斯灣的優勢，以驅趕占據波斯灣的葡萄牙人，畢竟自一五一五年以來伊斯馬儀國王就很不滿意葡萄牙人占領荷姆茲島（Island of Hormuz）。到了十七世紀，葡萄牙人掌握了歐洲到印度的貿易。但在英國東印度公司（British East India Company）也於亞洲海域成為葡萄牙的威脅時，[34]阿巴斯認為可與英國人合作對抗葡萄牙。一六二二年，薩法維與英國東印度公司將葡萄牙人從荷姆茲島周邊的重要港口哥梅隆（Gameroon）趕走，並以阿巴斯命名，成為今日的阿巴斯港（Bandar Abbas）。[35]阿巴斯一世在同一年擊敗印度帖木兒，取得坎大哈，也是由於獲得英國的協助。[36]

十七世紀後期，薩法維在各地面臨不少反抗，一時之間難以收拾。雖無明確的因素，但可能是從早期薩法維在伊朗地區擴張的後遺症，畢竟各地可能都視薩法維為外來侵略者，尤其在比較偏遠地帶更有這樣的情緒，例如今日阿富汗地區。[37]一七二二年，阿富汗地區的吉爾札伊

（Gilzai）部落往西前進，摧毀了伊朗首都伊斯法罕，終結薩法維王朝。從阿富汗地區的角度來看，薩法維與印度帖木兒都是其周邊強權，具有相當大的壓力，以致於向來不乏抵抗運動。薩法維不算是被外來勢力消滅，而是被領土邊陲的阿富汗部落顛覆，應屬於亡於內亂，畢竟過往並沒有阿富汗這個國家。[38]

不過，薩法維的殘餘勢力，來自今日伊朗東北方呼羅珊地區的阿夫夏爾（Afshar）部落，其領導人納德爾汗（Nader Shah, 1688-1747）擊退吉爾札伊。一七三〇年之後，吉爾札伊領導人阿賀馬德（Ahmad Shah Durrani，約 1720-1773）轉以坎大哈為政治中心，建立了杜蘭尼王朝（Durrani Dynasty），「杜蘭」（Durran）有像是「珍珠」一樣高貴的意涵。不過，即使建立了王朝，阿賀馬德的言論中卻說，他會「按真主旨意……要掌握整個伊朗。」[39]前述提到薩法維滅亡應屬內戰，由阿賀馬德的言論也可看到。一開始他想要作為伊朗地區的霸主，因為阿富汗有部分區域屬於伊朗，此處的阿富汗並不是今日我們所認定的國家阿富汗。到了一七七三年阿賀馬德去世時，杜蘭尼已成為領土自伊朗東側的賀拉特往東直到印度恆河平原（Ganges Plain）之間的一股勢力。[40]

同時期，北方多了新的壓力。當伊斯法罕遭吉爾札伊人攻破之後，除了鄂圖曼多了可以順勢東進的機會外，北方正在黑海（Black Sea）周邊拓展勢力的俄國，在得知伊斯法罕遭攻破之後，也亟欲將觸角伸往高加索、裏海（Caspian Sea）這個即將權力真空的區域。由於鄂圖曼與俄國都試圖爭奪高加索與周邊，兩方在一七二四年六月簽署條約，鄂圖曼取得了喬治亞（Georgia）、亞塞拜然，包括納賀其凡（Nakhchivan）、塔不里士、哈馬丹等城鎮，而俄國人取得裏海南方的吉蘭、馬桑達蘭（Mazandaran）等地。[41]俄國此時在高加索還沒有太大的影響力，當時對歐洲的競爭情勢較為嚴峻，故選擇與鄂圖曼談條約達成共識，此外也是為了先取得一部分在高加索的權力。[42]

納德爾汗其實頗有戰功，一度在高加索與巴格達都擊退鄂圖曼與俄國。一七三六年，納德爾汗改稱成為納德爾國王（Nader Shah），以他的部落為名建立阿夫夏里王朝（Afsharid Dynasty, 1736-1796），大致重現了薩法維的疆土。同時，納德爾國王也與鄂圖曼有所協商，互派使節還有戰俘交換，也促成了一七四六年簽署《庫爾丹條約》（Kurdan Treaty）。[43]從條約內容來看，主要依照一六三九年《索哈布條約》來劃定兩方界線。[44]換個角度看，納德爾國王對鄂圖曼並沒有取得較多的領土優勢，而且也看得出來伊鄂兩方應該互不相讓，最後僅能讓邊界維持上個世紀的模樣。不過，在一七四七年納德爾國王遭暗殺之後，伊朗地區又再度陷入崩潰狀態。一七九七年，伊朗地區北方的卡加部落大致上穩定秩序，成為新的伊朗王朝。卡加是薩法維時期就存在的部落，所以這可以看到在一七二二年之後，伊朗各方部落致力於爭取這區域的主導權，但因為各部落強勢的時間不長，以致於薩法維崩潰後東西兩方本來就不穩的邊界，成了未能解決的歷史問題。

十六世紀屬於西亞歷史的重大轉折時期，也就是鄂圖曼的帝國成形、薩法維的出現，還有印度帖木兒的建立。學者哈濟生稱這三大伊斯蘭勢力為「火藥帝國」（Gunpowder Empires），他認為這時期這三大伊斯蘭勢力都是以軍事發展為主，有相當新穎的武器，有利於中央妥善組織地方秩序。[45]可能因為如此，伊朗地區的薩法維，由於長期與東西兩邊一樣戰力十足的對手相互對抗，還有內部抵抗，所以一步步走向衰亡，隨後也讓伊朗地區陷入了五十多年部落爭鬥的狀態。而從前文也可看到，歐洲勢力已經在波斯灣、高加索有所發展。在卡加建立之後，看似伊朗歷史進入新的階段，但仍然沒有脫離上述舊問題的糾纏。

第三節　近代歐洲與西亞的關係

一、鄂圖曼帝國與英俄的競爭

大約十八世紀之後，鄂圖曼在面對歐洲的戰爭上開始較顯頹勢，看似逐漸衰弱且瓦解，且西方世界確實相較於非西方地區有優勢，導致多數人對於近代鄂圖曼的認知多是所謂的歐洲病夫、近東病夫。人們對於近代幾個亞洲帝國都抱持負面的態度，主要強調的都是軍事方面落後於西方、簽署的條約失去很多權益就是喪權辱國；試圖以西方模式而進行的變革，卻因所謂保守派反對而失敗，最後帝國毀滅。在帝國末日時，傾向西化就是開放、進步的一派，反之則是保守、迂腐一派，而且認為前者可為帝國帶來光明未來，後者則是帝國走入歷史的罪魁禍首。

但是，沒有任何標準可以界定西化就會有比較好的結果，不西化也不一定就會讓帝國崩潰。外來強權的介入與壓迫，比較是鄂圖曼逐步崩潰的實際因素。一七九八年法國攻占埃及，是為衝擊鄂圖曼、伊朗及歐亞局勢的重要事件。過去法國在亞洲海域與印度頗有影響力，競爭對手即是英國。雖然法國在對英國的「七年戰爭」（Seven Years' War）戰敗且失去優勢，但又在一七八九年法國大革命（French Revolution of 1789）之後逐步在歐洲掀起波瀾。征服埃及的是法軍將領拿破崙（Napoleon Bonaparte, 1769-1821），其目的就是要從這區域通往亞洲海域，截斷英國從伊斯坦堡到印度的路線。[46]法軍進入埃及之前，英國已有出現不少要提高對埃及的注意力以免印度陷入危機的聲浪。[47]鄂圖曼為捍衛國土，派遣穆罕默德阿里（Mohammad 'Ali, 1769-1849）的軍隊進入埃及，英軍也加入其中，於一八〇一年將法軍驅離。鄂圖曼讓穆罕默德阿里擔任埃及總督，接下來在周邊地區，包括北非、阿拉伯半島的事務，都由穆罕默德阿里處理。

當穆罕默德阿里在埃及與周邊已有穩定發展後，他繼續向伊斯坦堡政府要求更多的權力，例如拓展勢力到敘利亞地區。[48]其實穆罕默德阿里並非要求過多，從早期歷史上埃及這區域的勢力來看，法蒂瑪王朝、阿尤比王朝、馬木路克王朝等三大埃及勢力，都擁有敘利亞這區域，而且也都擁有伊斯蘭聖地。從前述的歷史也可看到，在鄂圖曼於一五一七年入主埃及之前，埃及作為伊斯蘭世界的中心已有一段時間。由這些脈絡看來，穆罕默德的決策並非沒有前例可循。

穆罕默德阿里的要求，當然未獲鄂圖曼政府的同意，雙方關係惡化，於一八三一年交戰，埃及戰勝，順利取得敘利亞。一八三三年，鄂圖曼最後選擇與埃及交涉，勉強承認埃及在敘利亞的地位。[49]俄國表態支持鄂圖曼，兩方簽署條約，俄軍將視情況提供陸上與海上協助。[50]俄國必然不是想保護鄂圖曼，而是擔憂一旦往後穆罕默德阿里若更加強大，黑海到地中海（Mediterranean Sea）的局勢肯定會改變，也許就不是俄國能夠掌握了。

十八世紀末，雖然英國也有人呼籲注意俄國在黑海的擴張，進一步要維護鄂圖曼的完整，[51]但當時在法國對此區較有影響力的情況下，英國政府並未在意俄國的動向。可是，局勢變化很快，在一八一二年拿破崙失勢之後，東地中海與黑海這區域逐漸形成英俄兩強南北相望，兩方都不願看到對方的勢力有機會往前一步。英國開始注意黑海海峽的情勢變化，同時也是為了保護印度，[52]印度堪稱是英國「心中最軟的一塊」。在著名小說家吉卜林（Rudyard Kipling, 1865-1936）的小說《基姆》（*Kim*）中，用了「大賽局」（Great Game，或譯為「大博弈」）這個詞來形容英俄在印度的競爭。[53]一八三八年，鄂圖曼與英國達成貿易方面的協定，[54]表示鄂圖曼試圖讓英國獲益，以求英國對穆罕默德阿里施壓。英國的做法，看似「維護鄂圖曼的主權獨立與領土完整」，以避免俄國滲透至東地中海。不過，「維護鄂圖曼主權獨立與領土完整」只是口號與宣傳，英國實際想要維護的是自身在亞洲的「地位獨霸與利益完整」。

法國在十九世紀中葉再度望向東方，這次則是把重心放在東地中海地區，試圖要掌握十六世紀鄂圖曼給予特權的區域。這時出現了法國與俄國特權重疊的問題，因為俄國曾在一七六八年對鄂圖曼的戰爭中，要求鄂圖曼必須承認俄國對西亞東正教徒的保護權，也成為一七七四年鄂俄簽署的《庫楚克－凱納爾札條約》（Treaty of Küçük Kaynarca）其中一條條文。[55]由於耶路撒冷也有東正教徒，使得俄國在這區域也有保護權。一八五〇年，法國要求鄂圖曼必須尊重法國既有的特權，換句話說就是希望鄂圖曼不能給俄國一樣的待遇。英法本來處於對峙狀態，但此刻對手都是俄國，英國反而願意協助此次法國與俄國的戰爭，鄂圖曼則接受了英法的「保護」。這就是一八五四年開始，英法聯手與俄國對戰，並在一八五六年結束於克里米亞（Crimea）的「克里米亞戰爭」（Crimean War）。

在這過程中，鄂圖曼似乎隨人擺弄。但其實鄂圖曼多位君主均曾思索如何富國強兵，在十八世紀末就有軍事的西式改革。鄂圖曼在十八世紀已有戰爭失利的情況出現，尤其是俄國多次侵擾黑海與巴爾幹，導致鄂圖曼經濟衰退、社會動盪、權威低落。進入十九世紀，希臘與埃及獨立讓鄂圖曼君主決定走上更大規模變革之路。一八三九年，鄂圖曼君主阿布杜馬吉德一世（Abdul Mecid I, 1823-1861）頒布《花廳御詔》（Edict of Golhane），後人稱這自一八三九年開始的變革運動為「坦志麥特」（Tanzimat，即「改革」、「維新」之意）。一八五六年克里米亞戰爭結束之後，戰勝國對俄國簽署的《巴黎條約》（Treaty of Paris），重要條文有：讓黑海中立化，保證鄂圖曼帝國的完整。[56]由於諸多國家一同處理鄂圖曼事務，也使得《巴黎條約》有將鄂圖曼事務等於歐洲事務的意涵。[57]另外，以英國為主的歐洲國家把鄂圖曼拉進歐洲，以形成圍堵俄國的重要防線，黑海則是在諸多歐洲強權的「保護」之下。[58]英國則是再次藉著條約簽署，保護自身的利益完整，等於宣示自身在鄂圖曼事務的主導權。

學者徐中約（Immaneul C. Y. Hsu, 1923-2005）的著作《中國進入國際大家庭》（*China's Entrance into the Family of Nations*），陳述的是十九世紀後期中國與西方強權簽署條約、必須玩西方的遊戲規則之下，進入了「國際大家庭」之中。當然這「家庭」是以歐洲為主的家庭，即中國逐漸被吸納進西方的世界體系。書中也有提到，鄂圖曼同樣在十九世紀中葉加入西方的家庭裡。[59]徐中約指的是非西方國家加入西方的趨勢，但這是在十九世紀西方強盛的時候出現的現象。從前文看來，鄂圖曼其實自十六世紀以來就曾經主持過一段時間的「國際家庭」了，那時候是法國加入鄂圖曼主導的秩序，連帶影響哈布斯保家族在歐洲的優勢，只是時代已經轉變，這家庭的成員主導人也已替換，但這個「國際家庭」一直都在，所以並非鄂圖曼加入了新的家庭。

加入國際家庭不代表就能穩定發展，因為歐洲強權對鄂圖曼的介入仍然相當頻繁。一八七〇年普魯士與法國交戰，前者於隔年勝出，形成了統一的德意志帝國（後文稱德國）。時任首相的俾斯麥（Otto von Bismarck, 1815-1898）致力於孤立法國，也拉攏奧匈帝國、俄國，主導了歐洲局勢發展。一八七七年，巴爾幹地區對鄂圖曼的抵抗已經令伊斯坦堡政府難以收拾，俄國對巴爾幹仍有諸多介入，釀成了鄂俄戰爭（即俄土戰爭，Russo-Turkish War）。戰爭於一八七八年

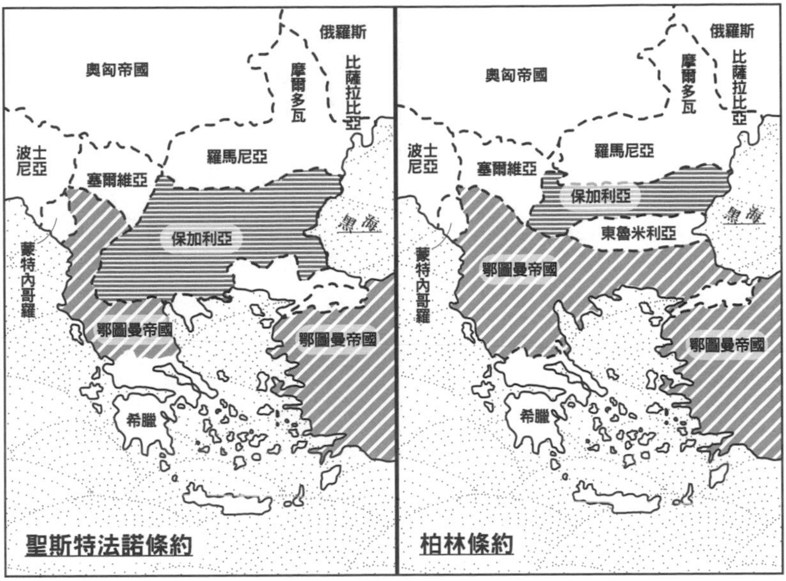

圖3　聖斯特法諾條約與柏林條約

初結束，三月俄國與鄂圖曼簽署了《聖斯特法諾條約》（Treaty of San Stefano），在巴爾幹重新劃分勢力範圍，刻意創造一個大的保加利亞（Bulgaria），讓鄂圖曼領土退至君士坦丁堡以東，藉此俄國可以藉由控制保加利亞而自由進入地中海。[60]在俄國勢力大增的情況下，德國隨後召開開啟柏林會議（Berlin Congress），協調諸強權簽署《柏林條約》（Berlin Treaty）讓鄂圖曼保住一部分巴爾幹的領土，而俄國也可取得一定優勢，藉此平衡強權間的利益（見圖3）。[61]儘管如此，這仍然不是俄國所願，當然鄂圖曼也僅是不得不妥協。英國已在同年六月占領了賽浦路斯島（Cyprus），由於埃及抵抗英國的聲浪也很大，英國擔憂連帶影響蘇伊士運河（Suez Canal）的貿易利潤，又於一八八二年占領了埃及。[62]過去「維持鄂圖曼主權獨立與領土完整」的原則，已經不再是英國的外交原則了。

二、伊朗的英俄枷鎖

拿破崙入侵埃及，也影響到伊朗的發展。十八世紀末，卡加在伊朗北部剛建立王朝，在百廢待舉的情勢下，立即被捲入歐洲國家的勢力競爭之中。英國與伊朗在一八〇一年達成共識，要防止法國利用伊朗而進入印度。[63]伊朗雖然沒有受到拿破崙的壓力，卻也成為英國為了保護自身利益而使用的棋子，甫成立的卡加也就捲入了歐洲國家的競爭之中。

此時卡加有企圖心想要「收復失土」，像是長久以來對鄂圖曼、俄國爭奪的伊朗西側、西北部邊界，還有阿富汗地區，有必要收回以強調自身在伊朗地區的主導性。然而，卡加對於其西部與西北部邊界的征戰，即對鄂圖曼與俄國的戰爭。一八一三年伊俄在戰爭後，簽下《古利斯坦條約》（Treaty of Golestan），一八二八年又簽署了《土庫曼查宜條約》（Treaty of Torkmanchay），重點都是伊朗逐步讓出了高加索地區的勢力範圍（見圖4）。[64]一八二三年，伊朗與鄂圖曼在亞美尼亞與巴格達等地交戰之後，兩方僵持不下，最後按照一六三九年《索哈

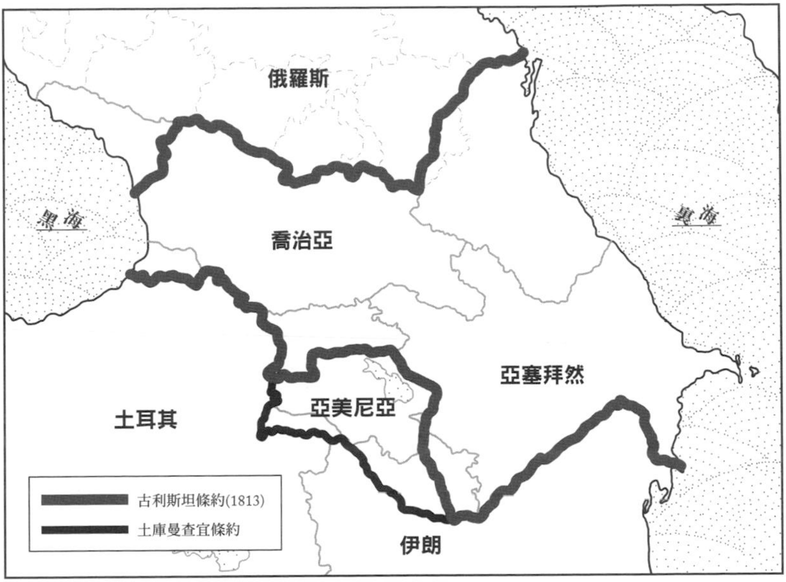

圖 4　在古利斯坦條約與土庫曼查宜條約之後伊朗失去的領土

布條約》所劃分的邊界，簽署了《艾爾澤魯姆條約》（Treaty of Erzerum of 1823）。[65]此時英俄在亞洲的競爭氣氛已逐漸浮現，由於伊鄂邊界北從高加索、南至阿拉伯河，正好是英俄勢力滲透的區域，便促使了英俄開始關注伊鄂邊界問題，還派出調查團偕同伊鄂一同討論與協調邊界問題。[66]最後，一八四七年四國簽署了第二次的《艾爾澤魯姆條約》（Treaty of Erzerum of 1847），伊朗雖擁有近波斯灣頂端的穆哈梅拉（Mohammerah），但鄂圖曼卻反對這樣的決定。這份條約仍然只是大家取得的「最大公因數」，並沒有解決問題。

對阿富汗地區，尤其最接近伊朗東

部的賀拉特，也是卡加試圖重新掌握的區塊。但這區域面對的是英國的壓力，畢竟阿富汗地區南方就是印度，前文提到英國對印度的保護不遺餘力，不容許任何勢力進入，即使中亞地區俄國是主要對手，但一旦伊朗有意進軍賀拉特，那也會成為英國的對手。[67]不過，伊朗終究在一八五六年十月進軍賀拉特了，但也導致接下來英國反擊伊朗的戰爭。伊朗戰敗後，在一八五七年四月與英國簽署了條約，談妥了伊朗與阿富汗地區的界線，伊朗不得再進入賀拉特。[68]

除了對外關係的窘境之外，卡加內部情勢也不甚樂觀。從薩法維滅亡之後就可看到嚴重的部落間的競爭，所以即使一七九七年卡加部落比較能夠穩定伊朗地區，但並不代表卡加對各區域都可展現權威。從近代伊朗史研究學者亞伯拉罕米安（Ervand Abrahamian）的研究中可看到，卡加政令在德黑蘭之外難以執行，必須依靠各地部落酋長、宗教人士、大地主、巨賈的協助才能將中央與地方連結起來，完全不是一般所認知的東方國家就是專制政體的那種形象。[69]

前文提到鄂圖曼在各地的管理，並非一般人們認定的專制體制。卡加也如鄂圖曼一樣，英俄開始競爭之後，沒有很好的發展機會。但是，鄂圖曼是個已經延續了幾百年歷史沒有中斷的強大勢力，卡加卻是才剛發跡的新王朝，或許有機會如鄂圖曼一樣需要移植西方的觀念、制度，但卻沒能力來一場花廳的御詔進行盛大的變革，馬上就被英俄兩強牢牢箝制住。學者馬丁（Vanessa Martin）指出，伊朗變革很緩慢就是受到英俄的壓力。[70]伊朗與鄂圖曼比較起來，並非沒有作為，只是王朝建立之初就捲入歐洲國家的競爭之中，既要整頓內部，也需要收復失土。

十九世紀上半葉，伊朗有多次對外戰爭，但最後都以失敗告終。到了納西爾丁國王（Nasir al-Din Shah, 1831-1896）時期，已經不再與英俄及鄂圖曼交戰。但，伊朗卻仍受到英俄的壓力，儘管一八七三年曾與德國簽署友好條約，約文第十八條即說明，當伊朗與其他強權陷入糾紛時，德國應協助伊朗處理問題。[71]但這條文後來似乎沒有太大的作用，畢竟伊朗問題向來就不是德國的「專業」。而且對照鄂圖曼的情況來看，可能地理位置與歐洲相鄰，故較多歐洲強權有機會介入鄂圖曼事務，例如法國，還有一八七一年後的德國。反觀處於內陸、位在裏海與波斯灣中間的伊朗，就完全在英俄的南北夾擊之中，沒有其他強權有機會滲透。

不過，英俄為了圍堵崛起中的德國，兩方關係出現和緩。俄國主要是因為一九〇五年日俄戰爭戰敗之後，試圖和緩對外關係以減輕外在壓力；而英國也在不斷受到德國的海上競爭之下，必須要找尋合作夥伴。於是，英俄外交部長在一九〇六年之後有多次交涉，於一九〇七年八月三十一日簽署了《一九〇七年英俄協定》（Anglo-Russian Convention of 1907）。這份協定的重點在於英俄放下在亞洲「大賽局」的爭議，例如在西藏、阿富汗、伊朗。部分西藏、以及阿富汗地區納入英國勢力範圍，而伊朗最為特別，區分成三塊，北方為俄國勢力範圍、東南方為英國勢力範圍、中間區塊為中立區。但很諷刺的是，協定第一款卻強調，「維持伊朗主權獨立與領土完整」

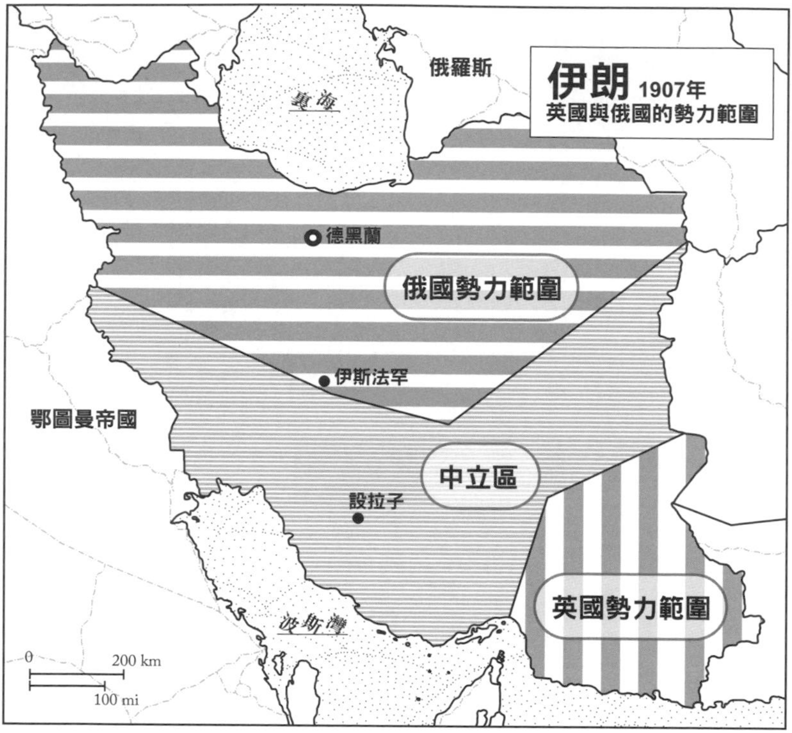

圖5 1907年英俄協定

（見圖5）。[72]儘管英俄並未確實占領劃分的區域，但對伊朗而言這就是主權受損。這也代表英俄在伊朗與周邊所劃出來的線，都不是當地人認同的線。若當地人不承認、試圖突破，也都相當正常與合理。

但這並不代表往後英俄之間就沒有衝突，若以伊朗的情勢來看，當伊朗政府在聘請外籍顧問處理問題時，便面臨到英俄方面的壓力。一九一一年五月底，受聘來到伊朗的美國財政顧問修斯特（Morgan Shuster, 1877-1960），原本有意聘請一英國軍官前往德黑蘭協助收取稅收的工作，因為該名軍官懂波斯語、也有派駐過伊朗的經驗，但俄國外交部認為這樣等於是英國勢力進入俄國在伊朗的勢力範圍。伊朗政府起初並無意阻止修斯特，必然也是希望藉這機會突破《一九〇七年英俄協定》。英國隨後反對該名官員應聘，而且在俄國壓力之下，伊朗最後也得解聘修斯特。所以，修斯特在一九一二年回到美國之後，出版《箝制伊朗》（*The Strangling of Persia*）一書，批判英俄兩國對伊朗的控制。[73]《一九〇七年英俄協定》在伊朗劃分的勢力範圍，成為箝制伊朗的枷鎖。

第四節　第一次世界大戰中的鄂圖曼帝國與伊朗

一八八二年，德國、義大利、奧匈帝國組成了「三國同盟」（Triple Alliance）。德國皇帝威廉二世（Wilhelm II, 1859-1941）主張在歐洲以外拓展勢力的「世界政策」（Weltpolitik），試圖在非洲與英法兩強爭奪殖民地、在亞洲海域與英國競爭海上優勢，也在中國奪取山東。在帝國主義發展的過程之中，德國崛起的年代較晚，但並不代表就沒有資格與機會和其他歐洲強權一同爭取勢力範圍。法國與俄國在一八九〇年代都受到德國在歐洲大陸的排擠，故而決定同盟，而英法也在一九〇四年達成對非洲殖民地的協議，再加上《一九〇七年英俄協定》，英、法、俄的「三國協約」（Triple Entente）成形。歐洲兩大政治集團的對峙，不見得會發生戰爭，而是呈現勢力均衡的狀態。

不過，均衡狀態卻在巴爾幹衝突日增的情況下遭到破壞。自希臘獨立之後，鄂圖曼在巴爾幹的權威愈趨下滑，俄奧兩國均在這區域競爭，前者要摧毀鄂圖曼的權威，後者也想要加強在這地區的優勢，再加上英國一直主張要保障鄂圖曼的主權獨立與領土完整，使得這區域的情況有相當多的變數。這三方在巴爾幹構想了符合自身利益的勢力範圍，形同畫下了無形的線，均無視鄂圖曼的存在，只在意不讓對方跨越雷池一步。英國並非比較想要保護鄂圖曼，其實只是想防止俄國勢力南下而已。進入了二十世紀，巴爾幹諸勢力組成聯盟，於一九一一年與鄂圖曼交戰，是為第一次的巴爾幹戰爭。固然巴爾幹的聯盟獲得勝利，卻出現彼此之間勢力範圍劃分不清的問題，旋即於一九一二年爆發第二次巴爾幹戰爭。巴爾幹諸勢力相互傾軋，也對奧匈帝國頗有不滿，致使一九一四年六月底奧匈王儲斐迪南（Franz Ferdinand, 1863-1914）在塞拉耶佛（Sarajevo），遭到塞爾維亞（Serbia）年輕人殺害。事件發生之後，俄國對奧匈宣戰，逐漸形成了「三國同盟」與「三國協約」之間的大戰，即一戰的爆發。

大戰爆發之前，德國皇帝威廉二世有意號召亞洲的穆斯林發起「聖戰」（Jihad），有學者稱這是「德製聖戰」（Holy War made in Germany）。[74]一八九八年，威廉二世出訪鄂圖曼時，已表明自己是穆斯林的好友，[75]也有「向東壓進」（Drang nach Osten or Drive to the East）的企圖心。[76]德國與英國已經有一段時間的競爭關係，所以威廉二世也希望印度穆斯林起義，逼迫英國與德國和談。[77]而一八七九年英國因擔憂阿富汗向俄國靠攏，曾對阿富汗發起戰爭。[78]英國也在二十世紀初期要求阿富汗的領導人哈比卜阿拉（Habibullah, 1872-1919）與印度保持緊密的關係，甚至要將印度的鐵路系統延伸到阿富汗政治中心喀布爾（Kabul），這都使得哈比卜阿拉對英國相當反感。[79]於是，若德國勢力得以穿越伊朗而進入阿富汗的話，英國將難以保護印度了。「德製聖戰」所要拓展的路線，對英國相當具有威脅性。在這樣的情況之下，促成了鄂圖曼在一九一四年十一月加入德國陣營，並把戰場從巴爾幹帶入了其他的鄂圖曼領土。俄國在高加索與鄂圖曼交戰，英國軍隊則是遍布埃及與兩河流域。一九一四年年底，德國有一團隊穿越伊朗進入阿富汗，其任務目的便是要拉攏伊朗與阿富汗這兩個伊斯蘭勢力加入戰局，讓「德製聖戰」順利進入東方。

戰爭期間，英法兩強已有計畫要瓜分鄂圖曼領土。英法兩國著名的一九一六年《賽克斯－皮科協議》（Sykes-Picot Agreement），將兩河流域與黎凡特劃分兩部分，前者為英國所有，後者為法國所有（見圖6）。[80]一九一七年十一月，英國外交部長貝爾福（Arthur Balfour, 1848-1930）發表了支持歐洲猶太復國主義者（Zionist）在巴勒斯坦建立家園的《貝爾福宣言》（Balfour Declaration）（請見第四章與第七章）。[81]幾年之內諸多事情，對於大戰與西亞區域都帶來新的變數。

當鄂圖曼加入戰場時，伊朗卡加國王宣布中立。然而，高加索與美索不米亞都是戰場，也就是伊朗西側都受戰爭波及，讓伊朗很難完全置身事外。高加索的戰場對伊朗傷害最大，俄國與鄂圖曼軍隊相互廝殺，而且這地區的劃分本來就有許多爭議，俄國必然有意圖藉此持續南進，而鄂圖

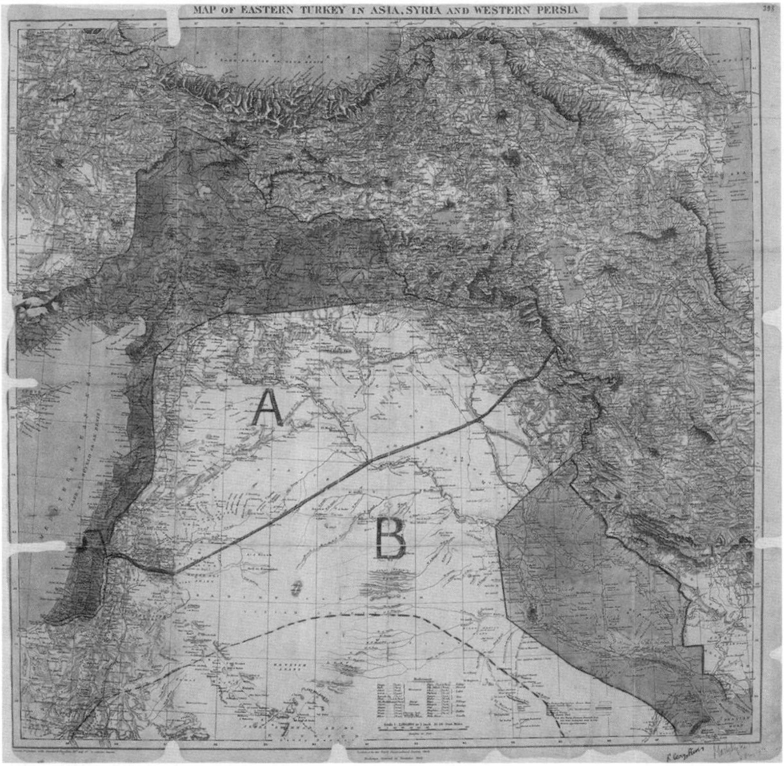

圖6　賽克斯－皮科協議

曼也得以深入伊朗境內。英國自一九〇一年起，在伊朗西南方已有石油開採的工程，一九〇八年五月底石油開採正式成功，一九〇九年有英國波斯石油公司（Anglo-Persian Oil Company，APOC）成立，往後石油工程區、油管鋪設區也是英國要保護的重要區。

一戰時美索不達米亞的戰場，也讓英軍擴張到鄰近的伊朗西南部，甚至占領了伊朗南部不少城鎮，導致伊朗政府不斷批判英俄兩強破壞了伊朗中立原則。英俄不僅不認為自己破壞伊朗中立，還認為伊朗會違反中立。因為德國的團隊正在伊朗境內行動，儘管伊朗政府一再強調其中立的決心，英俄仍擔憂最後伊朗的立場會受德國影響。於是，英俄在一九一五年年底向卡加政府提出結盟交涉，但卡加的回應是，若要結盟，那就必須終止過去各項特權，即廢除《一八二八年土庫曼查宜條約》、《一九〇七年英俄協定》這兩份文件。[82]英俄都不認同伊朗提出的要求，致使幾個月下來的交涉沒有成果。往後一戰歷史的研究中，較少對於伊朗的討論，可能是伊朗堅持中立不願加入戰場的關係，但近來已有些學者認為強權爭取伊朗的加入，也是一戰史重要的部分。[83]

戰爭進入一九一七年，有新的情況出現。先是美國加入戰場，過去這個國家並未有處理歐洲、西亞事務的經驗，頂多是二十世紀初期在老羅斯福（Theodore Roosevelt, 1858-1919）與塔虎脫（William Howard Taft, 1857-1930）總統時期，其勢力已經經由太平洋拓展到東亞。但時任總統的威爾遜（Woodrow Wilson, 1856-1924）決定加入戰局，確實也開展了美國外交史的另外一頁。威爾遜主張「民族自決」（self-determination）的原則，也使得不少受到歐洲帝國主義者壓迫的群體與國家，都視威爾遜為帶來擺脫束縛新希望的救主，但像是埃及、印度等英國殖民的地區，威爾遜其實沒有能力處理。[84]英法兩個老牌帝國主義國家，也完全不將美國這個世界「新警察」所說所為放在眼裡。該年十一月，俄國因蘇維埃（Soviet）革命而改朝換代，列寧

（Vladimir Lenin, 1870-1924）領導的社會主義新政府主張退出戰場，隔年三月與德國陣營簽署了《布列斯特－里托夫斯克條約》（Treaty of Brest-Litovsk）停止戰爭，三國協約缺少了一重要盟友。不過，這對英國來說反而有好處，因為西亞事務已不再需要顧及俄國的態度，也不必再考慮俄國的勢力範圍。一九一八年十一月，一戰結束。

從上述歷史脈絡看來，歐洲強權在西亞地區的爭權奪利，透過諸多條約、協定、協議，在巴爾幹、高加索、埃及、伊朗、阿富汗、兩河流域、黎凡特等地，畫出了相當多有形與無形的界線。即使伊朗與鄂圖曼之間的邊界原本就有所爭議，卻因為十九世紀之後有了英俄兩強的介入，而讓本來兩個西亞國家的區域事務，變成了國際性質的事務。我們也可以看到，自十九世紀以來英俄等強權占有優勢的時代，伊朗與鄂圖曼兩伊斯蘭國家的抵抗很難有作用。

其實西亞國家的抵抗，有時讓歐洲帝國主義者僅能以「砲艦外交」（Gunboat Diplomacy）這樣粗暴的方式才能夠扭轉局勢。因此，在技術上處於弱勢之際，鄂圖曼與伊朗也必須接受西方的遊戲規則。不過，近代西方勢力僅是擁有船堅砲利這樣的「技巧」優勢，不代表什麼事情都能說得有理。按德國學者法蘭克（Gunder Frank, 1929-2005）在《白銀資本》（*ReOrient*）所說，世界的發展就像是一列火車，亞洲作為火車頭，近代的歐洲人只是買了一張三等車廂的車票，卻不斷往前段車廂劫掠，終於取得頭等車廂的位置（但是，那只是暫時的）。[85]法蘭克在他的遺作

《十九世紀大轉型》（*ReOrienting*）更加強他的說法，認為即使到了十九世紀非西方地區並不完全受西方宰制。所謂的西方霸權，僅是神話。[86]

一九一八年十一月一戰結束，協約國戰勝。鄂圖曼既然戰敗，就很難維持既有的廣泛疆土，任人宰割，尤其在戰後一九一九年巴黎和會（Paris Peace Conference），僅有戰勝國與同盟國家參與，戰敗國只能被迫接受戰勝國的安排。不過，這不代表鄂圖曼就是殘破不堪的帝國。鄂圖曼的瓦解不見得應全然歸咎於衰弱，畢竟該做的內政變革、外交事務的努力，鄂圖曼沒有少過，卻是受到諸多強權的壓力，在戰敗後，鄂圖曼的每個區域，都面臨到遭到切割、重新劃分的命運。伊朗的情況也沒有很樂觀，因受戰爭波及而爆發了大飢荒，[87]可是在戰後想要參與巴黎和會以爭取戰爭賠償，卻因為不是參戰國而無法出席和會。[88]

西亞地區出現諸多有形與無形的界線，都是在征戰或者交涉之後，較有優勢的一方所劃分出來。但是，權益受損的一方，尤其是伊朗與鄂圖曼，當然不會同意這樣的結果，只是無論否認、反對，或者要武力對抗，最後仍然是歐洲國家占有優勢。西方國家所強行畫下的線，成為鄂圖曼與伊朗難以突破的障礙。一戰結束之後，當戰勝國要開始按自身的利益來安排世界秩序時，就開始面臨不少抵抗了。往後的章節就可看到，接下來就是西亞與西方持續在界線劃分與突破之間無止盡的拉扯。

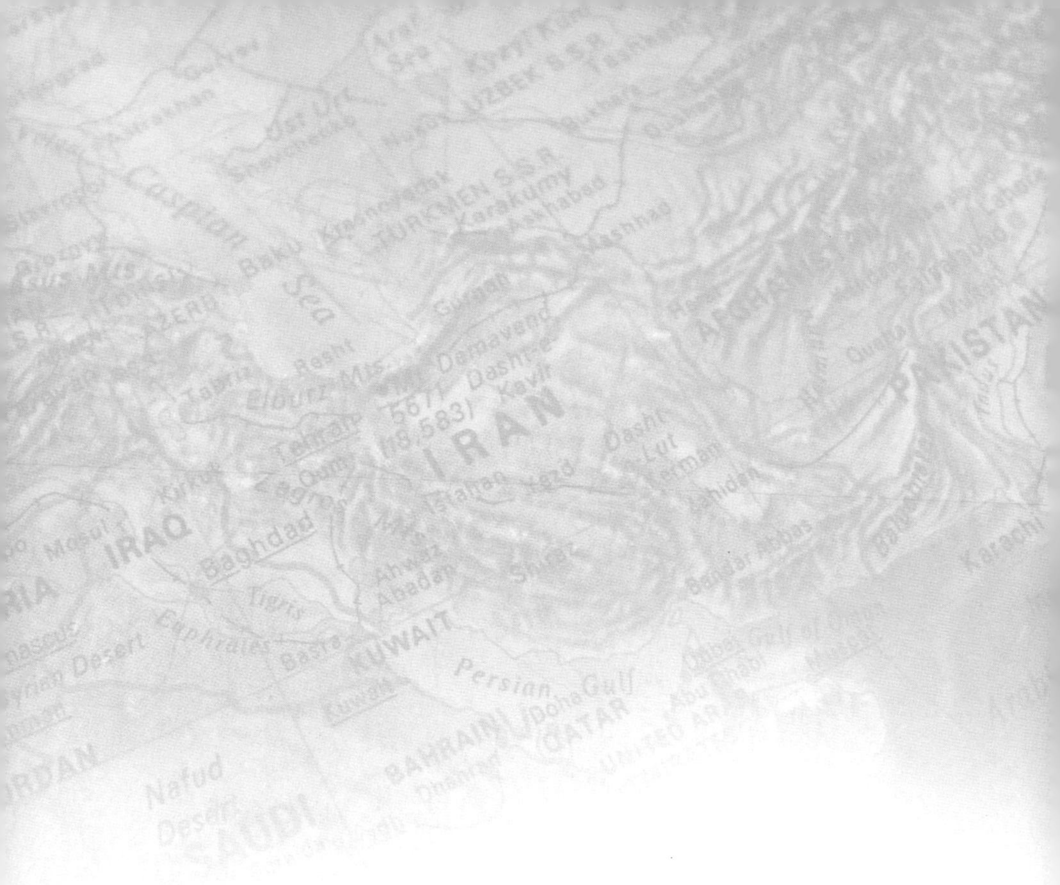
Caspian
Sea
Baku
TURKMEN S.S.R.
Karakumy
Elburz Mts.
Tehran
IRAN
Damavend
Dasht-e-Kavir
Dasht-e-Lut
Kerman
Isfahan
Yezd
Qum
Kirkuk
Mosul
IRAQ
Baghdad
Tigris
Euphrates
Basra
Abadan
Ahwaz
Shiraz
KUWAIT
Persian Gulf
BAHRAIN
QATAR
Doha
Dhahran
Bandar Abbas
Zahidan
Quetta
PAKISTAN
Karachi
Syrian Desert
Nafud Desert
JORDAN
SAUDI

第二章

巴爾幹的界線

二〇二〇年八月，土耳其主張擁有在鄰近兩百海浬水域中尋找石油與天然氣的權利，鄰近的希臘認為主權被侵犯。隨後土耳其在賽浦路斯島北方外海進行軍事演習，希臘也表示不滿。兩方關係緊張，但二〇二一年一月初，土耳其與希臘卻又要為了賽浦路斯問題進行對話。

希臘在十九世紀上半葉脫離鄂圖曼而獨立，賽浦路斯在一八七八年為英國占領，使得鄂圖曼失去這兩個區域的領土。一戰後鄂圖曼瓦解，一九二三年鄂圖曼將軍凱末爾（Mustafa Kemal, 1881-1938）建立的土耳其，仍關注希臘、賽浦路斯事務，代表鄂圖曼時期的歷史問題，土耳其還致力於取回一定程度的優勢。

由於巴爾幹為鄂圖曼最早發跡的區域，也是這個大帝國自十九世紀逐漸土崩瓦解的起點，所以在接下來討論西亞各區塊的界線劃分，便由這區域開始談起，特別以希臘、土耳其、賽浦路斯、保加利亞為例，討論這四方界線劃分過程中的紛爭，以及外來勢力的介入。儘管迄今已經百年過去，看來很多問題還未能解決。

第一節　土耳其與希臘邊界

十八世紀末，北方的俄國勢力早已籠罩在黑海與周邊地區，成為鄂圖曼的極大威脅。巴爾幹在這樣的情況下，逐步讓俄國突破。一七八二年之後，俄國試圖以「希臘計畫」（Greek Project），把黑海周邊都劃歸為俄國所有，進而藉此讓鄂圖曼瓦解。[1]隨後，一七八九年法國大革命的影響擴大，其中的民族主義思潮在巴爾幹也逐漸擴散，開始出現抵抗鄂圖曼管轄的行動。在這樣動盪的氣氛之下，希臘於十九世紀初期走上脫離鄂圖曼之路。

鄂圖曼管理領土內各社群的方式為「米利特」，當歐洲民族主義思潮移入之際，米利特就成了民族的對應詞。[2]不少希臘人宣傳解放故鄉的言論，[3]也主張希臘人與鄂圖曼人不屬於同一民族，鄂圖曼人是幾世紀以來的外來侵略者，應該退出歐洲。[4]當然不是所有希臘人都有這樣的立場，可是一旦有這樣的政治氣氛存在，就是影響鄂圖曼權威能否穩定的未爆彈。鄂圖曼政府派兵處理希臘問題，本應只是一國處理自家事務之情事，卻逐漸演變成國際大戰。俄國認為，希臘的獨立運動是打擊鄂圖曼的機會。對此，在南方的英國卻頗為擔憂，因為在鄂圖曼較為南方的區域，包括埃及、紅海等陸地與海域多在英國掌握之下，俄國若因介入希臘問題而使其勢力得以持續南下、甚至突破黑海而進入地中海的話，對英國將會是威脅。儘管英國向俄國表示支持希臘脫離鄂圖曼，卻希望是成立自治政權，但仍效忠鄂圖曼的權威。[5]鄂圖曼當然不願意接受上述的安排，導致一八二八年四月俄國再度向鄂圖曼開戰。

時任埃及總督的穆罕默德阿里，為此時鄂圖曼政府的強大援助。沒多久之前，穆罕默德阿里才將法軍逐出埃及與東地中海地區，而且阿拉伯半島上的部落衝突，也是穆罕默德阿里所平定。此時希臘的獨立運動，背後還有俄國的支援，鄂圖曼更需要穆罕默德阿里的協助。然而，俄國在這次的戰爭中占了優勢，鄂圖曼與埃及戰敗，經過多次交涉，藉著簽署一八二九年的《埃迪爾納條約》（Treaty of Edirne），劃定了阿爾塔（Arta）、沃羅（Volos）作為希臘與鄂圖曼的邊界線。[6]但是，邊界線向來都不是劃分完畢之後就可讓大家滿意，希鄂仍然有大大小小的對抗，在後者節節敗退的情況下，英俄兩強於一八三〇年二月達成《倫敦議定書》（London Protocol），鄂圖曼確定承認希臘獨立。[7]其實歐洲強權並非誠心誠意關懷希臘是否獨立，而是為了利益競爭，畢竟若俄國對鄂圖曼壓力不減的話，也可能跨越地中海而進入埃及與紅海，將導致英國在西亞的優勢陷於不利狀態，所以英國必須參與這問題的討論來「刷存在感」。英國想要維持鄂圖曼的「領土完整與主權獨立」，絕對不是要保護鄂圖曼，而是要對抗想要肢解鄂圖曼的俄國。

希臘的獨立，讓巴爾幹各方勢力前仆後繼脫離鄂圖曼，當然也一樣吸引了強權介入。鄂圖曼多次鎮壓巴爾幹的獨立運動，不滿意任何外來強權的安排，導致一八七七年俄鄂戰爭再起。當鄂圖曼又是戰敗一方時，被迫必須再度接受強權的擺弄。一八七八年七月的《柏林條約》裡，希臘獲得色薩利地區（Thessaly）。[8]一九〇八年鄂圖曼立憲革命之後，新政府在巴爾幹尚未建立權威，導致一九一二年與一九一三年兩次巴爾幹戰爭。一九一三年五月，鄂圖曼與巴爾幹諸多勢力簽訂簽署《倫敦條約》（Treaty of London），鄂圖曼與巴爾幹之間，以埃諾斯（Enos）與米迪耶（Midia）為界線，也把克里特島（Crete）讓給希臘。[9]

一九一四年一戰爆發，鄂圖曼加入德國陣營後，便是英法俄三方合力攻擊的對象。不過，一九一七年十一月，俄國在蘇維埃革命之後退出戰場，巴爾幹頓時少了來自北方的壓力。但這對於原本是俄國的戰爭盟友英國來說卻是不利的消息，遂促成希臘與鄂圖曼的戰爭，以加強英國陣營在巴爾幹的影響力。鄂圖曼在一九一八年十月底已經戰敗，希臘軍隊持續滲透安納托利亞，主張要建立跨越歐亞兩大洲、擁有愛奧尼亞海（Ionian Sea）、地中海、愛琴海（Aegean Sea）、馬爾馬拉海（Sea of Marmara）、黑海的希臘，[10]遂進軍安納托利亞西側的伊茲米爾（Izmir）。一九一九年一月初，巴黎和會召開，以美國、英國、法國為主的戰勝國，商討如何懲罰戰敗國。鄂圖曼雖然戰敗，但仍有凱末爾將軍率軍與戰勝國持續纏鬥。儘管在和會期間，對戰敗國的和平條約相繼簽署完成，可是對鄂圖曼的條約始終難以簽訂。

和會結束之後，一九二〇年初處理國際事務的國際聯盟（League of Nations）成立，根據盟約第二十二條的「委任託管」（mandate）原則，以「協助這些未能自主的地區發展文明」的名義，[11]由英法兩國來管理鄂圖曼，也就是英法可名正言順地進入一九一六年《賽克斯－皮科協議》所包含的地區。然而，一九二〇年一月，伊斯坦堡政府宣布《國民公約》（National Pact），主張鄂圖曼領土是不可分割的，阿拉伯等地區可投票決定自己的命運，以及反對不平等條約。[12]這份文件可解讀為伊斯坦堡政府試圖捍衛殘餘的優勢，而且也運用了威爾遜的「民族自決」，不讓英法可恣意進入阿拉伯地區，畢竟阿拉伯人也不同意英法的「委任託管」（請見第三章）。但是，戰勝國軍隊立即占領伊斯坦堡。可見伊斯坦堡試圖破除《賽克斯－皮科協議》的束縛，戰勝國卻不願意讓伊斯坦堡政府握有主導權。儘管《賽克斯－皮科協議》涵蓋的範圍是阿拉伯地區，但都是伊斯坦堡政府的領土，該協議當然就是對於鄂圖曼的破壞。一九二〇年四月，凱末爾在安卡拉召開國民大會（National Congress），建立新政府，不僅不願受強權壓制，也不再認同已經沒有能力抵抗壓迫的伊斯坦堡政府。

八月，伊斯坦堡政府與戰勝國簽署了《色弗爾條約》（Treaty of Sevres），將鄂圖曼領土切割地四分五裂，僅剩凱末爾的安卡拉是戰勝國難以進入的地區。該條約之中，希臘可擁有愛琴海上的小島（見圖7）。[13]從這樣的結果看來，希臘在一個世紀之前取得獨立，卻仍不代表此後就不再爭奪周邊領土與海域。而對鄂圖曼來說，一個世紀之前希臘獨立，不等於鄂圖曼就會放下「收復失土」的企圖。邊界劃分只是一時的結果，並不代表共享邊界的兩方都完全認同那條界線，畢竟那是當下創造出來的，而且也不能保證那條界線上的居民也認同那條線。更何況原本這區域的發展就有強權的介入，希臘與鄂圖曼兩方在這一百年來的衝突，仍然受到強權影響，導致紛爭沒有結束的一天，一九二〇年的《色弗爾條約》也不等於就此決定了往後的情勢。

凱末爾政府不接受《色弗爾條約》，持續對抗戰勝國軍隊。面對凱末爾的反擊，希臘軍隊逐漸潰敗，使得戰勝國必須轉而與凱末爾政府協調。安卡拉政府強調東色雷斯（East Thrace）的重要性，掌握這區域帶有保障伊斯坦堡與凱末爾政府安全的意涵。若是如此，凱末爾政府與希臘的邊界，就會回到一九一三年「埃諾斯－米迪耶線」。[14]希臘一再對鄂圖曼領土「蠶食鯨吞」，當然不願意放棄東色雷斯與伊茲米爾。對於戰勝國龍頭英國來說，現在一切都亂了套，即使戰勝、即使有《色弗爾條約》，卻仍無法壓制凱末爾這個鄂圖曼的殘餘勢力？為了解決問題，一九二二年三月英國同意凱末爾政府擁有色雷斯東部約五分之二的土地，也要求希臘軍隊撤出安納托利亞。[15]對此，希臘當然不同意英國的安排，遂不願再受英國干涉，逕自出兵占領伊斯坦堡，不過

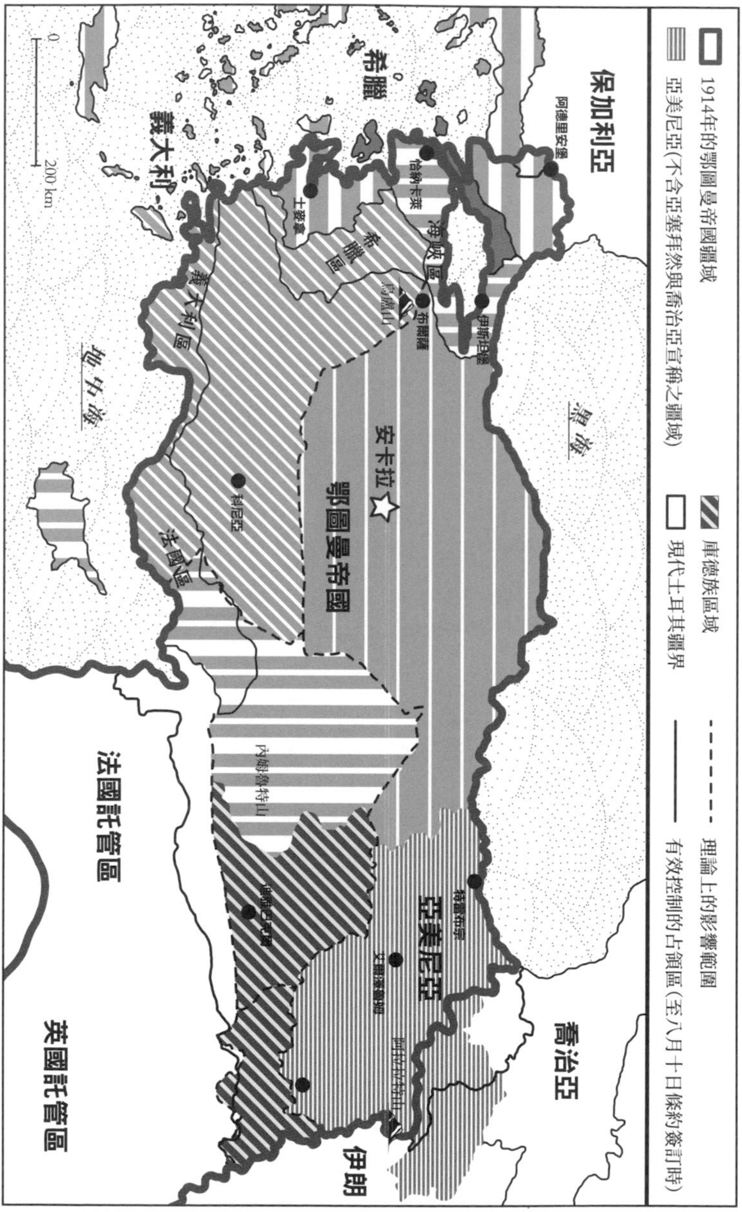
1914年的鄂圖曼帝國疆域
亞美尼亞(不含亞塞拜然與喬治亞宣稱之疆域)
庫德族區域
現代土耳其疆界
理論上的影響範圍
有效控制的占領區(至八月十日條約簽訂時)
保加利亞
希臘
義大利
黑海
地中海
安卡拉
鄂圖曼帝國
法國託管區
英國託管區
喬治亞
亞美尼亞
伊朗
海峽區
希臘區
義大利區
法國區
伊斯坦堡
布爾薩
士麥拿
阿德里安堡
內姆魯特山
0
200 km

圖7 色弗爾條約

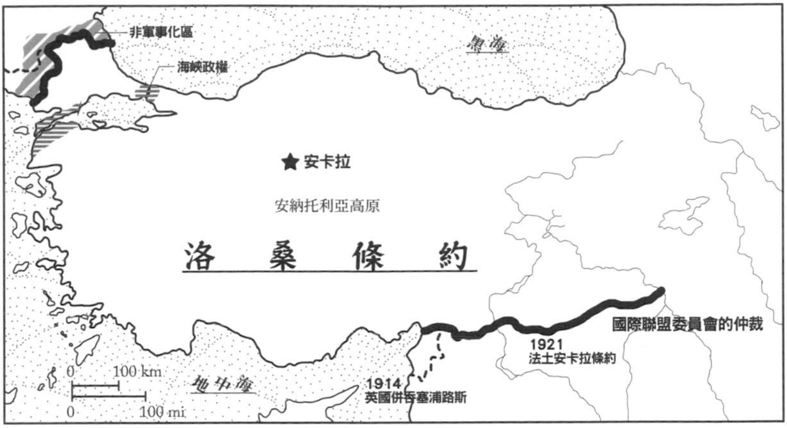

圖8 洛桑條約

遭到凱末爾軍隊擊敗。一九二二年十月，希臘與安卡拉政府在穆當亞（Mudanya）停戰，希臘軍隊撤至馬里查河（Martisa River）。[16]

英國最後只好同意讓凱末爾擁有黑海海峽的主權，以避免凱末爾有更多要求。一九二三年七月，戰勝國與凱末爾政府簽署了《洛桑條約》（Treaty of Lausanne），終止了兩方幾年來的紛爭（見圖8）。希臘與凱末爾政府以阿爾達河（River Arda）與馬里查河匯流處為北方分界點，沿著馬里查河下游往南劃至愛琴海。[17]同年十月，土耳其共和國（Republic of Turkey）建立。兩國雖有這段對峙的歷史，但在隨後希臘並無意再與土耳其起衝突，而且土耳其東南方與伊拉克北方交界處仍有諸多糾紛（請見第三章），致使土耳其政府和緩了對希臘的態度。[18]一九三〇年希土簽署了友好協議，而且在二次大戰結束之後都同樣受蘇俄壓力，導致美國撒下大筆鈔票金援土希兩國，讓這兩國成了反共陣營的前線，國家之間的友好與對立，始終是難以單憑某一時期的情況來斷定。

第二節　土耳其與希臘的塞浦路斯問題

從前文可看到，近代巴爾幹地區，原屬於鄂圖曼的領土，卻受到英、法、俄、德等強權勢力競爭的影響，然後經歷過《聖斯特法諾條約》、《柏林條約》、《色弗爾條約》、《洛桑條約》一再劃分界線，使得這區域的問題難分難解。一九二三年之後，希臘與土耳其算正式確定彼此的勢力範圍，不過，希臘並未喪失在愛琴海島嶼的主權，而塞浦路斯也仍在英國掌控之下。[19]

土耳其共和國建立後，土希兩方都致力於建立「民族國家」（nation state）的目標，也互換兩方人口，讓那時在土耳其境內希臘人「回到」希臘，而希臘境內的土耳其人可「回歸」祖國。[20]這代表即使當權者認為如上述的安排可以讓國家趨於「純正」，不受其他因素「汙染」，但老百姓的歸屬與認同感可能跟當權者不一樣，逐漸成為土希邊界不穩定的不定時炸彈。讓民族純正就是在自己與他人之間畫出界線、興築無形的隔離牆。當然這樣的人口移動並不完全沒有問題，有許多人反而淪為難民，不見得想回到那個所謂自己的家。[21]

世界局勢的發展，卻又在玩弄土希這對冤家。二戰結束後，誰都沒想到立即進入另一波的勢力競爭，即美國與蘇俄的「冷戰」。蘇俄延續自沙皇時期俄國不斷想要穿越黑海而進入地中海的路線，於一九四六年向土耳其施壓，要取得黑海海峽的部分主導權，而同時蘇俄也支持希臘的共產黨取得政權，這使得美國開始思索如何阻止蘇俄的勢力擴張。一九四七年三月，美國總統杜魯門（Harry Truman, 1884-1972）以金錢與武力支援希臘與土耳其的主張，稱為「杜魯門主義」（Truman Doctrine）。[22]過去美國在西亞地區沒有太大的影響力，此時卻因為二戰結束之後需要即刻對抗蘇俄，匆忙加入西亞事務之中。美國就像是蒙著眼睛、提著一袋鈔票走上獨木橋，不知道是否有可能失足跌下水。

儘管希土曾達成友好關係，並不代表就不會再發生衝突，此時更在冷戰的氛圍之下，成為美國的重要棋子。兩國之間的邊界劃分向來都不是令雙方都滿意的結果，現在又都要在冷戰的局勢之下，成為美方陣營的兩員。由此可見，向來籠罩在巴爾幹上方的外來勢力，在二戰結束之後仍然沒有消逝。以往歐洲帝國主義國家都在二戰後失去影響力，代之而起的是美蘇兩強。美國要土希擱置彼此的界線，一同圍堵蘇俄。土希雙方心裡面的疙瘩必然尚未摘除，就看是在什麼時候、在什麼地方會爆發衝突。換句話說，冷戰這樣的新趨勢，強迫希土忽略掉彼此之間的那條邊界線，轉而去面對美國與蘇俄之間的那條意識形態的界線。一九五〇年代初期的韓戰（Korean

War），希土兩國參與；一九五二年的北大西洋公約組織（North Atlantic Treaty Organisation，NATO），希土兩國也是會員國。[23]但是，希土兩國背後的「老闆」美國，卻沒有要他們如何消除仍可能出現對峙與衝突的可能性。

前段文字提到英國在十九世紀末占領塞浦路斯島，這島上主要為希臘人，土耳其人其次。在英國占領之下，土希兩族群多持反對意見，到了鄂圖曼瓦解之後，新成立的土希兩政府，當然都認為自己有資格取得這小島的主權，且介入賽浦路斯的事務。因此，賽浦路斯可能是土希關係可能惡化的變數，儘管早期的激烈競爭已經過去，冷戰時期都在美國陣營之中，可是相互競爭與對峙的心態不見得能在短時間內沖淡。一九五九年，英土希三方對於塞浦路斯問題勉強達成了共識，即英國在島上保有軍事影響力，而由土希兩方組成聯合政府，由希臘人擔任總統，土耳其人擔任副總統。[24]

一九六〇年塞浦路斯脫離英國獨立，建立了塞浦路斯共和國（Republic of Cyprus）。然而，島上的希臘人有意要與希臘合併，當然土耳其人並不同意，顯然土希衝突並沒有因為賽浦路斯獨立而解決，這小島轉而成為兩方對峙的戰場。一九七四年七月希臘軍人在島上策劃了政變，島上的土耳其人擔憂往後將受希臘政府管轄，遂在土耳其政府協助下，於一九八三年十一月建立北塞浦路斯土耳其共和國（Turkish Republic of Northern Cyprus）。可見，任何階段所達成的共識、協議、條約，都不代表就能夠解決問題。於是，塞浦路斯陷入南北分裂僵持不動的情況。

這些反反覆覆、起起伏伏的局勢，即使在十九世紀的歷史問題看似已經走入歷史之後，卻仍然會在不同時代、不同情況之下再現。由上述的歷史脈絡看下來，希土兩方的問題主要是源自於各時期強權為了勢力範圍的爭奪，而且並非畫出邊界之後就令各方心滿意足。表面雖可在兩國交界處看到彼此的界線，但心裡面看不見的界線才是決定一切的關鍵因素。塞浦路斯的問題源自於一八七八年英國的占領，到了二十世紀成了希土兩國之間的模糊地區，進而使這島嶼呈現分裂局面，代表土希兩方內心裡仍然不願承認對方存在。其實土希都是在討回過去被迫讓出的權益，都是無法解決的歷史問題。

第三節　土耳其與保加利亞邊界

除了前述的鄂圖曼－土耳其與希臘邊界糾紛之外，還有保加利亞與鄂圖曼－土耳其的問題。鄂圖曼在巴爾幹的領土，向來都被認為是族群、宗教方面的火藥庫。但其實很多問題，都是早期的周邊強權，如奧地利、俄國、英國，競爭勢力範圍所導致，並非這區域有火藥庫的特質。今日所看到的巴爾幹國家，多是上個世紀藉由強權鬥爭之下憑空變造出來的，保加利亞就是其中之一，而其生成就是作為強權對峙後的產物。

在十八世紀末法國大革命之後，民族主義氣氛在歐洲各地蔓延，單一民族建立國家開始成為重要的趨勢。巴爾幹以希臘在一八三〇年脫離鄂圖曼獲得獨立地位一事最具代表性。在今日希臘東側的保加利亞，原本在近代屬於鄂圖曼的多瑙河省（Province of Danube），屬於整個巴爾幹民族運動的發展歷程中，算是比較晚一點出現獨立氛圍，儘管早有不少自稱為保加利亞的民族主義者，但頂多有些宣傳獨立的行動。不過，有不少保加利亞人認為他們與鄂圖曼人和諧相處，不盡然存有要脫離鄂圖曼的心態。[25]

大致一八七〇年代之後，保加利亞的獨立風氣才比較明顯。當鄂圖曼處理抗爭之際，俄國按照往例一樣趁機介入。鄂圖曼的目的是管理秩序，而俄國的介入是破壞秩序，導致戰爭無可避免。一八七七年俄鄂再度於巴爾幹交戰，鄂圖曼戰敗。一八七八年三月俄鄂雙方簽訂《聖斯特法諾條約》，在條文之中讓「大保加利亞」（Greater Bulgaria）憑空出世，其領土從色薩利沿著愛琴海直到多布羅加（Dobruja），以及整個馬其頓（Macedon）、色雷斯部分地區，大致就是北方以多瑙河為界，南方到洛多皮山脈（Rhodopes）。[26]「大保加利亞」的創建不為什麼，就只為了俄國可以把勢力拓展到黑海地區。

由於過去根本就沒有保加利亞這個國家，所以俄國創造的「大保加利亞」，只是要讓這廣大的區域獨立於鄂圖曼之外，作為可以在巴爾幹操作的棋子，接下來要進入地中海就有相當大的優勢。按這樣來看，俄國可以控制黑海周邊的幾個重要港口，黑海也會成為俄國的內湖了。[27]然而，周邊的強權群起介入，並非關注鄂圖曼的權益，而是對於俄國提升的優勢分外眼紅，無法接受罷了。所以，英國、德國、奧匈帝國在柏林聚集，召開柏林會議商討讓巴爾幹問題如何符合各國意願，主導柏林會議的德國首相俾斯麥試圖讓各方勢力在這區域獲得均衡的利益。

最後，一八七八年七月《柏林條約》出爐，大保加利亞被分為三部分，一是在巴爾幹山脈北方的保加利亞自治國、二是由鄂圖曼管轄的東魯米里亞（East Rumelia）、三是鄂圖曼管轄的馬其頓地區。[28]儘管鄂圖曼藉由《柏林條約》又在巴爾幹取得較大的管轄範圍，但那不代表俾斯麥站在鄂圖曼一方，而是為了不讓特定強權（即俄國）成為這區域的單一霸主。俄國為了避免在如克里米亞戰爭之後完全失去優勢，也不得不接受這樣的安排。[29]

然而，這絕對不會是保加利亞人所願，是故強權再怎麼處理，只會帶來更多當地人對於強權的反感。一九〇八年鄂圖曼經歷過革命之後，新政府還未步上軌道時，保加利亞自我宣布獨立。陸續脫離鄂圖曼的巴爾幹勢力，也都相互建立同盟關係。例如，保加利亞與塞爾維亞（Serbia）簽訂同盟條約，相互保證尊重對方的主權獨立與領土完整。同時，保加利亞與希臘也簽訂盟約，一樣有雙方互相協助的意涵。[30]不過，巴爾幹諸勢力之間交界處仍模糊不清，保加利亞、塞爾維亞、希臘都認為馬其頓都是自己的領土。[31]這也代表巴爾幹的情勢並非單純只是對鄂圖曼的反抗，還有許多區域內界線劃分的潛在問題。

一九一二年十月之後，巴爾幹國家聯合向鄂圖曼宣戰。鄂圖曼在節節敗退之下，讓保加利亞取得了羅森格拉德（Lozengrad，現稱克爾克拉雷利〔KirKlareli〕），也進一步占領布爾加斯（Burgas）、埃迪爾納（Erdine）。[32]儘管鄂圖曼與巴爾幹勢力停戰，但鄂圖曼只同意放棄馬其頓與色雷斯西部，拒絕放棄埃迪爾納。保加利亞更加確定獨立，不再受鄂圖曼管轄。但是，巴爾幹國家雖同盟對抗鄂圖曼，卻不代表彼此之間就完全信任，像是希臘與塞爾維亞認為保加利亞領土過大，例如前述的馬其頓的爭議，導致希塞兩方在同年六月與保加利亞開戰。[33]從鄂圖曼與希臘邊界劃分後的發展，可大致知道無論如何劃分界線，都不等於往後就能夠情勢平靜，而且巴爾幹諸國在當下都是刻意創造出來的，必然都有邊界沒有定論的情況。保加利亞與希臘的獨立過程中雖然都與鄂圖曼交惡，卻不等於保希兩方就相互信任，最後就在希臘也想繼續擴張領土，保加利亞要維持領土的情況下，前一時期的盟友立即轉變成對手。

鄂圖曼藉著這樣的機會，再次進軍色雷斯東部，收復埃迪爾納。保加利亞隨後與其巴爾幹的對手簽訂了《布加勒斯特條約》（Treaty of Bucharest），其中的條文規定了保加利亞僅保有色雷斯北區，失去馬其頓，自己東北區域讓給羅馬尼亞（Romania）。[34]一九一三年九月，鄂圖曼與保加利亞簽訂《伊斯坦堡條約》（Treaty of Istanbul），鄂圖曼取得埃爾迪納、羅森格拉德等周邊地區。[35]一九一四年七月，一戰爆發。十一月，鄂圖曼加入德國陣營。由於此刻鄂與保仍處於對立狀態，但兩者的對手都是俄國，德國便施壓要鄂保確認彼此暫緩疆界爭議，以求減少糾紛，一同面對敵手。一九一五年九月，鄂保簽署協定，鄂圖曼將馬里查河下游讓給保加利亞。隨後，保加利亞加入德國陣營。[36]但一九一八年年底德國陣營戰敗，保鄂都被一九一九年的巴黎和會肢解。身為戰敗國，保加利亞沒有任何爭取權益的機會。

保加利亞於一九一九年九月獲得《納伊條約》（Treaty of Neuilly）這份戰敗的「紀念品」，失去了多布羅加南部、色雷斯西部、進入愛琴海的出海口。[37]鄂圖曼則是在一九二〇年與戰勝國簽署了《色弗爾條約》，但因為凱末爾於安卡拉持續奮戰，最後於一九二三年取代了鄂圖曼舊政府，與戰勝國訂立新約《洛桑條約》。凱末爾隨後建立的土耳其共和國，與保加利亞以一九一三年及一九一五年的邊界劃分，確立兩方彼此的領土界線。[38]至此，歐洲人會解讀成巴爾幹從鄂圖曼的控制之下解放了。從鄂圖曼人的角度來看，他們從巴爾幹發跡，這區域幾乎是他們的家鄉，可是在帝國瓦解之後，也難再有機會作這區域的主人。

第三章

兩河流域與外約旦的界線

一戰期間，鄂圖曼加入了德國陣營，成為英、法、俄的對手。在學者麥克米金（Sean McMeekin）的《終局之戰》（*The Ottoman Endgame*）中寫道，英法在一九一六年交涉要瓜分阿拉伯地區，其實不單純只有英法兩方的決定，還有考慮到俄國的態度，也就是英法也要保障俄國可掌握黑海與高加索地區。英國代表賽克斯（Mark Sykes, 1879-1919）與法國代表皮科（François Georges-Picot, 1870-1951）前往莫斯科（Moscow），與俄國外交部長薩左諾夫（Serge Sazonov, 1860-1927）確認彼此間的想法之後，於五月底簽署協議，是為《薩左諾夫－賽克斯－皮科協議》（Sazonov-Sykes-Picot Agreement）。[1]由於一九一七年十一月俄國的蘇維埃新政府宣布退出戰場，讓該協議僅剩下後來多數人知道的《賽克斯－皮科協議》。

今日的伊拉克、約旦、敘利亞、黎巴嫩等國家，都因《賽克斯－皮科協議》而出現，在一戰結束之後，還有很長一段時間都在英法兩強權的控制之下。英法在阿拉伯地區的政治操作，以及如何劃出阿拉伯國家之間的邊界，又帶來了什麼樣的問題，是相當值得討論的議題。本章將討論美索不達米亞、黎凡特、巴勒斯坦等區域邊界劃分的過程，分別瞭解伊拉克、敘利亞等國家東南西北邊界形成的過程，進而窺知《賽克斯－皮科協議》所帶來的影響。

第一節　伊拉克與沙烏地阿拉伯邊界

伊拉克與沙烏地兩國之間的邊界劃分，可作為這一系列探討的開頭。大戰期間，管理伊斯蘭聖地麥加，來自哈希姆（Hashemite）即先知穆罕默德家族的胡笙（Hossein, 1854-1931），曾與英國合作對抗鄂圖曼。胡笙的兒子費薩爾（Faysal, 1883-1933）與英軍合作甚多，最令人知悉的故事就是阿拉伯的勞倫斯（Lawrence of Arabia, 1888-1935）與費薩爾之間的緊密關係。

哈希姆家族原本構想在擊敗鄂圖曼之後，要建立從敘利亞到阿拉伯半島南方的阿拉伯王國。胡笙與英國駐埃及的高級專員（High Commissioner）麥克馬洪（Henry McMahon, 1862-1949）在一九一五年有幾個月時間的通信，後稱為「胡笙－麥克馬洪通信」（Hossein-McMahon correspondence），但麥克馬洪卻從未接受胡笙的要求，[2]而且他也考慮法國人在敘利亞地區的影響力。[3]但是，胡笙希望的王國範圍就是敘利亞、埃及西奈半島以北到陶魯斯山脈（Taurus Mountains）、兩河流域、阿拉伯半島。[4]費薩爾也曾與各方阿拉伯勢力接觸，阿拉伯人將與協約國合作，同時也決定將西亞地區使用阿拉伯語的區塊，都定義為阿拉伯國（Arab state），也要求撤銷外國人在這區域的特惠待遇，後來這稱為《大馬士革議定書》（Damascus Protocol）。[5]

但是，英法的《賽克斯－皮科協議》祕密地切割了阿拉伯地區，哈希姆家族在被蒙蔽之下，不知道一切的想望根本沒有機會實現。英法在一九一八年十一月的共同宣言指出，聯軍將解放敘利亞與兩河流域。[6]費薩爾在一九一九年參與巴黎和會，但其實和會中強權彼此對於如何處置戰敗國沒有共識，而且歐洲問題最為要緊。英國首相勞合喬治（Lloyd George, 1863-1945）不希望美國總統威爾遜介入西亞問題，反正威爾遜也自顧不暇，[7]到最後費薩爾沒有機會在和會之中討論阿拉伯人的問題。在戰爭結束之後，英法軍隊相對占有絕對優勢，但也形成了阿拉伯人對英法的抵抗現象。

一九一六年的《賽克斯－皮科協議》並沒有處理英法兩方對於阿拉伯地區的需求，法國對於較為內陸的摩蘇爾（Mosul，今日伊拉克北部）地區沒有興趣，總理克里蒙梭（Georges Clemenceau, 1841-1929）在《賽克斯－皮科協議》簽署三週之後，就已主動放棄摩蘇爾。[8]一九二〇年四月，英法又再次確認阿拉伯地區的「委任託管」，簽署了《聖雷莫協定》（San Remo Convention）。美其名為委任，其實就是強行占領，勞合喬治都說「這是老帝國主義的替換方案」（substitute for the old Imperialism）。[9]英法軍隊在阿拉伯地區遭遇相當激烈的抵抗，出現這樣的情況其實不難理解，畢竟當時鄂圖曼尚未瓦解，即使有些阿拉伯人跟北方鄂圖曼政府不盡然契合，卻不代表這地區就該交由英國人來管理。這些抗爭對於英國人來說相當棘手，試圖找尋解決方案。但那時候曾參與巴黎和會的史家湯恩比（Arnold Toynbee, 1889-1975）卻認為，阿拉伯人掀起的是「伊斯蘭武裝群眾」（The militant peoples of Islam）的無知暴行。[10]

英國先是將原本鄂圖曼的兩個省分巴斯拉（Basra）與巴格達合併，以古時期的地理名詞伊拉克為名。費薩爾在一九二〇年三月時曾於敘利亞稱王，可是隨後法軍進入之後便遭到驅逐。英國正面臨難以管理伊拉克的問題，商請費薩爾前往伊拉克擔任國王。一九二一年八月，費薩爾登基。費薩爾「空降」伊拉克，不代表就能讓眾人信服，畢竟哈希姆家族過去並未在這裡有任何優勢，而且對當地什葉派穆斯林來說也沒有說服力。[11]不過，費薩爾抱著折衷的態度，至少在伊拉克擁有一定程度的影響力，仍不失是有邁向建立阿拉伯王國的目標。

不過，阿拉伯地區並非僅有哈希姆家族的勢力。十九世紀初期，阿拉伯半島中心內志（Nejd）地區的紹德家族（Saud）曾取得麥加與周邊地區。雖然哈希姆家族貴為先知家族，而且在鄂圖曼進入阿拉伯半島之後，鄂圖曼君主就以哈希姆家族來管理聖地。[12]但即使如此，先知家族並未擁有比較多的優勢。埃及的穆罕默德阿里擊退了紹德家族，掌握了聖地，但隨後鄂圖曼與埃及交惡與交戰，鄂圖曼於一八四〇年取回在麥加的主導權，再命哈希姆家族管理該地。[13]不過，紹德家族仍有意進入麥加、成為阿拉伯地區的霸主。一戰結束之際，鄂圖曼在半島的權威已然喪失，紹德家族有很好的機會擴張勢力範圍。

問題是，紹德家族若往北方拓展，很有可能危及到英國在伊拉克南方的控制。一九二二年十二月，英國代表考克斯（Percy Cox, 1864-1937）與紹德領導人阿布杜阿齊茲（Abdulaziz, 1875-1953）簽署《烏蓋爾議定書》（Uqair Protocol），畫出了紹德與伊拉克之間的緩衝區，其中條文寫道「在鄰近水源、油井的邊界區域不得有軍事活動，例如建立碉堡、駐紮軍隊」。（見圖9）然而，雙方最後對於阿拉伯文與英文的譯本語意都各自解讀，導致糾紛不斷。[14]

當一九二三年土耳其共和國成立、鄂圖曼走入歷史之後，凱末爾擔任了第一任總統，於隔年三月宣布廢除哈里發，也就是讓先知穆罕默德去世之後掌權者不復存在。對此，不少穆斯林表示不滿，哈希姆家族的胡笙則是自封為哈里發，獲得敘利亞穆斯林的支持，當然也有埃及、巴勒斯坦穆斯林不表認同。[15]胡笙本來就有意願作為哈里發，在對麥克馬洪的通信之中，就有要求英國要同意宣告將有一個伊斯蘭的阿拉伯哈里發，而先知就是來自於哈希姆家族。[16]胡笙隨後還禁止了內志穆斯林到麥加朝聖，紹德家族就是來自於內志，胡笙的決定便是針對紹德家族。在紹德家族不可能接受哈希姆家族領導的情況下，一九二四年六月兩家族再度衝突，紹德家族勝出，往後聖地麥加就在紹德家族的掌握之下。[17]

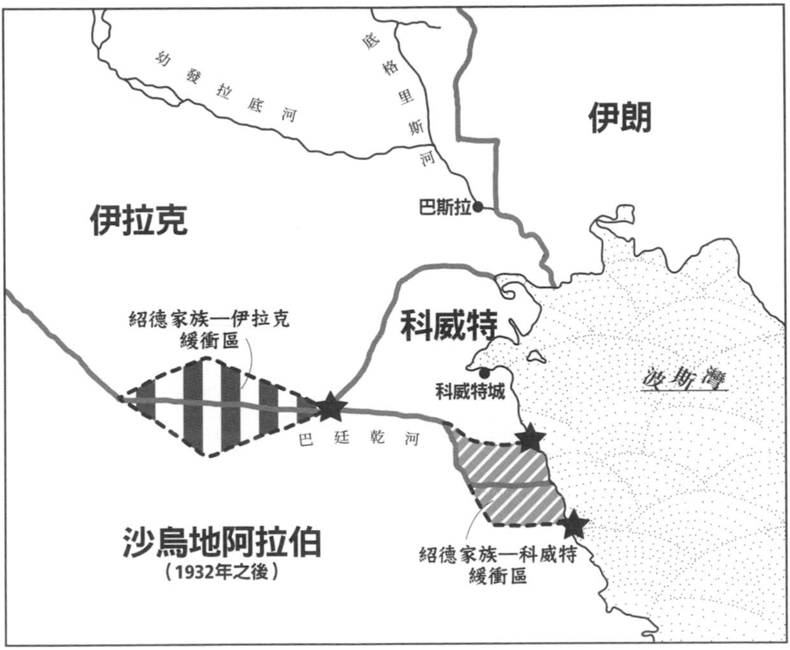

圖9　伊拉克 紹德家族 緩衝區

紹德家族氣勢正盛，使得英國必須再度處理伊拉克與紹德家族之間的關係，促成了一九二五年十一月《巴賀拉條約》（Bahra Agreement）的簽署。條約中提到，「在伊拉克與內志的界線之間不得有部落的衝突」，衝突之中要「跨越邊界必須要有兩方政府的同意」。一九二七年五月，英國與紹德家族簽訂《吉達條約》（「Treaty of Jidda」），英國承認紹德家族在內志與漢志（Hejaz，阿拉伯半島西側，包括麥加）的勢力範圍。[18] 表面上這是英國對紹德的善意，但其實在傳達「你就待在那裡，不要往伊拉克這邊來」的訊息。一九二八年八月，英國對《巴賀拉條約》又多加了新的條文，「若紹德家族無法防範內志部落對伊拉克的衝突，英國軍隊有自由處理的權利。」[19]不過，往後幾年還是有大大小小的糾紛，而且對於紹德與哈希姆兩家族來說，他們的敵對狀態還沒結束。一九三二年九月，紹德家族在阿拉伯半島的勢力拓展趨於穩定，沙烏地阿拉伯就此成立，其名字的意思是「紹德家族的阿拉伯半島」。

從上述歷史發展來看，伊拉克與沙烏地的邊界劃分，由哈希姆與紹德兩家族之間的問題、還有英國在這區域試圖掌握優勢而來。而且，大致上是在英國所設計的遊戲規則之下開展。哈希姆原本擁有的主導性，不僅在大戰期間被英法所犧牲，也因為在半島上趨於弱勢而讓原本可能稱為「哈希姆家族的阿拉伯半島」，變成了「紹德家族的阿拉伯半島」。英國的對策僅是為了保護自身利益，既然擁有伊拉克的統治權又擋不住紹德家族的勢力擴張，那不如就劃定界線，盡量讓雙方的衝突與傷害降到最低，但這卻是往後阿拉伯世界難以整合的最大致命傷。

第二節　伊拉克與土耳其邊界

一九二一年英國主導了伊拉克建國，幾年後在南方與紹德家族畫出了邊界，而北部領土該以哪裡為限，則是英國－伊拉克－土耳其的問題了。這三方之間最主要的區域，就是摩蘇爾地區，是《賽克斯－皮科協議》劃分給法國的區域，也是不少庫德族（Kurds）居住區。伊拉克與土耳其邊界的形成，就發生在這個關鍵區域上。

一九一六年的《賽克斯－皮科協議》大筆一畫，大致上把兩河流域與巴勒斯坦給了英國，然後黎凡特地區給了法國。一九一八年鄂圖曼於一戰中戰敗，伊斯坦堡政府被迫在一九二〇年接受戰勝國的要求。在那時期最受到人們推崇的是美國總統威爾遜所主張的「民族自決」原則，然而諷刺的是，戰敗國卻沒有權力自決，一切只是戰勝國的遊戲。若有民族能夠自決，也是在戰勝國的主導之下，這樣受戰勝國「恩情」而來的「自決」，也不是自己的決定。威爾遜的原則只是理想，並不符合現實，若是戰敗國鄂圖曼也要民族自決，是否可以？如果可以的話，戰勝國可能無法在這個帝國中取得利益。

一九二〇年二月，伊斯坦堡政府發表《國民公約》，表明阿拉伯區域（即《賽克斯－皮科協議》涵蓋的範圍），要由當地人自己決定未來的命運，也宣示主權不再受他人侵犯。伊斯坦堡政府的宣示，表明不受英法擺弄，其實很符合「民族自決」的意涵。但是，在《國民公約》之後戰勝國軍隊立即進入伊斯坦堡，更加表示戰敗國不得反駁戰勝國的決定。一九二〇年八月，伊斯坦堡政府與戰勝國簽署的《色弗爾條約》，扣除《賽克斯－皮科協議》與更南方的阿拉伯地區，連安納托利亞都被規劃為一部分希臘占領地、亞美尼亞人與庫德族的自治區，鄂圖曼被切割得體無完膚。唯有安卡拉地區仍有凱末爾的勢力抵抗《色弗爾條約》。於是，凱末爾的安卡拉政府讓英國在伊拉克北方，即摩蘇爾地區，感到相當大的壓力。

賽克斯與皮科交涉過程中，大致的構想是讓英國擁有兩河流域，而法國擁有了敘利亞及其北部的一些區域，還有鄂圖曼較為東部的區域（包括一部分摩蘇爾）。英國認為這樣做也有好處，可以把一部分法國勢力範圍，作為英國跟北方俄國之間的緩衝區。在前一個世紀，英國與俄國在亞洲相互競爭的「大賽局」，雙方盡可能避免直接衝突，所以會有設置緩衝區的構想。[20]不過，法國總理克里蒙梭卻主動放棄了對摩蘇爾地區的管理，主要是因為法國比較在意黎凡特地區。戰爭時期，英法最關注的其實是巴勒斯坦與敘利亞地區阿拉伯人的態度，畢竟交戰對手德國在這裡的影響最為急迫，英法不願這裡的阿拉伯人與德國靠攏。英國相當堅決地保持跟哈希姆家族的聯繫，而且哈希姆家族想要建立阿拉伯王國，可是法國則不願意吃虧，堅持要取得黎凡特地區，而且盡可能連鄰近地區都可以納入勢力範圍內。當大戰結束之後，英國占領了摩蘇爾，並不損及法國利益，而對英國來說合情合理。但是，法國就不認同費薩爾在敘利亞稱王了，認為這並非有效政府，拒絕承認費薩爾的王位。[21]

由於《色弗爾條約》無法壓制安卡拉的勢力，以致於戰勝國不得不另外與安卡拉政府交涉，在一九二三年七月簽訂《洛桑條約》。但是，摩蘇爾問題英土兩方各持己見。英國外交部長寇松（George Curzon, 1859-1925）與安卡拉代表伊斯梅特（Ismet Pasha, 1884-1973）都想要爭取摩蘇爾，寇松認為英國可以藉著取得摩蘇爾而加強在西亞的優勢，而伊斯梅特主張摩蘇爾是屬於他們的，可使安卡拉政府擴大勢力範圍。寇松希望把這問題帶到國際聯盟來處理，但不少土耳其國會議員認為國際聯盟就是英國，又何必拐彎抹角在國際聯盟進行曠日廢時的會議討論。但安卡拉政府此時也正忙於處理希臘，凱末爾並不願再增添其他問題，對希臘、對英國都有意和緩緊張關係，遂暫時擱置了摩蘇爾問題。[22]

一九二四年五月，在土耳其共和國成立之後，英土針對摩蘇爾問題再啟談判，英國此時想要把這地區當作土伊邊界來討論，而土耳其仍舊視摩蘇爾為自家領土。國際聯盟則在一九二四年十月底決定一條暫時的邊界來區隔土耳其與伊拉克，稱為「布魯塞爾線」（Brussels Line）。同時，在土耳其東部的庫德族有抵抗政府的活動，主因是凱末爾廢除哈里發，意即往後穆斯林不再有領導者，庫德族教長薩義德（Sheykh Said, 1865-1925）遂起義反抗。庫德族問題也值得一談，在一戰之前，鄂圖曼境內的庫德族已有脫離鄂圖曼的運動，到了一戰結束之後，一九二〇年的《色弗爾條約》曾同意讓庫德族自治。[23]

然而，在英國已經無法對抗凱末爾政府之後，一九二三年的《洛桑條約》竟已沒有再提到庫德族的自治或者獨立。不少庫德族在此時選擇與凱末爾合作，薩義德便是其中一股勢力。但是，凱末爾廢除哈里發一事，讓薩義德認為凱末爾竟非合格的穆斯林。因此，薩義德主張：「廢除哈里發，就代表土耳其與庫德族的兄弟情已然消失了。有必要譴責安卡拉事政府漠視宗教，……這對於尊重伊斯蘭的庫德族來說，是再重要不過的事情了。」[24]

庫德族的動盪分散了土耳其政府的注意力，國際聯盟此時通過了上述「布魯塞爾線」的解決方案，而且英國為國際聯盟最重要的成員，土耳其沒有成員資格，當然也無法參與討論。[25]在地位不對等的情況下，拖到一九二六年六月，土耳其不得不接受現狀，簽署《安卡拉條約》（Treaty of Ankara），劃分土耳其東南方與伊拉克北方的界線。[26]英國取得摩蘇爾，正式併入了伊拉克北方的領土。也有可能後來凱末爾意識到摩蘇爾並非可輕易掌握，既然當地都不見得願意接受英國了，那在這樣的情況下可能也難接受土耳其的管轄，以致於即使當地蘊藏大量石油，凱末爾仍是讓給了英國。[27]

伊拉克與土耳其的邊界劃分，經歷過諸多的協議、協定、條約而來。其中多次界線的規劃與突破，可看到英國與土耳其之間的勢力拉扯。而英國以外來強權的身分來規劃他們要的區域範圍，並不代表土耳其這個當地勢力會輕易接受。更何況，當地勢力並非只有土耳其，還包括了庫德族，也肯定還有其他大大小小的族群，對於當下的情勢必然有相當多的反應。即使看似邊界劃定，卻不代表往後風平浪靜。

第三節　伊拉克與外約旦邊界

一戰期間，哈希姆家族與英國的合作，領導人胡笙的兩個兒子，阿布杜拉（Abdullah of Jordan, 1882-1951）與費薩爾都與英軍有頻繁的接觸，當然英國的目的是要利用他們來對抗鄂圖曼。一九一六年《賽克斯－皮科協議》瓜分了兩河流域與黎凡特，讓哈希姆家族要建立阿拉伯王國的理念破滅。不過，一九二一年英國建立的伊拉克，由費薩爾擔任國王，而阿布杜拉則管理另一個地區外約旦（Transjordan）。這對哈希姆家族有什麼影響？費薩爾與阿布杜拉的關係又如何發展？兩個哈希姆家族的國家有沒有邊界劃分？

在《賽克斯－皮科協議》簽署時，英國占領區大致上僅分為兩河流域與巴勒斯坦。在一九二〇年英法透過《聖雷莫協定》確定勢力範圍，直到一九二六年，英國將鄂圖曼時期的三個省分，巴斯拉、巴格達、摩蘇爾合併成為伊拉克，巴勒斯坦則是由地中海東岸向東延伸到伊拉克西側邊界的區塊。可是，一九一七年十一月英國外交部長貝爾福的《貝爾福宣言》，主張支持猶太人移民到巴勒斯坦建立家園，就讓這區域有了新的變動。英國設想，地中海東岸往內陸至約旦河（River Jordan）為界線，作為猶太復國主義者的民族家園，而約旦河以東稱為外約旦，猶太復國主義者的勢力不得超越這條自然疆界。[28]

一九二〇年國際聯盟甫成立，讓英國與法國「委任託管」西亞的阿拉伯地區，也就是合理化了他們自《賽克斯－皮科協議》以來試圖進行占領鄂圖曼領土的行動。英法在該年都面臨阿拉伯人的抵抗，而且原本費薩爾在敘利亞地區稱王，卻被法國趕走。英國為了穩住伊拉克的秩序，在一九二一年八月讓費薩爾在伊拉克登基。一切來得突然，其實英國討論過該讓哪一位哈希姆家族成員管理伊拉克，阿布杜拉雖是大家討論的人選，但也有人認為沒有人適任。但在費薩爾於敘利亞登基又被法國擊退之際，英國認為這可以讓費薩爾知道，沒有英國人的協助，單純靠著阿拉伯軍隊並沒有機會建立自己的勢力。費薩爾與阿布杜拉兩兄弟在阿拉伯地區的地位轉變，造成了阿布杜拉對費薩爾頗有微詞。[29]

其實費薩爾只是運氣剛好，他必然無意要造成兄弟之間不合，但他形同眾所矚目的政治明星，在一九一九年有機會參與大戰結束後的巴黎和會，隨後在敘利亞稱王。反觀阿布杜拉卻是在阿拉伯半島處理與紹德家族的紛爭，而且在一九一九年五月遭到紹德家族擊敗。[30]但阿布杜拉似乎不願接受這樣的挫敗，認為問題在於他父親胡笙太過於執著與紹德交惡，而他父親認為他不夠忠誠，以致於一九二〇年當費薩爾遭法國驅離後，阿布杜拉北上欲進入敘利亞。[31]阿布杜拉或許想擺脫他父親的壓力，另外可理解的是他在找尋抬高個人地位的方式。

英國與法國自《賽克斯－皮科協議》以來的協商已有許多爭執，此時阿布杜拉若對法國的敘利亞造成威脅，必然會毀壞英法之間表面的和諧，也許法軍會南下進入外約旦，讓兩國在西亞的「委任託管」破局。時任英國殖民大臣邱吉爾與阿布杜拉交涉之後，同意給予阿布杜拉相當多的經濟支援，希望他待在外約旦，這一塊地方就由他來管理。[32]阿布杜拉必然也知道自身實力的侷限，在許多要求都沒有獲得英國接受，例如阿布杜拉曾想要合併外約旦與伊拉克未果，使他瞭解英國的態度強硬，遂只好同意由英國主導一切事務。[33]直到一九二三年，外約旦才從巴勒斯坦這一區域分割出來。[34]

英國本來就沒有意願要讓哈希姆家族掌握阿拉伯地區，只是一九二〇年碰上了掌握不住阿拉伯的秩序，才轉而讓費薩爾與阿布杜拉掌管伊拉克與外約旦，表面上還宣稱是補償之意。費薩爾與阿布杜拉不得不向英國靠攏，作為取得政治優勢的折衷。固然不令人滿意，仍不失是有可能進一步發展的權宜之計。人們也不必覺得阿拉伯人之間不團結，導致最後受到英國等外來強權的擺弄。在任何群體或國家裡，大家看待同一事情都會有不同的立場，儘管是世界強權也是一樣。既然有不同的立場，就肯定有光譜兩端完全敵對的勢力，有些阿拉伯人就是只想要靠自己的力量，而有些阿拉伯人會想要選擇與強權合作，也肯定有人想要見機行事，也有人沒有能力管理這樣的問題。那些想要與強權合作的阿拉伯人，必然也會爭論要跟英國還是要跟法國。

光是這樣說，就可以想見事情絕對沒有那麼容易可以說清楚，那就更別說在當下的阿拉伯人了。因此，對有些阿拉伯人而言，費薩爾與阿布杜拉這兩個抱英國人大腿的人就是「阿奸」（阿拉伯奸細）。但若換位思考，這兩兄弟的用意應是要藉由英國的力量來捍衛阿拉伯人的權益。畢竟在那個時期，英國在西亞地區為最強勢的歐洲強權，法國大致上就只關注黎凡特地區，但英國則是掌握埃及、亞丁（Aden）、波斯灣、印度、阿富汗這麼廣大的範圍，而且現在沒有俄國人的介入。兩個哈希姆兄弟看似都受英國的操弄，但其實都試圖讓哈希姆家族來整合阿拉伯世界。問題是，哈希姆的自主會損及英國的利益，在英國居上風的情況下，哈希姆兩兄弟怎麼努力也難以自主，廣大的阿拉伯人也是一樣的遭遇。

外約旦與伊拉克並沒有邊界劃分的問題，因為在《賽克斯－皮科協議》之中，僅區分了伊拉克與巴勒斯坦，在《貝爾福宣言》之後，才又以約旦河為界切割出給猶太復國主義者的巴勒斯坦，因此而出現的外約旦，與其東側的伊拉克並不需要再劃分邊界。伊拉克與外約旦這兩個哈希姆勢力，或許是兩方為兄弟的關係，所以較少激烈的對峙。不過，阿布杜拉在回憶錄裡提過，他從來都沒有滿意過外約旦這塊土地。[35]而且，他一直有意願想要找機會進入敘利亞。

費薩爾於一九三三年去世，其子加齊（Ghazi, 1912-1939）即位後卻在一九三九年也去世，頓時間哈希姆家族沒有具有權威性的人物。再加上第二次世界大戰爆發後，法國於一九四〇年六月遭到德軍占領，連帶法國在敘利亞的地位也由德國取代。那時英國為了要對抗德國，也需要跟哈希姆家族的合作，頓時也提升了阿布杜拉在阿拉伯世界的地位。[36]

不過阿布杜拉的地位提升，仍然也是因為英國需要，並不代表真正的受到多數阿拉伯人的重視。英國雖然操控了阿拉伯世界的發展，畫出了不少有形與無形的線來形塑他們想要的西亞面貌，但這些鄂圖曼土崩瓦解後的新版圖，始終不是阿拉伯人所願，阿布杜拉不想要受限外約旦，便是要突破英國所設定的框架。可是，英國畢竟擁有最大優勢，突破何其困難。

第四節　伊拉克與敘利亞邊界

二〇一四年六月起，對西亞與歐洲影響甚大的伊斯蘭國（Islamic State of Iraq and al-Sham，ＩＳＩＳ），出現在伊拉克與敘利亞的邊界上，他們要打破一九一六年英國與法國以《賽克斯－皮科協議》所劃出來的框架。一百年前英法瓜分了阿拉伯世界，由於這不是阿拉伯人願意接受的，以致於英法很快地面臨難以處理的抵抗運動。勞合喬治與克里蒙梭必然沒有想到，阿拉伯人抵抗的浪潮至二十一世紀都沒有停止過。

回過頭來看第一次世界大戰時的情況，鄂圖曼被英法以《賽克斯－皮科協議》瓜分了兩河流域與黎凡特地區。原本掌握伊斯蘭聖地麥加的哈希姆家族，為先知穆罕默德的後代，在戰爭期間與英軍合作對抗鄂圖曼，無非是想要在戰後取得自主的權益。但是，在英法兩國都想要維持各自的優勢之下，就犧牲掉了哈希姆家族邁向自主之路的權益。

大戰結束並不代表所有的問題就解決了，阿拉伯人當然無意看到英法軍隊賴著不走，發起了對抗英法軍隊的抵抗活動。在今日伊拉克與敘利亞交界的德伊爾祖爾（Deir el-Zour，位於摩蘇爾的西北方）的情況最為嚴重。[37]而且，一九一九年九月英法兩政府還協商把德伊爾祖爾讓給法國來管理。這區域就成了敏感地帶，英法勢力集結，阿拉伯勢力也是。[38]阿拉伯人儘管無法撼動英法的霸權，卻也讓英法在這兩地的占領面臨相當大的阻礙。英國沒有在這時期跟土耳其和緩緊張關係，在許多地方也是一樣，兩河流域這一帶也面臨一樣的問題了。[39]

在局勢僵持不下的時候，費薩爾在一九二〇年三月獲得敘利亞人推舉為國王，而伊拉克也有人宣布議會成立，都代表阿拉伯人宣示自主權。然而，四月英法藉著獲得國際聯盟「委任託管」的資格，可以合法地控制阿拉伯地區，也就更進一步否定了阿拉伯人自主的權益。七月，法國軍隊要求費薩爾解散政府、逮捕所有反法分子、解散剛成立的敘利亞軍隊。費薩爾最後無奈地離開大馬士革（Damascus），顯示出了英法的優勢沒有其他勢力可以挑戰，即使阿拉伯人才是這地區的主人，卻仍脫離不了帝國主義者的掌控。

這時期無論是英法的《賽克斯－皮科協議》，或者費薩爾等阿拉伯人所認知的勢力範圍，都是「創造」出來的。畢竟英法的線只是紙上談兵，實際的控制遭遇到阿拉伯人的抵抗，而且英法之間沒有達成共識。阿拉伯人也是一樣，費薩爾與其他阿拉伯人的目標頂多是要抵抗英法，但阿拉伯的「王國」究竟要長什麼樣子，沒有確切的答案。一九二〇年十二月，英法簽署了關於伊拉克、巴勒斯坦、黎巴嫩、敘利亞的協定，伊拉克跟敘利亞的界線，就落在北從摩蘇爾與迪亞爾巴基爾（Diyarbakir，土耳其南方）之間，底格里斯河交界處，往西南經過幼發拉底河上的阿布卡馬勒（Abu Kemal），再往西南到德魯茲山區（Jebul Druze）。[40]這與《賽克斯－皮科協議》又已有所不同，阿拉伯地區一再被這些外來所規劃的線切割再切割，造成那條線上的諸多家族被迫遷徙、分裂。至此，英法兩國就算完成了他們所想要的安排，可是伊拉克跟敘利亞阿拉伯人仍不斷串連起來對英法的抵抗。

伊敘兩方的阿拉伯民族主義勢力持續發展，逐漸在一九三〇年代出現「泛阿拉伯主義」（Pan-Arabism）整合阿拉伯人的趨勢，以各種方式對抗西方帝國主義。有學者提到，最極端的泛阿拉伯主義是指建立一個從大西洋到波斯灣的阿拉伯國度。[41]這可能是以第一個伊斯蘭帝國——巫麥雅帝國作為基準。總之，無論《賽克斯－皮科協議》落實的情況如何，都讓阿拉伯地區變得破碎。「泛阿拉伯主義」的目的，便是要抹去英法所劃的界線，讓阿拉伯被切開的傷口可以癒合。

然而，要擺脫西方強權的控制並不是那麼容易，今日已進入二十一世紀，即使英法的影響已經沒有以往來得大，但那條切割阿拉伯地區的線，伊斯蘭國仍然在努力突破。今日網路可見一幅伊斯蘭國的版圖，也可見其目的就是要建立從中亞橫跨到北非與西班牙的龐大國度。而伊斯蘭國的奮鬥，跟百年前費薩爾與阿拉伯民族主義者的立場並無兩樣。若今日阿拉伯地區對於西方還有很濃厚的敵對態度，其實一點都不令人意外，因為英法所規劃的版圖、所劃出來的邊界，從來都不是阿拉伯人所想要的。

第五節　伊拉克與伊朗邊界

一九二一年英國主導了伊拉克建立，安插了哈希姆家族的費薩爾來當國王。同時，伊拉克東邊的鄰居伊朗，在一九二六年經歷了卡加王朝終結，巴勒維（Pahlavi）政府建立的時刻。兩伊邊界的劃分，牽涉到過去鄂圖曼與卡加時期的問題，而且英國的介入也有很大的影響。在一九二〇年代之後，邊界劃分還是怎麼處理都難以令各方滿意。

伊拉克與伊朗的邊界雖然延續鄂圖曼時期而來，並非如其他現代西亞國家一樣是初次劃分，但其中漫長的歷史問題，使得兩伊邊界更加不易處理。一切就是從十六世紀薩法維與鄂圖曼先後建立開始，兩個伊斯蘭國家為了爭奪今日高加索、兩河流域、波斯灣頂端這廣大的區域，即使打過仗、和談、簽立條約劃出彼此的疆界，但仍然糾紛不斷。即使到了十九世紀，卡加與鄂圖曼仍有邊界衝突，而且還有英俄兩國介入，讓高加索到波斯灣這一帶的界線劃分，出現更多難以協調的認知與標準。像是位於阿拉伯河（幼發拉底河與底格里斯河匯流後的河流）進入波斯灣處的

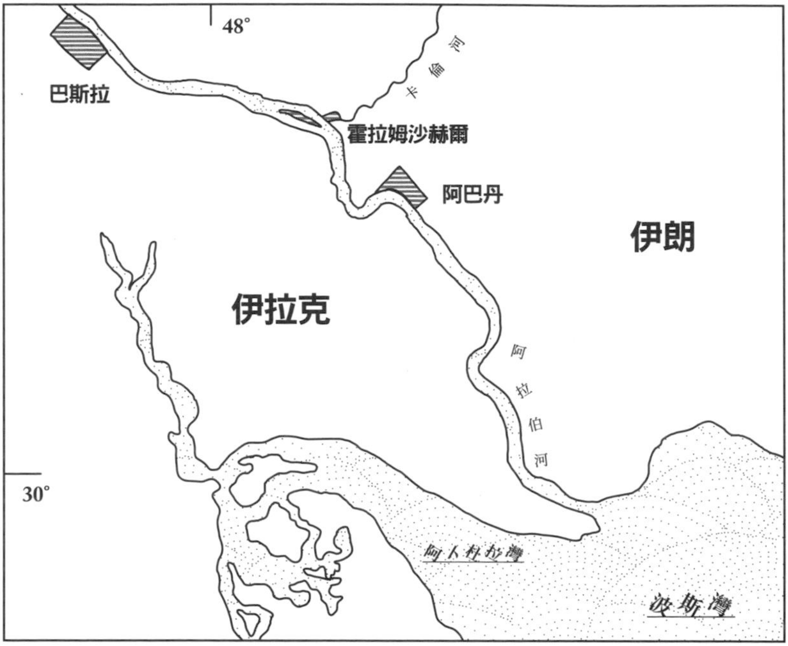

圖 10　阿拉伯河與穆哈梅拉

穆哈梅拉，現改稱為霍拉姆沙赫爾（Khorramshahr）（見圖10），陷入鄂圖曼與伊朗都欲爭奪主權的風波之中。

二十世紀初，當英國人在伊朗獲得開採石油的利權（concession），也計畫於穆哈梅拉鋪設油管，還有在鄰近的阿巴丹（Abadan）建造煉油廠時，便更加希望穆哈梅拉這區域維持在伊朗領土範圍內，才不至於使得石油開採與油管鋪設等工程出現不必要的糾紛。但鄂圖曼卻試圖把伊鄂邊界問題提交海牙法庭（Hague Tribunal）處理，以降低英國在這區域的影響力。[42]英國不願喪失優勢，遂於一九一三年連同伊朗與鄂圖曼達成《君士坦丁堡協議》（Constantinople Agreement），讓鄂圖曼擁有阿拉伯河的所有權，換取鄂圖曼放棄穆哈梅拉。[43]到了一九一四年六月，英俄調查團繪出邊界線，設置了兩百二十七根邊界柱，可是鄂圖曼與伊朗國會都沒有同意，而且隨後七月一戰爆發，十一月鄂圖曼與英俄交戰，伊鄂邊界問題又再度擱置。[44]雖是兩個伊斯蘭國家的邊界，但英俄兩國的影響力以及國際氣氛的變化，一再左右當地政府的決定。

一戰結束之後，一九二一年英國建立了伊拉克，以哈希姆家族的費薩爾為伊拉克國王。一九二六年，伊朗的巴勒維政府建立。對兩伊來說，一九二〇年代都是國家新建的時刻，彼此之間的邊界劃分當然就是相當重要的議題。阿拉伯河航道的劃分，便捲入了兩伊主權宣示的風波之中。英國向來與穆哈梅拉的酋長保持合作關係，甚至在沒有經過德黑蘭政府同意之下，兩方就簽署過石油開採的協議，以致於英國在波斯灣頂端的優勢成了卡加王朝權力中心的壓力。[45]巴勒維國王想要一掃過去卡加政府無法有效地方管轄的問題，故致力於壓制各地部落與酋長，穆哈梅拉就是巴勒維要處理的重點地區。

伊拉克雖然受制於英國，但其實英國所帶來的優勢反而有好處。既然伊朗對於邊界劃分仍有意見，伊拉克便緊抓英國為靠山，同時也強調鄂圖曼時期對伊朗的條約仍然有效。然而，巴勒維政府並不願承認伊拉克，當然也想藉著鄂圖曼灰飛煙滅之際，一併否定任何鄂圖曼時期的邊界條約。[46]伊朗無意與伊拉克交涉，導致情況僵滯。英國轉而承諾伊朗，會讓伊拉克在接下來的阿拉伯河協商之中，給予伊朗滿意的答覆。於是，一九二九年四月底巴勒維國王承認了伊拉克這個國家。一九三二年，費薩爾也出訪伊朗，與巴勒維國王碰面，表達建立友好關係的意圖。不過，這依然不代表兩伊邊界問題就這樣可以擱置一邊。

一九三三年費薩爾去世之後，巴勒維國王再次向伊拉克施壓邊界劃分的條件。在阿拉伯河的部分，巴勒維爭取要以河流的深泓線（Thalweg line，最深谷底線）為兩國邊界線。伊朗不願意英國派代表加入協商，而伊拉克則是表示不能沒有英國代表。一九三四年十一月伊拉克將邊界問題提交國際聯盟，伊朗在面對國際聯盟的仲裁之下，勉強承認一八四七年的《艾爾澤魯姆條約》有效，但不承認一九一三年的《君士坦丁堡協議》。畢竟兩份文件相比的話，前者對伊朗較有優勢，巴勒維國王當然不會同意後者。一九三五年八月，兩伊再度協商，此次伊拉克終於同意深泓線就是兩方的邊界。顯見兩伊各有讓步之下，邊界問題的僵持局面終於鬆動。一九三七年七月，兩伊正式簽訂邊界條約，大致與一八四七年《艾爾澤魯姆條約》一致。[47]但是，阿拉伯河的部分稍有調整，即深泓線到阿巴丹之間歸為伊朗所有，而伊拉克擁有阿拉伯河河口的主權。[48]

兩伊的邊界問題屬於過去歷史經驗之延續，可以看出伊朗與伊拉克都有各自的策略。伊朗傾向於不靠外力來處理，但伊拉克是由英國主導之下而憑空出現的國家，伊拉克對伊朗的交涉，等於英國與伊朗交涉。儘管伊拉克總是抵抗著英國，但若遇到可藉由英國之力而獲得利益時，反而沒有那麼與英國敵對了。而且，伊拉克並不願否定過去對鄂圖曼具有優勢的條約，而且那也是當時英國所給予的條件。由此可見，歷史問題與當下情勢夾雜在伊朗與伊拉克的邊界化紛爭議之中，誰都不想放棄原本就具有優勢的部分，也不願看到任何利益有所損害，就算取得共識，其實也僅是勉強而來。

第六節　外約旦與沙烏地阿拉伯邊界

哈希姆家族雖然在阿拉伯半島的漢志地區擁有優勢，但並不是所有周邊部落都與他們保持友好關係，例如紹德家族，在十八、十九世紀已與哈希姆對峙過。到了一戰結束、鄂圖曼土崩瓦解之際，哈希姆與紹德兩家族仍然敵對。當英國讓費薩爾與阿布杜拉先後執掌伊拉克與外約旦時，內志的紹德覺得其勢力範圍北方出現了一道「哈希姆障礙」。前文提到了伊拉克與紹德家族的界線劃分，主要是英國處理，外約旦與紹德家族的界線，也是如此。

紹德除了進軍伊拉克之外，也在一九二二年時逼近外約旦政治中心安曼（Amman）。阿布杜拉可以妥協的就是放棄角夫（Jauf）一處，但這就是底線了。英國也有自己的安排，將內志與外約旦的界線，可能就從漢志鐵路（Hijaz Railway，路線是從大馬士革向南到達麥地那）上的塔布克（Tabuk）或者穆達瓦拉（Mudawarra）開始，然後向東至東經三十八度與北緯三十度一處，然後再往北到卡夫（Kaf），再向東南抵達伊拉克邊界。十月，在英國協調之下，外約旦同意把希爾漢山谷（Wadi Sirhan），包括卡夫，讓給了內志，而內志把胡爾馬（Khurma）與土拉巴賀（Turabah）讓給漢志地區。而穆達瓦拉（Mudawarra）到亞喀巴（Aqaba），通往紅海的管道，就作為外約旦最南部的界線。[49]

當然，上述僅是討論，不是定論，而且阿布杜拉與阿布杜阿齊茲都不滿意這樣的安排。一九二四年土耳其總統凱末爾宣布廢除掉哈里發之際，哈希姆家族的胡笙卻在漢志自稱哈里發，以示自己是全體穆斯林領導者。紹德家族對此相當不滿，阿布杜阿齊茲發起「聖戰」討伐胡笙，以朝聖名義進軍漢志。一戰期間英國與胡笙接觸時，紹德家族曾多次請求英國外交人員處理朝聖問題，保證只有朝聖而不會跟哈希姆家族起衝突。反而胡笙強硬阻擋內志的態度，讓英國的處境尷尬，導致英國外交部對胡笙也失去耐性，逐漸較為同情紹德家族。[50]

戰爭結束後，英國的對手已不再是鄂圖曼，便不再關注胡笙的動向。當胡笙自稱哈里發之後，還強調他的管轄範圍包含馬安（Maan），即外約旦南部地區，讓英國更不滿這個會破壞委任託管區安定的企圖。[51]其實這是胡笙對英國壓迫的抵抗，但如同狗吠火車一樣沒有作用。而且，胡笙還得面對由阿布杜阿齊茲領導的紹德勢力進逼。當紹德家族進軍漢志的時候，英國卻沒有任何回應，胡笙未能打贏阿布杜阿齊茲，遂前往安曼投靠兒子阿布杜拉，幾年後去世。

由此可見，英國並不擔憂紹德家族壯大，可能他們仍不可能對英國造成太大的打擊，而且兩個阿拉伯家族任何一方在鬥爭中失利，等於英國少一個麻煩。此事件對於阿布杜拉也有很大的衝擊，認知到一旦不符合英國的利益，很可能就會被英國犧牲掉，反而下場更慘。一九二五年十一月英國與內志交涉，英國同意把卡夫讓給內志，但馬安地區仍由英國收回，兩方簽署為《哈達條約》（Hadda Treaty）。[52]這時候英國同時把伊拉克與漢志的界線畫清，大致處理完這區域的版圖劃分，也算是暫時終止兩個阿拉伯家族的衝突，「勸架」成功！

一切安排到此告一段落，但最諷刺的卻是哈希姆的遭遇，沒有機會建立他們原本所望的阿拉伯王國，反而全盤受到英國的控制。此外，紹德家族本是英國警戒的勢力，但卻在逐漸勢力穩定的情況下，英國反而承認他們的存在。兩個哈希姆家族與紹德家族之間簽署的條約，轉而成為紹德家族得以奠定優勢的強力背書。一九三二年紹德家族建國為沙烏地阿拉伯，相形之下哈希姆家族在阿拉伯世界就較無主導性了。從上述情況可見，在英國影響下所創造出來的邊界線，無論是哈希姆家族或紹德家族都想要突破。然而，阿布杜拉面對紹德家族沒有話語權，其邊界劃分就是由英國處理，這跟伊拉克的情況如出一轍。

第七節　外約旦與敘利亞邊界

從前文所描述的歷史脈絡可知，英法對於西亞區域的版圖劃分，並不是阿拉伯人所認知的，導致英法與阿拉伯人之間的衝突不斷，英法只能靠著勢力強大的「流氓氣焰」壓住阿拉伯人的抵抗。在一戰之前，法國已在黎凡特地區握有優勢，《賽克斯－皮科協議》反映出來的情況也是如此。法國的企圖，對英國來說是個壓力，但對法國來說這並非過度要求，畢竟十六世紀法國曾是與鄂圖曼最早建立關係的歐洲國家，也是早已在黎凡特地區擁有特權的歐洲國家。

《賽克斯－皮科協議》僅是英法私下的協議，到了一九二〇年英法正要藉著國際聯盟的「委任託管」而「合法地」占領西亞地區時，兩強的占領區界線其實尚未明確。同時，英法都面臨阿拉伯人強烈的抵抗。原本在戰爭期間與英國合作的哈希姆家族，試圖在戰後建立阿拉伯王國，卻被英法要占領阿拉伯地區的決定給犧牲掉。費薩爾在戰後一九二〇年初登上敘利亞國王，這當然就成了法國的眼中釘，導致費薩爾的王國在同年就遭到法軍粉碎。費薩爾在敘利亞稱王，當然對哈希姆家族與部分阿拉伯人來說，算是初步建立了阿拉伯王國。當時盛行美國總統威爾遜的「民族自決」原則，敘利亞這個王國成立，便是「民族自決」的展現，但這就破壞了英法兩個老牌帝國主義國家的利益。

隨後，英法兩強同意以雅爾木克河谷（Yarmouk Valley）與德魯茲山區，作為委任託管區的交界，十二月底又再次敲定由東部的阿布卡馬勒直接往西南劃到德魯茲山區的伊姆坦（Imtan），然後再往西北進入雅爾木克河谷。[53]不過，當地的阿拉伯人也有自己的想法，對於這區域的界定與歐洲國家的劃分也不相同。以往阿拉伯人對於敘利亞的觀念，並非現在的敘利亞，而是更大的區域，例如今日的敘利亞、黎巴嫩、約旦、以色列，都算是「敘利亞」。[54]也有人定義「敘利亞」西側是地中海東岸、北方則是以陶魯斯山脈為界，向東到敘利亞沙漠（Syrian Desert），往南則是抵達西奈沙漠（Sinai Desert）。[55]

費薩爾失勢之後，其兄長阿布杜拉從阿拉伯半島的漢志北上欲對抗法國，但英國試圖盡量不要跟法國起衝突，以免「委任託管」破局。英國也需要阿拉伯人的協助來管理阿拉伯地區，所以一九二一年先後讓費薩爾來管理伊拉克，而伊拉克西側到約旦河之間的外約旦交給阿布杜拉。哈希姆家族的兩兄弟都知道，唯有藉著英國的力量，才比較有機會取得一定程度的政治權力。不過，阿布杜拉在外約旦的管轄，到了一九二四年仍是需要依靠英國的殖民勢力才能穩定，而敘利亞的阿拉伯人抗爭尚未結束，例如一九二五年德魯茲地區的抗爭，導致英（外約旦）法（敘利亞）的邊界劃分，更加難以獲得解決方案。而且，法國竟向外約旦北部的部落收稅，遭到相當激烈的批判與抵抗。[56]

法國的行動對英國與阿布杜拉來說都是威脅，兩強權與當地勢力仍舊持續拉扯與對立。很顯然一九二〇年英法的界線劃分，對法國來說並不滿意，可是法國一再向南推進，也會影響英國正在規劃鋪設的摩蘇爾－海法油管（Mosul-Haifa Pipe Line）。[57]無論如何，英法都是為了維護自身利益，最無奈的就是當地的阿拉伯居民，而最尷尬的就是阿布杜拉這樣沒有決定權的外約旦領導人。看起來英國讓外約旦的領土不會讓法國吞噬，有助於阿布杜拉的掌政，可是這也代表阿布杜拉不可能自行決定其北方區域的發展。

一九三一年十月，外約旦與敘利亞邊界劃分於巴黎展開協商。英法談判代表互不退讓，使得最後協商結果與一九二〇年的決定並沒有太多的變動。雅爾木克河谷地區，就河流的深泓線作為界線，而德魯茲山區除了阿瓦德（Awad）給了英國之外，仍是屬於敘利亞。在協商結果之中，英法也都同意當地部落仍維持既有的資產、土地、還可以跨越邊界耕作，不需要繳付稅金。[58]當然這只是英法勉強取得彼此之間的共識，這些爭議趨於和緩與緊張，全看英法關係的好壞，相當諷刺。

第八節　外約旦與巴勒斯坦邊界

大致上約旦河以東的外約旦，一九二一年由英國給予哈希姆的阿布杜拉管轄，以利於英國對阿拉伯世界的占領。外約旦的形成與一九一七年英國外交部長貝爾福的《貝爾福宣言》有關，也與鄰近的伊拉克與敘利亞的切割一樣，都是英國所規劃的版圖，從來都沒有獲得當地阿拉伯人的同意，造成諸多近百年來無法解決的問題。

一九一七年十一月《貝爾福宣言》推出，旨在協助歐洲的猶太復國主義者移居到巴勒斯坦建立猶太家園（Jewish National Home）。其實貝爾福並非支持猶太復國主義，而是在前一年的《賽克斯－皮科協議》交涉時，法國一再想要擴大他們在東地中海地區的控制區塊，使得英國必須想方設法抵擋法國。畢竟早期法國就曾從鄂圖曼取得在該地區的特權，甚至可保護當地的基督徒與天主教徒，這使得英國方面頗為困擾，因為英國在這區域也有政治與經濟的優勢，又正值歐洲猶太復國主義者尋求在巴勒斯坦建立家園的協助。英國政府討論過若是能夠協助猶太復國主義者在巴勒斯坦建國，或許可讓英國在西亞的地位更加穩固。[59]貝爾福遂順道接下這個「使命」，強調是為了猶太人的民族生存，作為讓法國無法反駁的藉口。

由於《貝爾福宣言》的關係，以致於《賽克斯－皮科協議》規劃的英國勢力範圍必須做調整，即原本範圍很大的巴勒斯坦，開始北從約旦河，往南經由死海（Dead Sea），再抵達亞喀巴，畫下一條分界線，西側作為給猶太人的居住處，東側作為外約旦。一九一九年十月，英國外交部長改由寇松擔任，他說「往後外約旦就是阿拉伯地區，猶太家園不得越界。」然而，這終究還是英國規劃的範圍，不僅阿拉伯人不同意，其實連猶太復國主義者都不滿意。俄國籍的猶太復國運動領導人魏茨曼（Chaim Weizmann, 1874-1952）強調，「外約旦本來就是巴勒斯坦委任的一部分，不可分割。」[60]可見，猶太復國主義者想要的領土範圍，並非只是我們現在所看到的以色列，還希望有更多的土地。因此，巴勒斯坦與外約旦之間的問題，不是單純只有英法的關係會有所影響，阿拉伯人當然不滿，而猶太復國主義者的立場也是個造成變動的因素。

接下來的情況更加複雜，因為英國在阿拉伯地區的統治屢遭阿拉伯人抵抗，使得一九二一年英國把外約旦管轄權交給了哈希姆的阿布杜拉。阿布杜拉對於猶太復國主義的態度似乎本來就很有爭議，他對魏茨曼頗為友善，認為只要阿拉伯人權益穩固，他歡迎猶太人進入巴勒斯坦以及其他阿拉伯國家。[61]他也認為巴勒斯坦理所當然就是阿拉伯人的一部分，只是迫於情勢現在有了猶太家園的存在，既然這樣的話，不如雙方相互合作。阿布杜拉也向魏茨曼提議，他會保證猶太家園的發展，但猶太復國主義者也需要幫助他作為巴勒斯坦國王。阿布杜拉的提議，當然被魏茨曼拒絕。[62]巴勒斯坦與外約旦要分開或合併？猶太人的巴勒斯坦與阿拉伯人的外約旦的關係該如何發展？變成大家各自堅持己見而無交集的局面。

一九二八年英國與外約旦簽署條約，雙方相互承認，而且對邊界做了些許調整，例如在外約旦與巴勒斯坦最南端的分界處亞喀巴，此時劃入了外約旦的領土。這與阿布杜拉正在對抗阿拉伯半島的紹德家族有關，英國不希望紹德家族的勢力太接近巴勒斯坦，甚至有可能滲透到埃及，畢竟埃及也是英國掌控的區域。亞喀巴劃入外約旦領土，也算是擴大了紹德家族與猶太勢力的緩衝區。對於阿布杜拉來說雖是領土擴大，而且多了亞喀巴這個港口，但其實這僅是符合英國利益，顯示出阿布杜拉毫無決定權的無奈感。

針對亞喀巴，猶太復國主義者派出調查團，強調亞喀巴有利於猶太人的經濟發展，希望獲得在當地發展漁業的機會。猶太人的策略便是在抵抗英國的主導權，透露出這區域可以給外約旦，但猶太人還是要獲得一些特權的意涵。一九三一年英國、猶太、安曼都有代表討論亞喀巴議題，最後決定仍是亞喀巴並沒有那麼有經濟價值，也等於否決了猶太人的提議。[63]不過，這當然是英國的藉口。外約旦與巴勒斯坦的劃分，阿拉伯人與猶太人或許都不滿意，但對英國人來說，就必須找尋各種理由來壓制阿猶的抵抗，一旦能符合英國利益就等於問題已經解決。

同一時期，伊拉克與敘利亞瀰漫濃厚的「泛阿拉伯主義」，除了試圖一統阿拉伯、對抗帝國主義壓迫之外，還有驅逐猶太復國主義者的目的。阿布杜拉對於猶太復國主義並未採取武裝行動，反而沒有支持一些想要對抗猶太人的阿拉伯組織，他對於猶太復國主義者的彬彬有禮，導致巴勒斯坦人不快。[64]這與阿布杜拉傾向於跟英國合作的立場有關，促使泛阿拉伯主義者試圖要除掉阿布杜拉。在耶路撒冷的教長阿明胡賽尼（Amin al-Hosseini, 1895-1974），非常反對猶太復國主義者進入巴勒斯坦，影響阿拉伯人的生存權益，便相當敵視阿布杜拉。[65]由於英國在西亞地區的恣意安排，外約旦與巴勒斯坦的界線劃分，引發猶太人與阿拉伯人的對峙，而阿拉伯人之間對猶太復國主義者的態度並不一致，也是個問題。

第九節　伊拉克與外約旦的結合與分離

費薩爾與阿布杜拉兩個哈希姆家族的兄弟，在英國主導之下，分別在伊拉克與外約旦掌權。阿布杜拉試圖以「大敘利亞」（Greater Syria）計畫為基礎來整合阿拉伯地區，作為往後打破英國界線的主角。所謂的「大敘利亞」，其範圍可能在今日的巴勒斯坦、黎巴嫩、還有敘利亞。[66]一九二〇年阿布杜拉在還沒於外約旦掌政時，就曾呼籲敘利亞阿拉伯人與他結合，大馬士革這個自巫麥雅帝國時期以來的政治中心，有如此的重要性，根本不應該淪為法國的殖民地。[67]其實「大敘利亞」的計畫也非哈希姆家族獨有，敘利亞阿拉伯人認為黎巴嫩、敘利亞、巴勒斯坦、外約旦都算是「大敘利亞」。[68]阿布杜拉當然很不樂見費薩爾就在伊拉克稱王，這可能衍生出他更想掌握一切的心態，在他的回憶錄、宣言、書信裡都透露出，他要作為哈希姆家族的中心以掌握大敘利亞的意念。[69]

當一九二一年阿布杜拉與英國方面交換條件，掌管外約旦之後，他仍然對於敘利亞並不死心。阿布杜拉相當想要擴張勢力，而且是往各方向前進，除了大馬士革是目標之一外，還想要尋求與伊拉克合併。費薩爾雖然仍保有取得敘利亞的意圖，[70]但他已於一九三三年去世，其子加齊即位，阿布杜拉當下成為哈希姆家族最有優勢的人物，他對加齊即表現出「導師」的態度，想要指導施政方針。不過，伊拉克的哈希姆王室對阿布杜拉並沒有好感，[71]加齊對他態度也很冷淡。而且，在英法兩國掌握一切的情況下，阿布杜拉的理想沒有兩強權支持，敘利亞阿拉伯人看這樣的情況也不覺樂觀。[72]

伊拉克國王加齊於一九三九年去世，新登基的國王費薩爾二世（Faysal II, 1935-1958）年紀太小，故由費薩爾兄長阿布德伊拉（Abd-Ilah, 1913-1958）擔任攝政。隨後二戰爆發，不少伊拉克反英勢力尋求脫離英國控制，儘管阿布德伊拉無意如此，但反英親德（希特勒）的氣氛令英國感到擔憂。隔年，法國亡於德軍，對於黎凡特地區的統治已不再有效，德國反而有了在阿拉伯地區發展的空間。阿布杜拉則是相當積極想要進入敘利亞，仍然維持實現「大敘利亞」的企圖。[73]然而，英國為了防止德國勢力滲透，於一九四一年進軍敘利亞，而且也占領了伊拉克。[74]阿布杜拉孤掌難鳴，畢竟伊拉克在英國掌握之下，而且敘利亞阿拉伯人其實也已有自己的勢力存在，不盡然需要跟阿布杜拉合作，反而還覺得外約旦應作為敘利亞的一部分。[75]

二戰結束之後，其實英法都氣勢衰弱，曾在其控制之下的阿拉伯國家，如埃及、敘利亞已有機會走向獨立，均持反西方帝國主義立場。阿布杜拉當然還在努力當中，不過，時任敘利亞總統的庫阿特里（Shukri al-Quawatli, 1891-1967）卻說，「如果外約旦真的想要統一，那就讓約旦人跟母國敘利亞組成自由的共和國。」[76]阿布杜拉與庫阿特里都有意整合大家，可是整合的方向卻是相反的。一九四九年三月，阿布杜拉將外約旦改名為約旦哈希姆王國（Hashemite Kingdom of Jordan），兩年後去世（請見第七章）。戰爭時期，英國占領伊拉克後，順勢將攝政阿布德伊拉扶植上台，他便成為阿布杜拉去世後，哈希姆家族的領導人物。阿布德伊拉試圖有所作為，除了準備穩定費薩爾二世的王位之外，也意圖在敘利亞稱王。[77]

進入美蘇冷戰時代，埃及與敘利亞這樣的反西方帝國主義國家，受到蘇俄的大力支持。一九五五年，英國組織了中部公約組織（Central Treaty Organisation，CENTO），其成員有土耳其、伊拉克、伊朗、巴基斯坦（Pakistan）。由於有圍堵蘇俄之意涵，埃及與敘利亞遂沒有加入其中。一九五八年二月，埃及與敘利亞結合成「阿拉伯聯合共和國」（United Arab Republic），展現該兩國要整合阿拉伯世界的企圖心。這越可看出阿拉伯國家整合路線趨於複雜，哈希姆家族的路線並非唯一路線。為了回應這樣的新威脅，數日之後伊拉克與約旦交涉合併一事，成為「阿拉伯聯邦」（Arab Federation），兩個哈希姆家族執掌的國家終於結合起來。卻沒想到，部分軍人對僅有哈希姆結合而不是阿拉伯整合感到不滿，於七月推翻了哈希姆王室，「阿拉伯聯邦」解體，一九五九年伊拉克退出了中部公約組織。

英國在一戰結束之後讓哈希姆家族沒有機會建立自己想要的國家，最後形成了兩個哈希姆王國。不過，這兩個哈希姆王國都試圖突破《賽克斯－皮科協議》在阿拉伯地區畫下的界線。只是，兩方各有各的遭遇與發展，並不代表同一家族就有一致的情況。埃及與敘利亞及其他阿拉伯人也都想要反擊英國，但作風不同於哈希姆家族。在冷戰氣氛影響之下，阿拉伯國家也有各自考量而選擇與美國或蘇俄站在一起，形成阿拉伯聯合共和國與阿拉伯聯邦相互對峙的局面。在整合阿拉伯世界、突破英國畫出的界線之際，更多的界線也不斷浮現。

Caspian
Sea
Baku
TURKMEN S.S.R
Karakumy
Ashkhabad
Mashhad
Tehran
IRAN
Tabriz
Resht
Damavand
Dasht-e Kavir
Dasht-e Lut
Kerman
Yazd
Isfahan
Qum
Kirkuk
Mosul
IRAQ
Baghdad
Tigris
Euphrates
Basra
KUWAIT
Kuwait
Persian Gulf
Doha
QATAR
BAHRAIN
Dhahran
Abadan
Ahwaz
Shiraz
Zahidan
Bandar Abbas
Quetta
PAKISTAN
Karachi
Indus
Syrian Desert
JORDAN
Nafud
Desert
SAUDI

第四章 黎凡特的界線

二〇二〇年八月黎巴嫩首都貝魯特（Beirut）發生爆炸案，在哀鴻遍野之際，法國總統馬克宏（Emmanuel Macron）樂意提供協助。馬克宏對於黎巴嫩的關注，有其歷史因素。黎凡特地區早有基督徒存在，例如馬龍派（Maronites）。自近代以來，法國在黎凡特擁有保護基督徒的特權，也因此與馬龍派基督徒建立了密切的關係。儘管法國在隨後並非主導這區域的角色，但斷斷續續到了十九世紀仍然都有爭取黎凡特地區優勢的機會。一九一六年《賽克斯－皮科協議》之後，很明顯法國仍然著眼在這區域，其安排的界線與英國在兩河流域的結果一樣，帶來不斷的群眾抵抗與外交角力。

第一節　敘利亞與土耳其邊界

一戰結束之後，法國藉著一九一六年《賽克斯－皮科協議》、一九二〇年《聖雷莫協定》進入了黎凡特地區，包括今日的敘利亞與黎巴嫩。不過，《賽克斯－皮科協議》其實只是像個瓜分西亞的紙上作業，所以英法在當地的版圖劃分都沒有實際界線。法國所要的敘利亞地區，或許南部區域與英國的範圍接壤，還算有一點共識，但其北方的界線卻是很難定義，像是看似屬於敘利亞地區的阿勒坡省（Province of Aleppo），有很大一部分在今日的土耳其境內。[1]而且，法國有需要關注戰爭對手鄂圖曼政府的態度，即使鄂圖曼在一九二三年步入歷史，後面還有凱末爾的激烈對抗。

一九一八年十月鄂圖曼戰敗，與戰勝國簽署停戰協議。戰敗並不代表就任人宰割，鄂圖曼政府在一九二〇年曾宣布《國民公約》，強調帝國主權不再容他人侵犯。可是，這完全不符合當時戰勝國的利益，首都伊斯坦堡旋即遭到戰勝國占領。一戰時頗有戰功的將軍凱末爾在安卡拉另起爐灶，形成了伊斯坦堡與安卡拉兩個政府同時存在的局勢。

一九二〇年年初，國際聯盟成立，以「委任託管」的方式讓英法擁有在鄂圖曼境內占領的合法權。伊斯坦堡政府雖然還是國際間承認的政府，但安卡拉政府的存在也已是不能忽視的力量。一九二〇年五月底，法國希望跟安卡拉政府停止交戰。法國的決定其實透露出其窘境，因為在敘利亞的「委任託管」，面臨費薩爾政府的抵抗。[2]凱末爾也希望跟法國停戰，以求安卡拉政府獲得承認。[3]八月，一戰戰勝國與伊斯坦堡政府簽署《色弗爾條約》，將鄂圖曼的領土切割得支離破碎。在安卡拉的凱末爾當然沒有坐以待斃，持續對抗戰勝國的侵犯與占領。一九二〇年代初期有法國人認為，那是在軍事主導下既盲目且愚蠢的黑暗時代。[4]當時美國總統威爾遜提倡的「民族自決」，在西亞不僅不存在，連「委任託管」條文提到「依當地情況發展」的約定都不見蹤影。

安卡拉外交部長尤素夫（Yusuf Kemal, 1878-1969）與法國代表法蘭克林柏伊隆（Henri Franklin-Bouillon, 1870-1937）在一九二一年十月簽署協議，兩方終止戰爭。隔年。又有《安卡拉條約》（Treaty of Ankara），安卡拉與法國決議大致以東地中海岸的伊斯坎德倫（İskenderun），另稱亞歷山卓塔（Alexandretta）為西側分界點，就是後來的哈泰省（Province of Hatay），往東經過阿勒坡（Aleppo）北方，經過努塞賓（Nusaybin），最後到了接近伊拉克西北方的吉茲雷（Cizre）為

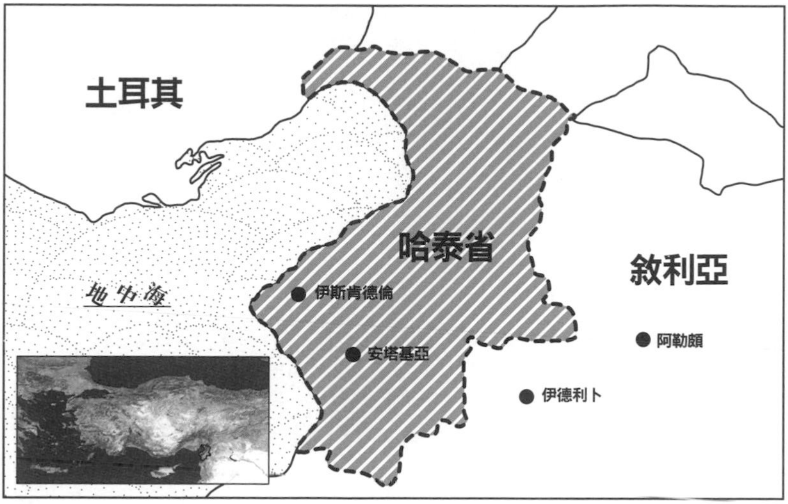

圖 11　哈泰

止。這樣的界線劃分，也有當地語言考量的意涵，界線以北為土耳其語區，以南是阿拉伯語區。[5]語言作為安卡拉政府與敘利亞（法國）劃分的重要依據，符合近現代以單一語言、單一民族建立國家的趨勢。《安卡拉條約》第七條，將哈泰省作為特殊行政單位，另也承認當地的土耳其文化與土耳其語（見圖11）。[6]但是，這終究不是當地原本界線劃分的方式。

隨後，凱末爾的勢力強大讓《色弗爾條約》形同具文，導致一九二三年戰勝國不得不捨棄伊斯坦堡政府，而與安卡拉政府簽署條約，即《洛桑條約》。其實安卡拉政府在這份新的和平條約裡，並沒有獲得比鄂圖曼政府更多的優勢，頂多只是讓安納托利亞與伊斯坦堡不再受到強權干涉，但廣大的阿拉伯地區仍然在英法掌握之下。在安卡拉與法國之間的邊界爭議，如上文提到的哈泰省，其歸屬仍是以《安卡拉條約》為基礎，凱末爾也沒有機會取得。因此，安卡拉政府批准《洛桑條約》時，仍然有不少議員不滿這樣的結果。[7]

然而，這只是法國與土耳其之間的共識，對於敘利亞的阿拉伯人來說，這界線完全不是他們同意的界線，阿拉伯人對法國的抵抗也讓土敘邊界衝突層出不窮。但問題是這過去都是鄂圖曼的省分，此刻當地阿拉伯人雖群起抵抗，卻難以跟法國軍隊相抗衡。[8]英國占領的伊拉克，與土耳其也仍處於界線未明的時刻，尤其是在摩蘇爾地區的歸屬，這也牽連到敘利亞東北區即吉茲雷一帶要如何重新界定，甚至是難以說清有多少村落該劃分給伊拉克、敘利亞以及土耳其。一九二九年六月，土法簽署了一份議定書，以努塞賓接近底格里斯河一處，稱為「鴨嘴處」（Duck's Beak），畫為邊界，該處以西留在敘利亞，以北就是土耳其、以東就是伊拉克的摩蘇爾。[9]

一九三六年九月，法國已與敘利亞簽署協議，終止法國在敘利亞的委任託管。[10]法國為了在歐洲可全心面對希特勒（Aldof Hitler, 1889-1945）領導的德國，對哈泰地區的態度已有轉變，穩住自身的歐洲利益較為重要。[11]一九三九年七月，土耳其收回了哈泰，當然敘利亞有不少抵抗的聲浪。[12]這些界線與領土劃分的爭執，在鄂圖曼瓦解之際，是由英法等強權所造成的，但即使強權逐漸失去優勢、甚至離開當地之後，這些問題就由當地人所承擔。問題是，獨立後的敘利亞，並不願放棄法國占領時期的權益，土耳其則是致力於維持住鄂圖曼時期所擁有的土地。哈泰該屬於敘利亞還是土耳其？都不是，也可以都是。法國所畫下來的界線，即使一九三九年後問題有所和緩，卻可能再下個世代某個時刻又再爆衝突。

第二節　敘利亞與黎巴嫩邊界

敘利亞與黎巴嫩雖然都是一戰結束後，法國在西亞地區取得的戰利品，但其實法國本來在這區域就享有優勢。以十九世紀的情況來看，特別是一八六〇年五月的穆斯林與馬龍派基督徒衝突後，馬龍派尋求法國領事協助。一八六一年一份協議裡，鄂圖曼政府同意，黎巴嫩設定成自治區域，由基督徒擔任總督。[13]這樣的結果，即使不是所有穆斯林都與基督徒對立，但因為上述的政治問題，導致兩大宗教社群之間確實越有明顯的鴻溝了。這對於鄂圖曼當時的「坦志麥特」成果也有所衝擊，黎巴嫩與埃及一樣降低了對伊斯坦堡政府權威。[14]

按照一九一六年英法的《賽克斯－皮科協議》，法國在大戰結束之後應可如願以償獲得黎凡特地區。然而，在戰爭期間哈希姆家族與英國合作對抗鄂圖曼，最終目的就是要建立阿拉伯王國。費薩爾早已與敘利亞阿拉伯人達成協議，當然不願意讓法國在東地中海獨大。費薩爾與法國之間的想法就如兩條平行線一樣，前者要整合阿拉伯世界，後者則是要全力執行《賽克斯－皮科協議》瓜分阿拉伯世界。黎巴嫩的馬龍派並不認同費薩爾，不願意讓黎巴嫩納入費薩爾的管轄，[15]希望可以將貝卡山谷（Bekaa Valley）作為跟敘利亞割離的自然疆界，讓黎巴嫩可以脫離敘利亞而獨立，而且要建立「大黎巴嫩」（Greater Lebanon）。[16]

一九一九年一月開始的巴黎和會，不僅費薩爾出席會議，黎巴嫩也有代表團與會。不過，巴黎和會的重心並不在這些西亞事務上，以至於費薩爾與黎巴嫩代表都沒有獲得他們想要的答案。費薩爾與法國之間互不相讓，尤其法國一再強調如果費薩爾同意由法國管理，那他所掌握的敘利亞就可以擁有黎巴嫩。[17]一九一九年年底，費薩爾與法國總理克里蒙梭有密集的協商，可是兩人之間的立場仍然相異，儘管有些資料指出費薩爾勉為其難同意法國管理黎巴嫩，但這都是沒有確定的說法。敘利亞與黎巴嫩之間的界線該怎麼界定，費薩爾跟法國都沒有共識。而且，敘利亞的反法勢力強大，費薩爾在一九二〇年初選擇與反法勢力站在一起。[18]

一九二〇年三月，費薩爾在大馬士革登基。但國際聯盟卻同意英法在西亞的「委任託管」，讓兩歐洲強權在西亞的瓜分合法化。法國本來就與費薩爾沒有達成共識，而現在有國際聯盟當靠山，便無視費薩爾的存在，七月法軍進入敘利亞，逼使費薩爾不得不離開這個阿拉伯王國成立的初創之地。這帶來的就是更多穆斯林民族主義者的不滿，他們仍致力於抗拒法國。戰後這個地區阿拉伯人對英法的抵抗，就是因為這些界線的劃分，其實都只是符合西方國家的利益。[19]阿拉伯人的抗爭表現出要整合「大敘利亞」的企圖，也有「泛阿拉伯主義」整合阿拉伯的意涵。而法國也試圖擴大馬龍派的勢力範圍，導致周遭穆斯林社群也被納入了黎巴嫩。

一戰結束後，「大敘利亞」跟「大黎巴嫩」的範圍有所重疊，但阿拉伯人與馬龍派之間都想要畫出自己想要的界線，「大敘利亞」包含了「大黎巴嫩」，「大黎巴嫩」則不想要成為「大敘利亞」的一部分。敘利亞阿拉伯人試圖突破法國控制，若馬龍派的「大黎巴嫩」存在，就等於沒有擺脫法國。但是，對於馬龍派來說，他們的自治已經實行一段時間，若權力遭到取消，必然會群起反抗。「大敘利亞」跟「大黎巴嫩」如兩條不會交集的平行線，讓黎凡特地區只能持續呈現破裂的狀態。

第三節　敘利亞與巴勒斯坦邊界

今日敘利亞與以色列之間最有爭議之處，便是戈蘭高地（Golan Heights）的歸屬，自一九六七年以來，以色列從敘利亞手中占領了這個地方。二〇一九年美國前總統川普宣布以色列在這高地擁有主權之後，現有一部分已稱為「川普高地」（Trump Heights）了。在一百年前，還沒有敘利亞、以色列之前，這區域就已經存在歸屬問題，處理這問題的主要角色則是英國與法國。事隔百年，情況卻沒有太大的變化。

大致在一八九六年奧匈帝國的猶太人赫茨爾（Theodor Herzel, 1860-1904）的《猶太國》（*The Jewish State*）出版，提出要建立猶太人國度之後，雖不是所有猶太人支持赫茨爾的想法，但一股猶太復國主義的氣氛已經在歐洲猶太人之間逐漸擴散。對於赫茨爾來說，猶太人在歐洲長期受到歧視，社會地位低落，故應思索該如何改變現狀。這與那時代歐洲地區「民族國家」（nation-state）林立的趨勢有關，往後有不少猶太復國主義者，致力於四處奔走以建立屬於猶太人的「民族國家」，例如魏茨曼積極找尋英國政府的合作，以求在巴勒斯坦建立家園，畢竟英國在巴勒斯坦與周邊，包括埃及、紅海、美索不達米亞、波斯灣，是勢力最強的國家。而且，在戰爭期間時任英國內政部長的塞謬爾（Herbert Samuel, 1870-1963）也是猶太復國主義者，這對魏茨曼有更多的助力。[20]

一九一六年英法簽署的《賽克斯－皮科協議》，把兩河流域與巴勒斯坦交給英國管理，而敘利亞地區交給法國，其實那不是英法兩政府最滿意的決定。法國真正的意圖，不僅想要敘利亞地區，其勢力範圍越往南拓展越好，這當然就構成英國要掌控這區域的壓力。[21]英國政府便把目標放在協助猶太人移民巴勒斯坦上面。一九一七年十一月，英國外交部長貝爾福的《貝爾福宣言》，提及英政府贊成把巴勒斯坦打造成「猶太人的民族家園」。不過，英國想要協助猶太復國主義者，純粹只有阻擋法國勢力進入巴勒斯坦的意涵，並非真心誠意關懷猶太人的遭遇。

然而，隨後的問題並不單純。魏茨曼並不想受《賽克斯－皮科協議》的限制，他認為猶太人應有的領土範圍是如《舊約聖經》所說的，由巴勒斯坦「北方的但（Dan）往南到別示巴（Beersheba）」（見圖12）。[22]可是，實際的邊界又該如何劃定，魏茨曼並沒有定論。而《賽克斯－皮科協議》裡，關於英法在敘利亞南部與巴勒斯坦北部的劃分，則是以推羅（Tyre）與加利利海（Sea of Galilee）到雅爾木克河谷到德拉（Dera'a）為界。[23]魏茨曼主張的巴勒斯坦北方界

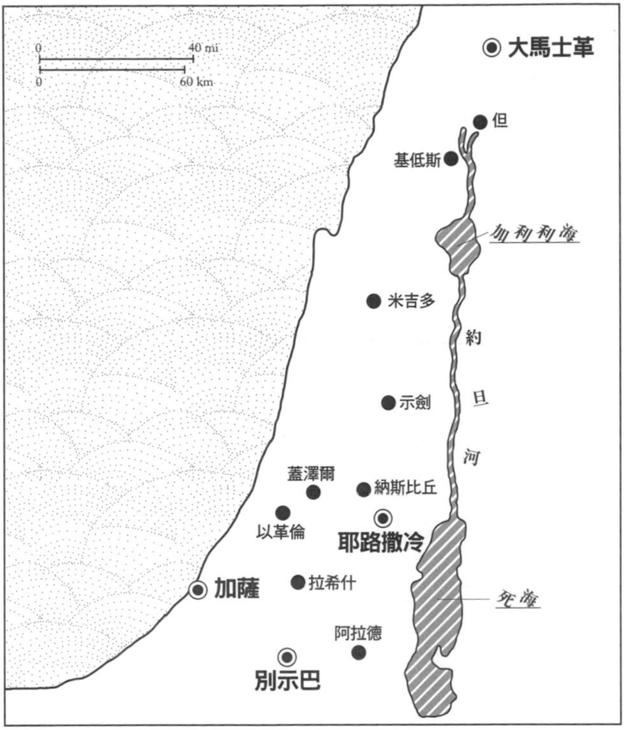

圖 12

線的但，就落於法國的敘利亞南方，也就是猶法的範圍有一部分重疊了。

戰爭結束後戰勝國召開的巴黎和會，英、法、猶之間仍有激烈的對峙。法國一再強調《貝爾福宣言》所說的「猶太民族家園」並不是「國家」（state），不會把猶太人的勢力範圍當作政治實體來看待。魏茨曼雖一再強調猶太人與巴勒斯坦之間有「歷史連結」（historical connection），[24]但這其實偏向霍布斯邦所說的「創造傳統」，畢竟以魏茨曼為主的猶太復國主義者，並不等同於在世界各地的猶太人，也並非所有猶太人都想要到巴勒斯坦建國。不過，法國跟魏茨曼之間作了些彈性調整，魏茨曼並不要求今日在敘利亞的戈蘭高地與浩蘭（Hauran），法國則把胡拉河谷（Hula Valley）與采法特區（Safed district）讓給猶太人。[25]但是，英國代表也有他們的看法，代表之中的梅納茨哈根上校（Colonel Richard Meinertazahgen, 1878-1967）認為巴勒斯坦北方要跨越戈蘭高地，而且往東北須抵達黑門山（Hermon Mountain），稱為「梅納茨哈根線」（Meinertazahgen Line）。[26]不過，法國並不同意這條線，戈蘭高地還是留在敘利亞。[27]

阿拉伯人在這時候對英法的抵抗已經有一段時間，畢竟戰爭期間英國與哈希姆家族密切合作對抗鄂圖曼，而哈希姆家族認為一旦戰勝，就有機會在美索不達米亞、敘利亞、巴勒斯坦、阿拉伯半島這區域，建立阿拉伯王國。結果事與願違，戰爭結束後，猶太人問題對英法來說，比起阿拉伯人是否能建國還來得重要了。阿拉伯人當然也不樂見猶太人持續移民巴勒斯坦，因為猶太復國主義運動擺明就是一場要取代阿拉伯主體性的運動。對阿拉伯人來說，那沒有任何理念可言，純然只是強硬奪取他人土地的行為。英法都陷入阿拉伯抗爭的問題之中，而且英國與凱末爾政府在伊拉克北方的摩蘇爾還糾纏不清，伊拉克跟敘利亞的邊界劃分也尚未安定。這也導致英國認為，若是在法國與猶太人問題有太多糾葛，可能增添英法的緊張關係。

一九二〇年之後，猶太復國主義者反而覺得英國態度漸為冷淡，法國卻趁虛而入，雖非持續談論敘利亞與巴勒斯坦劃分問題，但卻表示願意協助在敘利亞境內建立猶太定居處。當然這是為了在法國對抗敘利亞阿拉伯人的時候，能夠換取猶太人的支持。甚至一九二四年六月擔任法國總統杜梅格（Pierre-Paul-Henri-Gaston Doumergue, 1863-1937）還強調，支持猶太復國主義，隔年也參與了希伯來大學（Hebrew University）開幕典禮。[28]對於猶太復國主義者來說，法國的善意反而可以實現他們要擴大巴勒斯坦的企圖。當然，並非所有猶太復國主義者都認同法國的做法。

由此可見，巴勒斯坦與敘利亞的劃分，夾雜了英法兩大帝國主義者的外交角力、猶太復國主義的運作，還有泛阿拉伯主義的抵抗。達成共識只是表面的表現，其實各方勢力心裡都想要突破對方畫下的界線，然後畫出自己的界線。

第四節　黎巴嫩與巴勒斯坦邊界

一戰結束之後，黎凡特地區就集結了阿拉伯人、猶太復國主義者、英法兩國的勢力。這其中最沒有決定權的就是阿拉伯人，費薩爾很快就遭到法國軍隊驅離，阿布杜拉要進入敘利亞的行動，也被英國「和諧」掉了。還在抵抗中的阿拉伯勢力，固然對法國造成衝擊，但其實還不致於動搖法國的權威性，所以，就剩下了對猶太復國主義者意見交鋒的問題。

猶太復國主義者主張要以《舊約聖經》所說的從「但到別示巴」，為他們所居住的地區。以馬龍派為首的黎巴嫩，則是主張要黎巴嫩的北方以卡比爾河（River al-Kabir）為界，南方則是卡斯米亞河（River al-Kasmiyah），東邊則是要包括貝卡山谷。[29]黎巴嫩南部與巴勒斯坦北部的情勢會如何發展，端看猶太復國主義者及馬龍派之間的關係走向。當然也要看英法兩強權會如何處理，畢竟黎巴嫩是法國控制的區域，巴勒斯坦是英國的勢力範圍。

當下的西亞局勢難撥雲見日，戰勝國取得優勢不代表戰後一切平靜，該怎麼分配戰後應得的戰利品，都不是一兩天就能討論完的事情。而且，英法絕對也沒有料到，鄂圖曼政府雖然終於在一九二〇年七月與戰勝國簽署了《色弗爾條約》，但其實凱末爾對於英法在占領區的北方也還是相當大的威脅，還有阿拉伯人激烈的抵抗。當猶太復國主義者還有所要求的時候，儘管他們也不能決定最後結果，但還是讓整個情勢、英法關係，增添了更多變數。

英法勉強於一九二〇年十二月二十三日達成一項協議，在黎巴嫩與巴勒斯坦之間，以巴尼亞斯（Banias）為東北端，往西到到了梅特阿拉（Metullah），再往西進到了推羅一帶。這裡有利塔尼盆地（Litani Basin）可作為自然疆界，盆地以南就屬於巴勒斯坦。[30]猶太復國主義者所想要的但，也就得以在巴勒斯坦境內，也算是一部分符合其基本要求。

英法雙方進一步互派駐紮當地的軍人做代表協談細部的劃分，英國的鈕康比中校（Lieutenant Colonel Stewart Newcombe, 1878-1956）與法國保雷特中校（Lieutenant Colonel N. Paulet，生卒年不詳），以《賽克斯－皮科協議》為基礎，來確立英法在西亞之間的界線。[31]然而，這些劃分都是基於強權的立場，頂多參考猶太復國主義者與馬龍派的意見，導致有些黎巴嫩南方的什葉派穆斯林本來就不願意接受法國管轄，現在更不滿這些新界線的劃分；也有一些黎巴嫩南部的阿拉伯人還不清楚情勢已變，也不瞭解為什麼進入到猶太人居住區竟然會被逮捕，因為那已經是英國勢力範圍了；有些阿拉伯部落雖不喜歡法國人，但因為不想跟猶太人當鄰居，反而自願成為黎巴嫩的一部分。

鈕康比另一個關注點在於巴勒斯坦的用水問題，因為只有加利利海一帶有足夠的水源使用，所以希望擁有這一區域，而願意讓出加利利海西側到東地中海岸，[32]讓黎巴嫩南部比一九二〇年十二月的協議還更向南推進，算是給法國的補償。當時英法的報告書提到：「英國要的是水源，而法國要的是尊嚴。」（the French have an honour problem, and the British have a water problem）[33]

到了一九二三年三月，《鈕康比－保雷特協議》（Newcombe-Paulet Agreement）簽訂，讓黎巴嫩與巴勒斯坦的劃分風波告一段落。當然這都不是事情的結尾，因為往後一九四八年在以色列建國與戰爭之後，諸多巴勒斯坦人被迫離散，不少人遷移到黎巴嫩南部，他們對抗以色列的行動也造成了以黎之間關係不佳的情況，也是黎巴嫩政府對巴勒斯坦人不友善的原因。一九七五年起，黎巴嫩爆發了基督徒與穆斯林的內戰，絕對不是突發事件，而是長久以來的對峙與情緒累積所造成的對戰。

第五章 埃及與周邊的界線

第一節　埃及與巴勒斯坦邊界

一戰結束後，巴勒斯坦與埃及兩地區都是由英國控制，前者是在一九一六年《賽克斯－皮科協議》、一九二〇年《聖雷莫協定》之後劃歸英國所有，而埃及則是早在一八八二年就被英國占領。雖然這些區域都在英國掌握之下，但一九一七年《貝爾福宣言》協助歐洲猶太復國主義者移民巴勒斯坦之後，從埃及到巴勒斯坦的界線劃分就必須考慮猶太復國主義者這個新的角色。

今日的巴勒斯坦與埃及有明顯的界線，但早期這裡都是鄂圖曼的領土。一七九八年法國在擴張的過程中進軍埃及，為的是進一步能夠跟英國對抗，特別是影響英國以印度為基礎所建造的海洋勢力。法軍將領拿破崙短暫占領了埃及，隨後被鄂圖曼將軍穆罕默德阿里擊退。穆罕默德阿里在日後成為埃及總督，但他在阿拉伯半島、紅海、甚至巴勒斯坦、敘利亞的影響力越趨壯大，導致他與伊斯坦堡政府關係惡化，帝國面臨分裂的危機。英國為求埃及與東地中海區的穩定，故試圖壓制穆罕默德阿里。對英國來說，所幸穆罕默德阿里於一八四九年去世，隨後埃及缺少強勢領導人，使得後期英法兩國對埃及的經濟有更多的控制，在埃及人的激烈反抗之後，英國於一八八二年占領埃及。

鄂圖曼無力取回埃及，在一八九二年只好與英國交涉，大致將西奈半島（Sinai Peninsula）分成兩半，東部由鄂圖曼所有，西部由英國所有。英國反對，尤其歐洲的競爭對手德國正與鄂圖曼密切合作，德國很可能藉著鄂圖曼在西奈半島的力量而進入阿拉伯半島，然後進入波斯灣與印度。英國堅持以西奈沙漠（Sinai Desert）為自然邊界劃分，沙漠以東為鄂圖曼，沙漠以西為埃及，讓鄂圖曼遠離蘇伊士運河。兩方於一九〇六年十月簽署邊界條約，以靠東地中海的拉法（Rafah）往南到塔巴（Taba）這條線為界。[1]

然而，在一九一六年《賽克斯－皮科協議》與一九一七年的《貝爾福宣言》之後，西亞的版圖重新劃分，巴勒斯坦與埃及的界線劃分又再度掀起波瀾。猶太復國主義者將移民至巴勒斯坦已成定局，他們主張領土應如《舊約聖經》所說「但到別示巴」，而且還想要擁有個通往紅海的出口，才能夠通往地中海與印度洋。亞喀巴也是重點地區，讓猶太人可以擁有南端通往海洋的港口。[2]猶太復國主義者必然也知道，猶太家園若沒有跟南方的海域連結，那就是家園三面都被他人勢力包圍的情況。另一重點就是靠近地中海、西奈半島北端的區域，像是亞里西（Arish），適合農耕，也有助於猶太人的生存。猶太復國主義者領導人魏茨曼也不斷強調，擁有亞里西的巴勒斯坦，可以防衛埃及北方的邊界，[3]藉此取得英國的認同，讓猶太復國主義運動進行得更順遂。

儘管這都是英國在戰後可控制的地區，且英國協助猶太復國主義運動，但猶太復國主義者的想法，卻不符合英國人的想法。主要因為戰爭時期與英國密切合作的哈希姆家族，試圖建立阿拉伯王國。但是，很明顯戰後英法兩國只在意如何處理歐洲問題、還有彼此瓜分西亞的方案，並無意讓哈希姆掌握阿拉伯局勢。英法兩強也都各有算計，例如法國一再想要擴大在東地中海的影響力，英國則是利用協助猶太復國主義者進入巴勒斯坦的方式阻擋法國。大戰結束之後，英、法、阿、猶之間就在巴勒斯坦問題上，進行激烈的外交角力。另一方面，埃及抵抗英國的力量也擴大，尤其當英國不讓埃及組織參與巴黎和會的代表團，更是讓埃及的反英勢力達到高點。[4]一九二〇年哈希姆家族的費薩爾在敘利亞稱王，許多地區也都有阿拉伯人對英法的抵抗。英國面對上述情況，轉而在巴勒斯坦問題表現更加積極。

巴黎和會期間，英國代表團考慮過巴勒斯坦與埃及的分界，是以死海（Dead Sea）南端，往西經過別示巴，最後到拉法，稱為「巴黎提案」（Parisian proposal）。英國代表團想要藉由這條分界線，防範任何勢力影響從蘇伊士運河到印度這塊區域。[5]英國外交部認為，過去一九〇六年埃及與巴勒斯坦的界線劃分，導致當地阿拉伯部落的分裂，若要修補問題，從一九〇六年的界線到死海南端這一帶，稱為納蓋夫三角區（Negev Triangle），就該完全歸屬於埃及。不過，英國政府卻認為這些都不切實際，畢竟這一塊地區相當乾燥，沒有特殊價值。而且，再擴大埃及的區域範圍，形同英國持續搶奪該地區的土地，會引來其他強權不滿。很諷刺，英國搶阿拉伯土地雖不遺餘力，這時卻在認為沒有價值的地方或者可能招致更多麻煩時而稍作收手。

駐埃及的軍事指揮官霍加斯（David Hogarth, 1862-1927）認為，如果一九〇六年的界線就作為巴勒斯坦西南方的邊界，還有特斐拉（Tefila）到亞喀巴作為巴勒斯坦的東南邊界，就能夠將埃及與阿拉伯半島切割開來，而半島上的阿拉伯部落的任何活動就不會影響到埃及。[6]在眾多討論與爭執之下，一九二一年年初，英國最後仍決定延續一九〇六年所劃分的界線，但把北方分界點的拉法挪到亞里西，既符合猶太復國主義者的想法，也與英國的規劃沒有太大的差異。[7]巴勒斯坦南部邊界的劃分，就是作為埃及與阿拉伯半島之間的緩衝區，也顯露出英國讓埃及不受「外力侵犯」的意涵。重點是，不管阿拉伯人同不同意，此時鄂圖曼尚未滅亡，以英國為首的強權完全無視戰敗國的主權，實為真正的流氓與邪惡國家。

第二節　埃及與蘇丹邊界

埃及與其南邊的蘇丹（Sudan）之邊界劃分，如同西亞的阿拉伯地區一樣，都與歐洲帝國主義在非西方世界橫行霸道有關。這段故事也是要從法國拿破崙在一七九八年攻入埃及之後開始講起，法國的目的是為了從埃及進入印度，以破壞英國在亞洲海域的優勢。鄂圖曼君主派遣將軍穆罕默德阿里前往埃及，在英軍的合作之下，法軍在兩年後遭到驅離。穆罕默德阿里在埃及的勢力逐漸穩固，其勢力於一八二一年往南拓展到蘇丹地區。

蘇丹作為伊斯蘭文明圈的一分子已有一段時間，也在十六世紀之後成為鄂圖曼的勢力範圍，但鄂圖曼其實對蘇丹並沒有有效管轄，一直要到穆罕默德阿里之後才算建立管理制度，也試圖統有整個尼羅河（Nile River）上游。隨後穆罕默德阿里與鄂圖曼政府交惡，導致開羅與伊斯坦堡分裂。穆罕默德的勢力進入南方到今日蘇丹處，設喀土木（Khartoum）為當地重點城市，其管轄範圍往南抵達亞伯湖（Lake of Albert）與維多利亞湖（Lake of Victoria），往東則是抵達紅海海岸以及亞丁灣（Gulf of Aden）。[8]

然而，在一八六九年的蘇伊士運河啟用之後，英國從中取得的利潤越來越高，越能控制埃及的經濟。逐漸地，埃及軍官反英的勢力壯大，以阿拉比（Ahmed 'Urabi, 1841-1911）最有影響力，時任總督的伊斯馬儀（Ismail, 1830-1895）雖不認同但也沒有能力壓制阿拉比，最後導致英軍在一八八二年為了控制情勢而占領埃及。[9]不僅如此，英國還考量俄國對黑海海峽與北非的局勢已有改變，例如一八七七年到一八七八年的俄鄂戰爭與《柏林條約》，已讓東地中海的情勢動盪，而同時法國占領了北非的突尼斯（Tunis）、義大利進逼的黎坡里（Tripoli），使得英國要有所因應。[10]

英國占領埃及雖有「不得已的苦衷」，但無論怎麼說，這就是侵占他人土地，其動機就是為了掌握蘇伊士運河帶來的商機與政治優勢，控制埃及是為了保護英國自身的利益。也因為如此，埃及對於蘇丹的管轄權，也就落在英國人手上。[11]英國、埃及、蘇丹的關係，變得相當複雜。對於蘇丹人來說，埃及向來就是外來勢力，在十九世紀中葉曾有相當嚴重的抗爭，高喊「拒絕突厥人的壓迫」（Death to Turkish oppression）。[12]一八八一年起，由宗教人士穆罕默德阿賀馬德（Mohammad Ahmed, 1844-1885，統治 1881-1885）以救世主（Mahdi）名義領導抗爭運動，竟讓埃及軍隊難以招架，還擊敗英國軍隊。雖然穆罕默德阿賀馬德於一八八五年去世，但其後人仍有抵抗運動。[13]

埃及政府曾向英國表示蘇丹的重要性，「尼羅河就是埃及的生命，而尼羅河就等於蘇丹。」[14]尼羅河上游在蘇丹境內，若蘇丹有朝一日脫離埃及，可能會造成埃及水源使用的問題。換句話說，失去蘇丹就讓埃及失去優勢，蘇丹形同埃及「不可分割的領土」。埃及仍與蘇丹抗爭勢力衝突之際，英國當然擔憂埃及有可能取得勝利而把蘇丹「整碗捧去」。一八九九年一月，英埃簽訂《共同管制協議》（Condominium Agreement），條文談及蘇丹應設有總督，由英國推薦、再由埃及任命，另有提到埃及與蘇丹之間以北緯二十二度為界，這是一八八二年之後的決定（見圖13）。[15]學者霍特（P. M. Holt）說，這些界線是十九世紀強權的外交競爭產物。[16]的確，從《共同管制協議》可看到，整個十九世紀蘇丹局勢的發展脈絡，埃及與英國都不願失去蘇丹。埃及即使已受英國控制，但仍想要保住既有權益，而英國卻有不能丟掉帝國主義優勢的包袱。

一九一四年一戰爆發，英國宣布埃及是其保護國（protectorate），[17]這當然讓埃及境內反對英國的氣氛更加強烈，怎有占領他人土地後又來說這是要給予保護的說法呢？當美國總統威爾遜提倡「民族自決」時，讓埃及的民族主義者更因而抱持獨立的希望。但是，埃及民族主義者組織代表團欲參與一九一九年戰後的巴黎和會，遭到英國阻攔，引起更大的抗爭運動。這讓英國越加感覺情勢危急，只好勉為其難在一九二二年終止對埃及的保護權，埃及立即宣布獨立。此後，埃

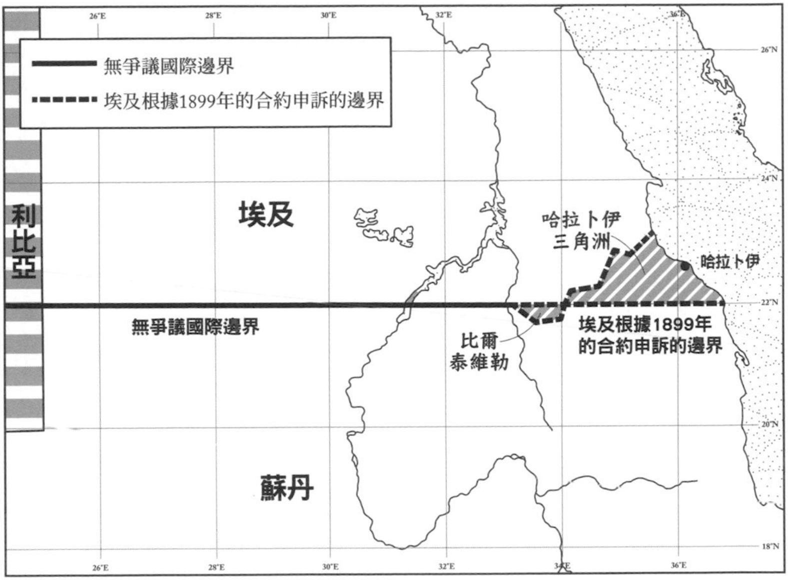

圖 13　埃及與蘇丹界線

及也對英國要求，必須承認埃及對蘇丹的權威性。[18]埃及試圖維持自身的「領土完整」，才能有效打擊英國帝國主義。

英國必然瞭解埃及獨立後可能會主動介入蘇丹事務，遂要求隸屬埃及的軍隊必須立即撤離蘇丹。過去擔任蘇丹總督的英國軍人溫蓋特（Ronald Wingate, 1889-1978）曾建議讓蘇丹脫離埃及，主要考慮到蘇丹境內早有敵對埃及的氣氛，而且英國若能單獨控制蘇丹，反而有助於控制尼羅河上游，等於更有控制埃及的優勢。[19]這代表溫蓋特想要把埃及的影響力排除在蘇丹之外，以避免後患。當埃及獨立時，英國便轉而拉攏蘇丹，希望蘇丹能夠再次有上個世紀的救世主運動來對抗埃及。而且，蘇丹獨立反而對英國有利，主要是考慮到尼羅河上游流經蘇丹與埃及這廣泛區域所帶來的利益，若能夠滿足尼羅河上游的蘇丹，相對地可以強化英國對尼羅河下游埃及的控制。表面上英國接受了埃及獨立，但其實仍想方設法要壓制埃及。

從巴黎和會回到埃及的代表團即刻組織政黨，稱為「華夫德黨」（Wafd Party），領導人札格魯勒（Saad Zaghloul, 1859-1927）堅持否定《共同管制協議》，[20]也就是不承認英國對蘇丹的影響力。雖然埃及並沒有在這樣的局勢下失去與英國談判的優勢，只是英國也沒有要離開這個區域。對此，蘇丹最為無奈，在兩大勢力籠罩之下，沒有機會可以改變當下的狀態。

第三節　埃及與蘇丹的分離

埃及、蘇丹、英國之間的關係，在二十世紀有相當長久的糾纏。學者華伯格（Gabriel Warburg）說，英國最早不見得想要控制蘇丹，而是在埃及的抵抗、一戰爆發等情勢之下，不得不加強對這區域的管控。[21]這也代表英國很難放下既有的優勢，即使一九二二年埃及獨立於英國之外，卻也不表示英國能夠一併放棄蘇丹，反而一步步深入東北非區域的紛爭之中。

一九二四年十一月，英國派駐於埃及與蘇丹的將軍史泰克（Lee Stack, 1868-1924）在開羅遭到謀殺。雖然華夫德政府表達了哀悼之意，也譴責這起犯罪案件，但英國駐埃及領事艾倫比（Edmund Allenby, 1861-1936）下達最後通牒，埃及政府於二十四小時內自蘇丹撤出所有埃及官員與軍隊。[22]華夫德政府拒絕，但被英國政府逼迫首相下台，新首相只好同意英國的最後通牒。[23]埃及受制於英國，可能與地理位置處於尼羅河下游有關，若英國強力控制蘇丹，有可能封鎖尼羅河上游，埃及便會出現水資源使用的問題。不過，艾倫比會有這樣的要求，應僅是刻意找藉口逼使埃及撤離蘇丹，讓英國在蘇丹沒有埃及這個麻煩勢力。蘇丹又再一次受到英埃關係改變的衝擊，而且對於埃及的反應相當失望，因為埃及曾承諾會一同奮戰，因而出現比以往更大的反埃及氣氛。[24]

此後埃及仍與英國多次交涉以和緩彼此關係，雖然並未達到目的，但一九三六年義大利透過北非要進入伊索比亞（Ethiopia）的壓力加強之際，導致英國感受到在東北非的威脅，遂與埃及達成協議。[25]一九三六年八月華夫德政府與英國簽立《英埃條約》（Anglo-Egyptian Treaty of 1936）時，除了結盟關係之外，還保持了一八九九年《共同管制協議》的有效性。[26]這樣的結果，可以看到英國在難以掌握大局的情況下，需要埃及的協助，埃及則是獲得新的機會再次進入蘇丹。這一樣讓蘇丹非常失望，在長久以來尋求脫離外來勢力的壓迫之下，卻仍是沒有結果。不過，無論蘇丹或是埃及，都是英國操弄的棋子。

一九四〇年德軍進入北非，隆美爾（Erwin Rommel, 1891-1944）將軍很可能在短時間內進入埃及。[27]《英埃條約》並不令埃及人滿意，不少埃及人相當歡迎德軍進駐。英軍在那時期基於對德國勢力滲透西亞的恐懼，除了占領伊拉克之外，也占領了埃及。但是，在戰爭結束後，其實英國已經氣勢衰弱。一九四六年十月，英國與埃及達成了《蘇丹議定書》（Sudan Protocol），在埃及與蘇丹整合的框架裡，可保證蘇丹擁有自治政府與自決的權利。[28]這勉強讓英埃各取所需，英國難以再控制埃及，但讓蘇丹自治不失為降低埃及影響力的方式，而埃及則是擁有與蘇丹合併的機會。

一九五〇年二月，英埃之間的協商裡，埃及除了要英國全面撤離埃及與蘇丹之外，也強調埃及享有掌握蘇丹的主權，但蘇丹可組成自治政府。[29]同年十一月，埃及強調要廢除《一九三六年同盟條約》與《共同管制協議》，而英國政府主張這不能是埃及單方面同意，但蘇丹人可以自由決定他們的未來。[30]此刻埃及對英國的要求不同於一九四六年，可見幾年下來英國已經越來越失去優勢。

不過，一九五二年七月，以軍官納奎布（Mohamed Neguib, 1901-1984）與納賽爾（Gamal Abdel Nasser, 1918-1970）為首的革命勢力奪取政權，他們反對英國的力道比以往政府更加強勢。在英國同意蘇丹自治，而埃及仍要掌握蘇丹的情況下，蘇丹的反埃及氣氛越趨濃厚。一九五三年二月，納奎布與英國首相艾登（Anthony Eden, 1897-1977）簽署了《英埃協議》（Anglo-Egyptian Agreement），英國同意撤離埃及，同時，蘇丹也由埃及所擁有，而埃及保證蘇丹人在整合尼羅河河谷（Unity of the Nile Valley，意指埃及與蘇丹這個區塊）的基礎上，擁有自主的權利。[31]納奎布主張與蘇丹維持三年過渡期的合併，[32]意指往後可選擇自主或繼續維持合併狀態。

不過，納奎布與納賽爾關係並不和睦，一九五四年納賽爾把納奎布鬥垮而登上總統之位。隨後，納賽爾主張將蘇伊士運河收歸國有，令英法兩國難以接受。蘇伊士運河收歸埃及國有，這其實沒有問題，畢竟一八五六年法國的萊賽普公司（Lesseps Company）與埃及政府所簽署的利權，就是以租用九十九年為限。[33]後來英國占領這區域，也有運河的主導權。於是，蘇伊士運河收歸埃及國有，對於二戰以來已經很衰弱的英國與法國來說是莫大的打擊。納賽爾執政對蘇丹也是打擊，因為在埃及替換領導人的情況下，難保蘇丹還能夠保留自治的機會。對英國而言，埃及既已變化，也代表不見得能再履行過去的協議，不如把主導權交給蘇丹。[34]一九五六年一月，蘇丹在一九五六年自行宣布獨立。

埃及與蘇丹雖就此分成兩個國家，後來埃及的對手主要是英國，以及以色列（請見第七章），故並未因蘇丹獨立而有所行動。或許，納賽爾不願再引起糾紛，而且蘇丹與埃及都先後不再受英國控制，等於英國帝國主義已垮台了。不過，蘇丹與埃及之間仍是維持一八九九年所畫下的界線，儘管在一九五六年後埃蘇的邊界爭議不大，[35]但英國的影響仍不算離去。

第四節　埃及與利比亞邊界

鄂圖曼在一九二三年瓦解，但在那之前面對外在的諸多壓力之際，已呈現帝國解體的狀態。十九世紀中葉埃及與利比亞（Libya）這些鄂圖曼省分相繼脫離伊斯坦堡政府管轄就是幾個重要例子，到一戰結束之後的邊界條約簽署，呈現歐洲帝國主義與民族主義的角力與衝突。這仍與前述的法國拿破崙在一七九八年攻占埃及一事有關，開啟東北非從十九世紀之後強權競爭。

早期沒有利比亞這個國家，「利比亞」意指尼羅河西側的地區，在十六世紀之後雖然成為鄂圖曼的領土，但既有的勢力不願意受外人統治，其抵抗激烈以致於鄂圖曼在這地區沒有有效管轄。十八世紀末拿破崙進軍埃及之際，也把勢力深入利比亞地區，試圖以該地區為法國在地中海南岸的重要據點。鄂圖曼君主派遣穆罕默德阿里的部隊進入埃及，於一八〇一年將法軍驅離。英國在十八世紀末已經在亞洲海域取得優勢，拿破崙占領埃及一事，也讓英國警覺東北非地區若不穩定的話，可能讓英國失去在亞洲海上霸權的地位。

然而，當一八三〇年代穆罕默德阿里與鄂圖曼的關係惡化之後，利比亞地區反對鄂圖曼的勢力再次崛起，同時法國占領了阿爾及利亞（Algeria）。鄂圖曼試圖重建權威，但卻僅重新取得在利比亞地區的優勢，遂於一八三五年設置了的黎波里塔尼亞（Tripolitania）、昔蘭尼加（Cyrenaica）、費贊（Fezzan）三個省分。由於昔蘭尼加的阿拉伯部落曾協助過鄂圖曼，所以一八四一年鄂圖曼與埃及談定的界線，便是以支持鄂圖曼的部落居住區以東，大致從地中海南岸的塞盧姆（Sollum）以東的地區筆直畫下界線，以東為埃及，以西為昔蘭尼加。[36]不過，鄂圖曼在北非的權威卻仍持續衰弱，不僅有英法埃三個威脅，十九世紀下半葉還有義大利加入戰局。義大利基於重建羅馬帝國榮光的企圖，欲再次作為地中海的霸主，向北非進攻成為必要的行動。[37]在歐洲，義大利的行動算是民族主義的表現，在北非鄂圖曼領土，則是帝國主義的表現。

義大利進入北非困擾了英法，同時德國在一八七〇年擊敗法國之後而統一，義德成為了同為與英法競爭的伙伴。一八八二年，英國占領了埃及。義大利堅持要深入利比亞地區，既然英國可以占有埃及、法國控制著阿爾及利亞以及突尼西亞（Tunisia），那義大利要北非、甚至東非有什麼不可以？英法為避免往後有更多衝突，只好先後承認了義大利在的黎波里塔尼亞與昔蘭尼加的特殊利益。然而，隨之而來的就是埃及與昔蘭尼加的邊界問題，埃及雖然被英國占領，但對於一八四一年的界線仍有所不滿，最後在一九〇七年英國外交部長葛雷（Edward Grey, 1862-1933）

與義大利駐倫敦公使協商同意將塞盧姆作為對埃及的邊界地帶，而庫夫拉綠洲（Kufra Oasis）讓給昔蘭尼加，賈拉卜布綠洲（Jarabub Oasis）與西瓦綠洲（Siwa Oasis）劃歸埃及。[38]

以上當然無法滿足義大利的企圖，在英法暫且不與義大利敵對時，一九一一年義大利放手跟鄂圖曼開戰，隨後鄂圖曼因陷入巴爾幹地區的戰爭，無力再「招呼」義大利，最後兩方於一九一二年十月簽署了《烏希條約》（Treaty of Ouchy）。[39]不過，義大利擴大了對昔蘭尼亞的控制，占有賈拉卜布綠洲與西瓦綠洲。不過，英屬埃及的部隊也趁機拓展到了塞盧姆。[40]義大利在隔年仍對昔蘭尼亞發動攻擊，鄂圖曼軍隊被迫撤離，而法國則欲藉此機會介入以壓制義大利。[41]自一八四一年以來，埃及與利比亞地區的界線仍是呈現流動狀態。在強權爭奪之地，任何一次界線劃分，都會有一個或幾個強權權益受損。一旦有機會，勢力範圍的爭奪必然再起，界線也可能就此再度重新劃分。

一九一四年七月一戰爆發，義大利在一九一五年倒戈加入協約國陣營，導致德國與鄂圖曼軍隊攻打北非，英國為了保護協約國勢力，占領了賈拉卜布綠洲與西瓦綠洲。英國或有正當理由，但其行動應該仍有要壓制義大利的意涵，以往的交涉都只是客套。在一九一九年的巴黎和會裡，義大利要求劃定新的昔蘭尼加與埃及的邊界，要從塞盧姆往南沿著東經二十五度線往南畫下，將賈拉卜布綠洲納入領土之內。隨後，義大利與英國又進行祕密交涉，英國取回賈拉卜布綠洲，而義大利取得塞盧姆。[42]這些共識，其實都是畫下界線以隔離對方的手段。

一九二二年之後，義大利已經由墨索里尼（Benito Mussolini, 1883-1945）的法西斯黨（Fasicist）掌握政權，仍持續控制利比亞地區。當時外交部長說，今日的義大利有意發展在非洲所占有的地區，不只是為了祖國利益，也為了當地人民的發展。[43]英法正在西亞瓜分阿拉伯世界，義大利則是以祖國的概念向利比亞地區的部落宣傳其權威的正當性與合法性。其實這些歐洲強權的作法都一樣，都是為了奪取利益而已，並沒有誰比較高尚。一九二三年，一次大戰的戰勝國與凱末爾政府簽署了《洛桑條約》之後，代表鄂圖曼正式走入歷史，終於解決了戰後以來未能解決的鄂圖曼問題，隨後土耳其共和國成立，但是土耳其在北非沒有影響力，義大利也就更無掌握利比亞地區的顧忌。

一九二二年，埃及宣布脫離英國獨立，但並未與義大利進行邊界交涉，主因是國家路線並未穩定，到了一九二六年才正式簽署邊界條約，從塞魯姆向南筆直畫到北緯二十二度，以烏韋納特山脈（Mount 'Uweinat）作為與埃及、蘇丹的天然疆界。這條界線穿過大沙海（Great Sand Sea，世界大型沙丘之一），[44]作為埃及與義大利的利比亞的自然邊界。一九三四年，義大利將的黎波里塔尼亞、昔蘭尼加、費贊整合起來，名為「利比亞」。[45]同年，英埃與義大利達成共識，在烏韋納特山脈以北緯二十二度與西經二十五度作為三方交界處（見圖14）。[46]

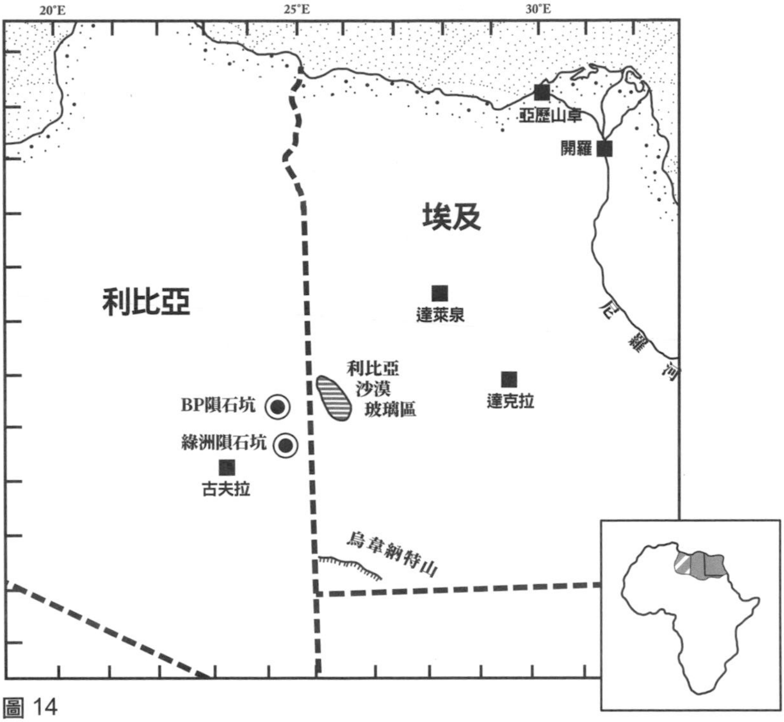

圖 14

墨索里尼仍試圖延續上個世紀義大利在北非與東非的控制，主張地中海是「我們的海」，[47]仍然是英國的威脅。當第二次世界大戰爆發之後，英國為避免義大利與德國滲透北非，遂占領埃及，埃及與利比亞再度成為英義對峙的前線。不過，義大利在二戰過程中戰敗，對利比亞的影響消失。埃及與利比亞之間的界線，依然是帝國主義時代遺留的產物，我們也很難保證往後不會再起爭議。

第六章

阿拉伯半島的界線

第一節　沙烏地阿拉伯與葉門邊界

今日的葉門陷入內戰與強權介入的危機之中，然而在一百多年前，葉門地區已有各方勢力的鬥爭了，例如紹德家族、哈希姆家族、還有葉海亞（Iman Yahya, 1869-1948）領導的宰德派（Zaydi）勢力。[1]另外，這區域與其他西亞地區一樣，也有強權介入，例如英國與義大利。這可從十八世紀紹德家族在阿拉伯半島的擴張，還有隨後歐洲帝國主義者勢力競爭開始說起。

鄂圖曼在十六世紀從北方進入阿拉伯半島，將漢志地區及伊斯蘭聖地麥加交由哈希姆家族管理。十八世紀起，半島中心內志地區的紹德家族曾兩度建立王國，也曾擊敗漢志地區的哈希姆家族，一度主導麥加，向南挺進葉門地區。一七九八年，法國拿破崙占領埃及。鄂圖曼感受到紹德與法國這兩個內外勢力的壓迫，隨後派遣軍人穆罕默德阿里南下處理，一八〇一年將法軍驅離，也在幾年後進入漢志擊敗紹德王國，埃及地區與周邊（包括麥加）成為穆罕默德阿里管轄的範圍。

由於穆罕默德阿里的勢力越趨強勢，甚至有意脫離鄂圖曼。當時在亞洲海上貿易已有影響力的英國，也擔憂穆罕默德阿里會成為紅海與周邊區域的壟斷勢力，故於一八三九年占領葉門最南方的亞丁，作為英國自埃及到印度之間的貿易中介站。[2]到了十九世紀中葉，埃及的蘇伊士運河在英法兩國的主導之下建造與啟用後，讓英法兩國在西亞的商貿活動更加有利可圖。然而，不是只有英法試圖運用蘇伊士運河來拓展影響力，在十九世紀中葉崛起的義大利也是一樣，尤其是在紅海的西海岸厄利垂亞（Eritrea）建立海軍用地，隨後在葉門也有密集的商貿活動。[3]葉門地區有不少部落與勢力，除了宰德派之外，還有在亞希爾（'Asir）的伊德里斯家族（Idrisi），都想要脫離鄂圖曼的掌握，也使得這地區的穩定與否，成為英國與義大利最關注的問題。一九一一年義大利與鄂圖曼開戰，目的是為了取得利比亞地區，但同時也鼓動伊德里斯家族對抗鄂圖曼。[4]

二十世紀初期，內志的紹德家族在阿布杜阿齊茲領導下重新崛起，建立第三紹德王國（Third Saud State），如以往一樣往漢志擴張，也往南進入亞希爾，想要取得納季蘭（Najran）的綠洲。[5]由於半島上的動亂，使得英國與鄂圖曼多次協商半島的秩序，一九一四年三月《英鄂協定》（Anglo-Ottoman Convention）便是一例，劃定雙方在葉門由靠近紅海的胡斯恩穆拉德（Husn Murad）往東北一路到巴納河谷（Wadi Bana）為界，以北為鄂圖曼的葉門，以南為英國占有的亞丁，[6]南北葉門就這樣劃分出來，而英國藉該協定讓紹德勢力不會影響亞丁。沒多久之後一戰爆發，鄂圖曼因與德國同盟，成為英國的交戰對象。英國為讓戰爭無後顧之憂，於一九一五年十二月與紹德簽訂《達林條約》（Treaty of Darin），承認後者在內志的權威性。同時，哈希姆家族欲脫離伊斯坦堡政府的管轄，以建立阿拉伯人的王國，於一九一六年與英軍合作。英國還拉攏北葉門的葉海亞、亞希爾的伊德里斯，一同對抗鄂圖曼。義大利在一九一五年加入英國陣營，所以也與葉門的勢力共同合作。

戰爭結束之後，鄂圖曼已完全喪失在阿拉伯半島的權威，紹德家族除了持續與哈希姆交惡之外，也毫無顧忌地往亞希爾邁進，威脅了伊德里斯家族。英國在一九一六年《賽克斯－皮科協議》之後，取得在伊拉克、巴勒斯坦的控制權，但紹德家族的勢力擴張，尤其是往北方的拓展，影響英國在伊拉克與巴勒斯坦的優勢。阿布杜阿齊茲在漢志的控制已是既成事實，甚至漢志民眾也不得不承認紹德家族的管轄，他得以加強對亞希爾的控制。[7]此時，義大利已由法西斯的墨索里尼掌政。義大利雖是一戰的戰勝國，但不滿意戰後沒能獲得應得的利益，法西斯黨人對戰後國際局勢最為不滿，一九二二年取得政權後轉而抵抗由英國主導的國際秩序，紅海與葉門又成為英義對峙的緊張地帶。

一九二三年鄂圖曼正式瓦解，紹德、葉海亞、伊德里斯、英國等勢力競爭，就從葉門地區為中心開始擴大。不過，英國很擔憂義大利對於葉門、亞丁等地區虎視眈眈。一九二六年八月，義大利承認葉海亞在葉門的最高地位，也承諾在葉門若有需要保護時會提供協助。[8]十月，紹德家族與伊德里斯家族協議雙方各自擁有一部分的亞希爾，即紹德家族持續向南要進入葉門的干擾減少。[9]由於葉海亞對亞丁有多次進攻，英義雙方對此也有所交涉，承認彼此在紅海東西兩岸各有優勢，希望藉此平息兩方的緊張狀態。[10]

一九三二年，紹德建國，名為沙烏地阿拉伯，隔年三月，沙烏地與葉海亞交戰。義大利雖已與英國有權益分配，但此時仍支持葉海亞。[11]不過，法國在東非也握有優勢，本來就是義大利的威脅，此時法英兩國一同要求義大利遠離葉門糾紛。沙葉之戰，葉海亞的優勢在於山區經驗，沙烏地難以再往南前進，雙方於一九三四年五月停戰，六月簽署《塔伊夫協議》（Taif Agreement），沙烏地擁有亞希爾、納季蘭、吉贊（Jizan），這區域以南則為葉海亞的葉門（見圖15）。[12]同時，英國與葉海亞也簽署友好條約，雙方相互承認。[13]

然而，一九三四年沙烏地與葉門的邊界劃分，並不是一切問題的終點，由上述的情況可知，歐洲帝國主義的勢力仍在，沙烏地持續南進的企圖只是暫時停下腳步，今日已是二十一世紀，仍然可看到葉門問題一再有沙烏地的介入。進入葉門，看似為紹德家族未能完成的志業。

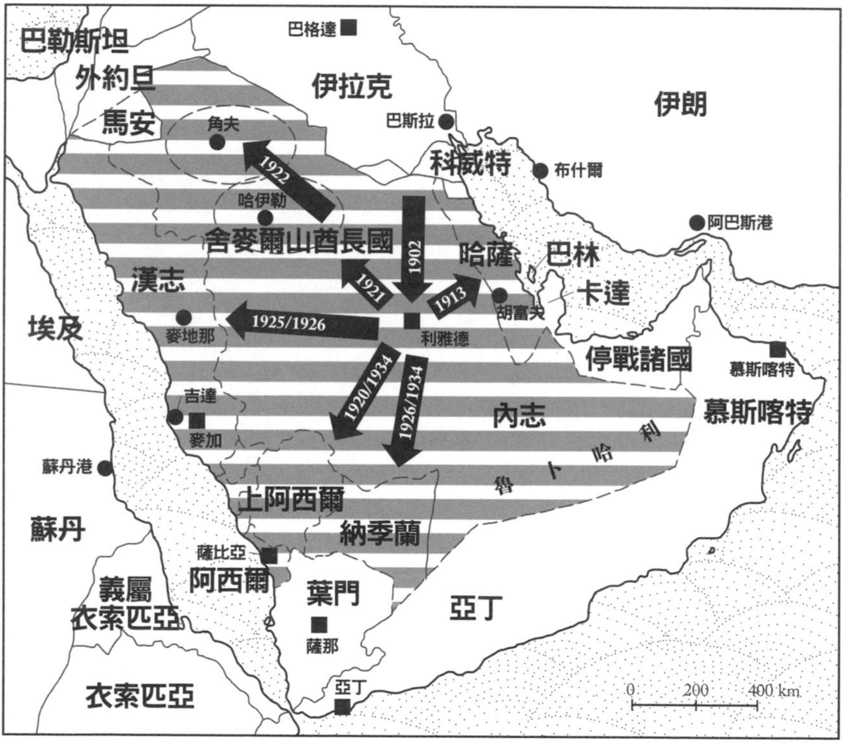
巴勒斯坦
外約旦
馬安
巴格達
伊拉克
伊朗
巴斯拉
科威特
布什爾
角夫
1922
哈伊勒
舍麥爾山酋長國
1902
阿巴斯港
哈薩
巴林
卡達
1921
1913
漢志
胡富夫
埃及
麥地那
1925/1926
利雅德
停戰諸國
慕斯喀特
吉達
1920/1934
1926/1934
內志
慕斯喀特
麥加
蘇丹港
魯卜哈利
上阿西爾
蘇丹
納季蘭
薩比亞
阿西爾
葉門
義屬
衣索匹亞
亞丁
薩那
亞丁
0
200
400 km
衣索匹亞

圖 15

第二節　沙烏地阿拉伯與亞丁邊界

近年來葉門陷入難以解決的內戰困境，而周邊強權介入其中，使得問題更趨複雜。這不是二十一世紀的突發狀況，其問題根源來自於十九世紀以來歐洲帝國主義國家與鄂圖曼的勢力競爭，至二十世紀一戰後奠定葉門南北分裂的局勢。而這一切，一樣是一七九八年法國拿破崙占領埃及開始。

十八世紀中葉之後，埃及、紅海、阿拉伯海、波斯灣到印度，就逐漸納入了英國的勢力範圍。當法國占領埃及，目的是為了破壞英國在亞洲海域的霸權而進入印度。由於埃及為鄂圖曼的領土，鄂圖曼君主立即派穆罕默德阿里出兵處理，但穆罕默德阿里隨後在埃及獨霸，也把勢力拓展到阿拉伯半島。英國為了防範更多勢力影響其海上霸權的優勢，遂於一八三九年占領了葉門地區南端的亞丁港。阿拉伯人稱亞丁為「葉門之眼」（Eye of the Yemen），既可以望向海外，也是觀察半島內部的重要據點。[14] 對於英國來說，亞丁也有重要性，可讓紅海到印度洋的貿易活動可以有個中介點。鄂圖曼向來在阿拉伯半島沒有太大的影響力，所以在這些勢力競爭之中，沒有重要戲分。

一八三九年英國占領亞丁港之後，致力於向當地人宣傳英國的實力。不過，對英國而言，並不是取得某個定點就可高枕無憂，還必須擴大影響範圍，以避免鄂圖曼再度進入阿拉伯半島的南方。英國向亞丁與鄰近地區的阿拉伯人提出保護條件，而後者同意不會與其他強權接觸。[15]一八七二年，鄂圖曼進軍葉門地區，設置葉門省，表現出要抗衡英國在亞丁的影響力。這也促使了此後到了二十世紀初期，英國在亞丁與鄰近的哈德拉毛（Hadramawt）地區建立了「亞丁保護區」（Aden Protectorate），顯露不願對鄂圖曼退讓。[16]同時期，義大利在歐洲也成為新勢力，進而在北非的利比亞地區、東非及紅海西海岸建立勢力，成為英國在該區域的威脅。

直到二十世紀初，英鄂兩方有多次交涉，最後以《一九一三年英鄂協定》（Anglo-Ottoman Convention of 1913），大致從阿拉伯半島東部的哈薩（Hasa）與卡達（Qatar）一帶往西南畫一條線至魯布哈利沙漠（Rub’al-Khali desert）的中心，稱為「藍線」（Blue line），[17]後又以《一九一四年英鄂協定》（Anglo-Ottoman Convention of 1914），從半島西南端的巴納河谷往東北畫出一線，進入魯布哈利沙漠的中心與藍線相接，稱為「紫線」（Violet Line），畫出了英國與鄂圖曼勢力範圍的界線。但是，葉門省在該協定簽署之下，分成了南北兩部分。[18]葉門北方本來是以宰德派勢力為主的地區，他們向來不認同鄂圖曼這個外來的突厥侵略者，也不滿意英國與鄂圖曼的協定。而紹德家族在阿布杜阿齊茲導之下，已於一九〇二年第三度崛起，一樣又成為鄂圖曼、英國在半島上的威脅。

當一九一四年七月一戰爆發之後，宰德派領導人葉海亞與一些阿拉伯部落同意與英國達成合作共識，又當一九一五年義大利加入英國陣營成為盟友後，葉海亞與亞丁的部落也與義大利合作，甚至有葉門人前往北非協助義大利的戰爭。[19]對於葉門地區的勢力來說，沒有必要只與某強權友好，更何況英義兩強還是盟友，但這反而使得英國憂心在阿拉伯半島的優勢被義大利瓜分了。一九一八年大戰結束之後，鄂圖曼因戰敗而失去在阿拉伯半島的管轄權，《一九一四年英鄂協定》的界線劃分也失去效力，英國阿拉伯半島南部的權威遭到亞丁保護區跟葉門的挑戰。葉海亞現在沒有鄂圖曼的壓力，也聲稱宰德派擁有「大葉門」（Greater Yemen）的範圍，包括了英國的亞丁保護區，[20]這對英國來說是相當大的困擾。

一九二三年鄂圖曼正式瓦解，葉海亞與阿布杜阿齊茲已無需承認《一九一四年英鄂協定》，但英國還是認為要保住這份協定，以避免自己在亞丁保護區失去優勢。然而，英國的麻煩不僅只有半島上的問題。在一九二六年義大利的法西斯黨領導人墨索里尼登上國家領袖之後，更加強在紅海、東非、葉門地區優勢的企圖心。義大利與英國雖曾是戰時盟友，但此刻又成為對手。這導致英國持續想辦法要對紹德家族與葉海亞表達善意。葉海亞不願接受，仍是向亞丁保護區發動攻擊。義大利對葉門地區的進逼，使得同樣要進逼葉門的紹德家族倍感壓力。英國只想要亞丁保護區，對紹德來說，在這樣的情境下，英國反而比義大利友善。[21]

一九三二年紹德家族建國沙烏地阿拉伯，持續向葉門前進。想要在東非占有一席之地的法國，與英國同一陣線介入葉門問題，使得義大利也有壓力。這些情勢變化不利於葉海亞，他轉而不與英國對峙，以求專注應付沙烏地，避免腹背受敵。一九三四年二月，葉海亞與英國簽署友好條約，葉門與亞丁保護區正式區隔開來。[22]一九三五年四月，沙烏地也與英國要求亞丁保護區劃分界線，稱為「哈姆薩線」（Hamza Line），而且想取得大部分的魯布哈利沙漠。[23]上述兩條約都是基於《一九一四年英鄂協定》而作調整，其實可看出各方都對現狀沒有任何新的交涉結果，不得不大致維持原狀。

第三節　沙烏地阿拉伯與科威特邊界

沙烏地由紹德家族在一九三二年建立，其東北方與今日的科威特（Kuwait）交界。兩者雖都是在二十世紀才出現的國家，但紹德家族與科威特酋長的勢力，在十八世紀末之後在東阿拉伯半島就處於勢力競爭的狀態。[24]而這區域向來就是英國的勢力範圍，科威特最靠近波斯灣頂端，其穩定與否最攸關英國貿易利益。紹德、科威特、英國之間的勢力競爭，形成了阿拉伯半島不可忽視的戲碼。

十八世紀阿拉伯半島內志地區的紹德家族崛起，曾建立兩次紹德王國。紹德家族試圖在東部海岸尋求港口，科威特地區自然而然也成為擴張的目標之一。十九世紀初期，鄂圖曼軍人穆罕默德阿里擊退占領埃及的法國軍隊。同一時期，原本由哈希姆家族掌管的麥加，遭到紹德家族侵犯，但穆罕默德阿里從埃及進入漢志，將紹德家族逼退至內志。紹德家族一時失去在半島上的優勢，相對地他們對科威特的壓迫也減輕。在這過程之中，英國於亞洲海域的影響力逐漸提升，科威特與波斯灣都在英國勢力的籠罩下。這對科威特的酋長來說卻有好處，畢竟這區域不僅鄂圖曼仍試圖建立政治權威，還有紹德家族的覬覦，甚至波斯灣北岸的伊朗也有控制科威特的意圖，所以英國若有控制波斯灣的局勢發展，科威特反而獲得保護不受侵犯。[25]

十九世紀是英國與俄國在亞洲競爭勢力的「大賽局」時代，俄國在中亞、裏海、黑海一帶活動，英國則是享有印度洋、波斯灣、紅海的海上優勢。俄國雖然地處北方，但仍想方設法進入英國勢力範圍，甚至可能入侵科威特。[26]鄂圖曼對於南部邊疆地區的管轄沒有實際效力，但在十九世紀末在歐洲國家多以興建鐵路壯大自我聲勢的趨勢影響下，鄂圖曼與德國合作的巴格達鐵路成了西亞地區相當重大的鐵路興建計畫。巴格達這距離伊斯坦堡偏遠的城市，設置為鐵路的終點站，但因靠近波斯灣，使得英國感到威脅，也促成了一八九九年英國與科威特酋長簽署友好條約。[27]

鄂圖曼視科威特為其領土，但上述英俄逕自與其領土內的勢力交涉且簽約，已然不顧鄂圖曼君主的權威。另一個層面的問題是，科威特不願意接受鄂圖曼管轄，以致於這一區域的歸屬成了各說各話的問題。只是英國拳頭最大，要怎麼做就怎麼做。鄂圖曼向英國提出抗議且進行多次交涉，最後鄂圖曼同意，在沒有英國接受之下，不會把巴格達鐵路延伸到更南方。[28]兩國於一九一三年七月簽訂《一九一三年英鄂協定》，劃清彼此勢力範圍，其中有條文談及科威特，將科威特城周圍四十英里的範圍歸屬酋長控制，以霍爾祖拜爾（Khor Zubair）為北界，可藍恩（Kraine）為南界，形成一個半圓形的領土，而鄂圖曼不得在此有任何軍事活動，也必須承認英國與科威特的特殊關係（見圖16）。[29]

前文提到的紹德家族，在十九世紀下半葉雖曾重建勢力，但也因一八九一年敗於拉希德家族（Rashid），流亡於科威特一帶。一九〇二年之後，在阿布杜阿齊茲帶領之下，紹德家族從科威特再次進入內志地區。[30]可是，一九一三年之後，阿布杜阿齊茲見科威特受英國保護，所以仍關注科威特的情勢，且在短時間內取得靠近科威特的哈薩（Hasa），這是半島內部往外通往海洋的重要地區。[31]而且，鄂圖曼軍隊也會經由海路而進入哈薩，對紹德造成威脅。[32]不過，阿布杜阿齊茲的目標不在敵對科威特，而是不滿英國對科威特的控制，試圖找尋任何方法擺脫帝國主義的壓力。

一九一四年七月一戰爆發，英國與紹德家族在一九一五年十二月底簽署《內志條約》（Treaty of Najd of 1915），英國承認內志、哈薩、卡提夫（Qatif）、喬巴伊勒（Jubail），還有波斯灣的港口屬於紹德家族，而紹德家族會阻擋其他勢力進入科威特、巴林（Bahrain）、卡達等英國勢力範圍下的地區。[33]在這條約之中，英國的決定表現出「阿布杜阿齊茲不要染指科威特就好」，而紹德家族至少同意不進入科威特，但這當然只是減少跟英國衝突的權宜之計。

圖 16　1913 年科威特邊界與 1922 年科威特 - 內志中立區

其實科威特酋長自一次大戰之後就認為英國的保護是難以擺脫的問題了，畢竟過往科威特面對鄂圖曼的壓力，英國的協助頗為重要，但大戰結束之後，鄂圖曼的壓力已然消逝，可是英國仍在，反而成為擾人的管家婆了。此外，也因為鄂圖曼的瓦解，導致紹德家族在半島上的活動更加如入無人之境，對亞西爾、漢志等地擴散其勢力，[34]對科威特的態度遂又有所調整，否認《一九一三年英鄂協定》，聲稱這區域為紹德家族所有。[35]紹德的目標一樣不見得在消滅科威特酋長的勢力，而是針對英國，但這反而使得科威特酋長尷尬，過去科威特受益於《一九一三年英鄂協定》，就算不願完全受英國控制，但可能因紹德家族的擴張而就此失去自主性。

英國欲在內志與科威特之間劃分中立區，一九二二年十二月內志與科威特邊界議定書出爐，西側以奧賈賀河谷（Wadi Aujah）為界，往東直到北緯二十九度處，再順著《一九一三年英鄂協定》第五條款的科威特南界向東抵達古萊亞角（Ras Qaliyah）岸邊，以此為中立區的北界。然後以夏賀（Shakh）地區的低矮山嶺為西界，由山嶺最南端與山嶺同名的夏賀，開始往東抵達米夏卜角（Ras Mishab）海岸邊（見圖9）。[36]在這中間區域，作為科威特與內志的緩衝區。英國與紹德家族之間有多次的界線劃分，都在於防範自身的既得利益，不願看到對方有越雷池一步的可能性。

第四節　科威特與伊拉克邊界

一九九〇年伊拉克攻打科威特，稱為波斯灣戰爭（Gulf War），伊拉克總統薩達姆胡笙（Saddam Hossein, 1937-2006）遭國際輿論批判殘忍無道，而接下來還有使用化學武器殺害無辜人民的邪惡事蹟。先不管伊拉克是否如此可惡，人們應先釐清伊拉克要攻打科威特的原因。這源自於鄂圖曼與英國在阿拉伯地區的勢力爭奪，科威特地區變成了衝突的中心，種下了二十世紀波斯灣地區不穩定因子。

在鄂圖曼時期，科威特原為靠近波斯灣的巴斯拉省（Province of Basra）一部分，但該地沒有幾任酋長接受鄂圖曼的管轄。[37]反而英國東印度公司自一七七五年之後，因貿易事務而與科威特酋長產生緊密關係。[38]一八八二年英國占領埃及，還控制了蘇伊士運河。這讓鄂圖曼更加擔憂英國在此後更有能力全盤控制波斯灣，而派駐在巴斯拉省的行政官員與軍事人員也都提過英國對波斯灣的控制，所以他們希望鄂圖曼政府能夠更加強這區域的關注。一八九九年一月，英國與科威特簽署協議，科威特酋長不得與其他強權建立關係、不得簽署協議，英國則會保護科威特不受外力侵犯。[39]派駐在波斯灣的英國駐紮官（Political Resident）肯姆波中校（Lieutenant Colonel C. A. Kemball，生卒年不詳）還認為科威特酋長或許可以不需要再掛鄂圖曼旗幟了。[40]

此時科威特的情況不單純只是英國與鄂圖曼的問題，其實俄國也試圖與科威特酋長建立關係，而德國在皇帝威廉二世的領導之下也逐漸將觸角深入波斯灣，都讓這區域的問題「國際化」。英國比以往更加控制科威特，也是因為這樣的國際情勢變化所導致。這也顯示出英國對於鄂圖曼主權的漠視，但鄂圖曼此時在北非、巴爾幹半島的領土，也都面臨俄國、法國、義大利、奧地利等強權的挑戰，很難再顧及科威特這偏遠的地帶。由於鄂圖曼在波斯灣地區不如英國強勢，遂與同樣想插足波斯灣的德國協商鐵路興建，一九〇三年簽署《巴格達鐵路利權》（Baghdad Railway Concession），鐵路終點站設在相當靠近波斯灣的巴格達。這樣的鐵路計畫在幾年前就已經開始有傳言出現，而且鄂圖曼政府一再施壓科威特酋長讓鐵路進入科威特。英國受到鄂圖曼與德國的壓力，只好持續與鄂圖曼進行交涉，雙方於一九一三年七月談成《一九一三年英鄂協定》，劃分了科威特酋長的政治權威範圍，以及周遭效忠於科威特酋長的部落區域。同時，英國在伊朗南部的布希賀爾（Bushehr）一帶也很有影響力，等於在波斯灣南北兩岸稱霸，波斯灣成了「英國的內湖」（British lake）了。[41]

一九一四年七月一戰爆發，鄂圖曼因為加入德國陣營，成為英國的對手，英國進一步將科威特視為是「英國保護之下的獨立政權」。[42]一九二一年三月，英國扶植費薩爾在伊拉克登基。一九二三年八月，戰勝國與凱末爾政府簽訂《洛桑條約》，鄂圖曼正式瓦解。同一年，伊拉克與科威特簽署了友好協議（兩方的老闆都是英國，不得不「表面上」友好）。

即使一九三二年十月，英國終止了對伊拉克的委任託管，但伊拉克仍承認《一九一三年英鄂協定》裡伊拉克與科威特的邊界。[43]但是，上述的風風雨雨，並不是故事的終結。伊拉克境內有不少人一再想要否認《一九一三年英鄂協定》，科威特的存在就代表英國勢力的存在，「收復」科威特這塊「失土」，有對抗英國帝國主義的重要意涵。一九九〇年伊拉克攻打科威特，便是在處理二十世紀初期以來的歷史問題。[44]可是當國際輿論不顧歷史因素，一味批判伊拉克的野蠻行徑，反而讓閱聽人只看到事件的表面了。

第七章

巴勒斯坦的流動界線

有學者提到，一九一七年十一月二日《貝爾福宣言》不僅影響黎凡特地區的人民，還使得往後產生的問題成為全球議論的中心。[1]此處所說的黎凡特，便是指稱地中海東岸這一片土地，即黎巴嫩、巴勒斯坦這一帶。阿拉伯世界遭到一九一六年《賽克斯－皮科協議》的切割，導致阿拉伯人要建立自己的國度出現了阻礙。一九一七年的《貝爾福宣言》如同再切割一塊阿拉伯世界的土地，而且是要給另一個族群——猶太人。猶太復國主義者來到巴勒斯坦，目的為的是建立自己的家園，就擠壓到了當地阿拉伯人的生存權益與生存空間。在一九四八年以色列建國之前，阿猶之間的衝突，以及外來勢力的介入，劃分了讓阿拉伯人與猶太人分區居住的界線，但往後兩方紛爭、衝突、戰爭不斷，界線也因多次調整而呈現流動狀態，比起其他西亞國家之間的邊界變動更為激烈與頻繁。這七十多年來，無論是武力戰爭或者外交談判，都沒能解決阿拉伯國家與以色列的問題，提出任何處理方案都延伸出更多的問題。

第一節　阿拉伯與猶太邊界

一戰結束之後，阿拉伯人與猶太人之間的衝突開始成為巴勒斯坦歷史的重心。由於猶太復國主義者背後有英國的協助，所以阿猶衝突也需要考量其中英國涉入所帶來的影響。比較起來，阿拉伯人要建立自己的國家，受到的阻力比起猶太復國主義者來得多。猶太復國主義運動對於阿拉伯世界整合，便是一大衝擊。阿猶之間開始為彼此畫下了界線，然而，那條線如諸多阿拉伯國家的形成一樣，都是在外來強權主導下所畫出來的。

在《貝爾福宣言》之前，猶太人移居巴勒斯坦的趨勢已經出現，之後在英國協助下，越來越定期定量的移民。一九一八年六月，英國方面安排了哈希姆的費薩爾與猶太復國主義者領導人魏茨曼碰面。費薩爾大概知道，同意英國人對猶太復國主義的政策，可以加強英國對阿拉伯人的支持。[2]有傳言費薩爾並不在意巴勒斯坦，魏茨曼也說過費薩爾不喜歡巴勒斯坦的阿拉伯人。[3]或許費薩爾確實有個人偏好，但現實是他沒有話語權，這應是他考量跟英國、猶太復國主義者合作的因素之一。一九一九年一月，費薩爾與魏茨曼達成了《費薩爾－魏茨曼協議》（Faysal-Weizmann Agreement），兩人都認可阿拉伯人與猶太人在族群與歷史方面的連結，也強調阿猶之間合作的重要性，同樣認為《賽克斯－皮科協議》是阿拉伯人與猶太人共同發展的阻礙，以及確認《貝爾福宣言》得以執行、英國將是阿猶合作的對象。[4]但這只是他們兩人的共識，其實不少阿拉伯人仍持反對猶太復國主義者的意見。[5]

由於費薩爾參與戰爭，所以戰後的巴黎和會視他有參戰身分，因而得以參與和會。[6]然而，到了巴黎和會裡，費薩爾卻沒有講話的機會。相對地，猶太復國主義運動卻是沒有受到影響。這使得在和會中一無所獲的費薩爾，於和會結束後回到了敘利亞，轉而持反猶太復國主義的立場。[7]在巴勒斯坦，阿拉伯人與猶太人的衝突頗為激烈，阿拉伯人強調巴勒斯坦是他們的土地，而對猶太人說費薩爾才是他們的國王。[8]不過，在費薩爾被驅離敘利亞之後，當然他對於猶太人在巴勒斯坦建國一事，已經沒有機會處理。

當阿布杜拉在外約旦掌政時，儘管前文提到他的「大敘利亞」計畫包含了巴勒斯坦，但其實他對於這區域的發展，沒有主導權，畢竟英國是他的「老闆」，英國才能決定外約旦該變成什麼樣子。不過，阿布杜拉對巴勒斯坦也沒有表達什麼想法，對於猶太復國主義者的態度也很和善，當然其中一目的應該也是希望取得猶太復國主義者對他的信任。因為如此，阿布杜拉招致不少阿拉伯人輿論的批判。當在一九二四年凱末爾廢掉哈里發、隨後哈希姆的胡笙也失勢，耶路撒冷的教長阿明侯賽尼在伊斯蘭世界的地位便相對提高。[9]儘管阿明侯賽尼並不反對猶太人的宗教活動，例如在古代耶路撒冷聖殿殘留的西牆（Western Wall）及周邊，但他認為猶太人活動的區域越趨擴大，反而影響了阿拉伯人的活動空間，導致嚴重衝突。[10]阿布杜拉對猶太復國主義者的友善態度，便是導致阿明侯賽尼不快的原因。阿猶衝突難以和緩，連英國媒體都說道，在鄂圖曼人管轄之下的巴勒斯坦，比起現在還要安定很多。[11]一九三六年阿猶再次衝突之後，阿布杜拉試圖協調問題，但巴勒斯坦人反對，[12]也就是不認為阿布杜拉有資格處理巴勒斯坦事務。

一九三六年十一月，英國的皇家委員會（Royal Commission）抵達耶路撒冷，在瞭解整個情況之後，認為這是兩族群無法解決的衝突問題，可能分治才是邁向和平的選項。大致上，皇家委員會建議巴勒斯坦百分之二十的土地讓給猶太人，像是伊茲瑞爾谷地（Jezreel Valley）與加利利（Galilee），阿拉伯人則分配到了阿拉巴谷地（Arava Valley）、內蓋夫沙漠（Negev Desert）、約旦河西岸（West Bank，後文簡稱西岸）的山區、加薩走廊（Gaza Strip，後文簡稱加薩）（見圖17）。[13]該委員會也建議，阿拉伯區域應由「周邊的阿拉伯國家來管理」。[14]儘管沒有直接提到名字，但應該就是交給外約旦的阿布杜拉來管理。[15]

阿布杜拉並不反對這個分治方案，甚至在與皇家委員會交涉時，指出他對於巴勒斯坦西部並

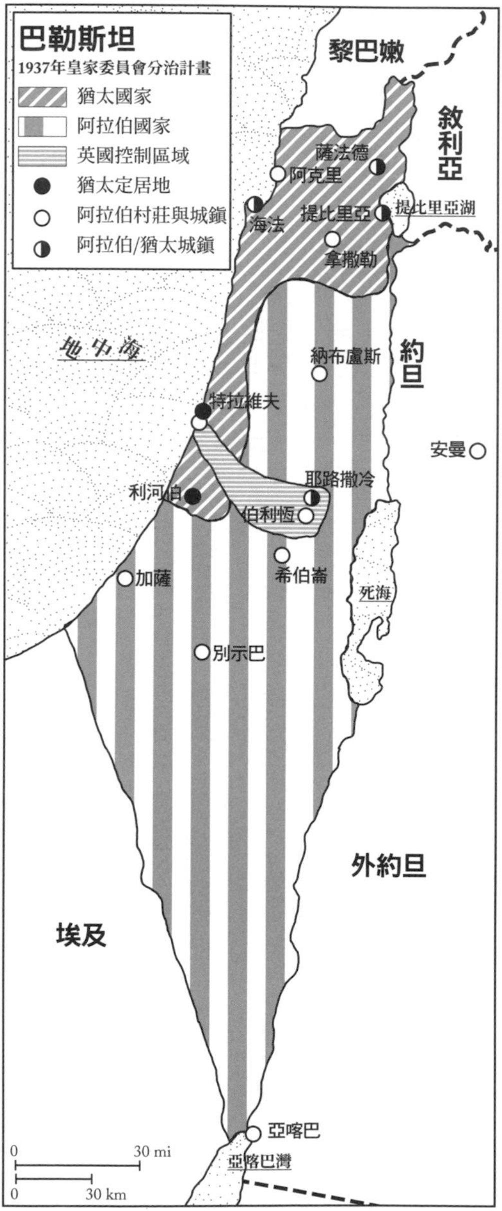
巴勒斯坦
1937年皇家委員會分治計畫
猶太國家
阿拉伯國家
英國控制區域
猶太定居地
阿拉伯村莊與城鎮
阿拉伯/猶太城鎮
黎巴嫩
敘利亞
薩法德
阿克里
海法
提比里亞
提比里亞湖
拿撒勒
地中海
約旦
納布盧斯
特拉維夫
安曼
耶路撒冷
利河伯
伯利恆
希伯崙
加薩
死海
別示巴
外約旦
埃及
亞喀巴
亞喀巴灣
0
30 mi
0
30 km

圖 17　1937 巴勒斯坦分治方案

不感興趣，只要委員會可以在不影響阿拉伯人利益之下，安排讓猶太人滿意的解決方案。[16]不過，這只是皇家委員會的建議，最後並沒有確實執行。[17]此外，阿布杜拉認為巴勒斯坦的猶太社群可以成為自治省分，而不是獨立的民族國家。但是，猶太復國主義者認為外約旦與巴勒斯坦的阿拉伯區，都應該屬於猶太國家。[18]無論如何，阿布杜拉與猶太復國主義者之間，存有很難完全一致的共識。

在二戰結束之後，英國已經無法主導巴勒斯坦事務，阿布杜拉認為，英國既然氣數已盡，這是他建立「大敘利亞」的好機會，這樣或許不僅可以進入巴勒斯坦，還有機會連同伊拉克都併入自己的勢力範圍。[19]一九四七年二月，英國將阿猶問題提交給聯合國（United Nations），也支持阿布杜拉處理巴勒斯坦的阿拉伯區域。[20]不過，事與願違，一九四七年十一月二十九日聯合國（United Nations）的第一八一號決議案，將巴勒斯坦分成了六區塊，三塊為猶太區、另三塊為阿拉伯區、還有由聯合國管理的耶路撒冷城。[21]其中的問題是，猶太人分配到的區域總和，竟超過了巴勒斯坦一半以上的比例（見圖18）。[22]猶太復國主義者喧賓奪主，取得了巴勒斯坦較多的土地，且在一九四八年五月十四日宣布建國以色列。

阿布杜拉的「大敘利亞」，暫時沒有機會實現。反而猶太復國主義運動在成為國際強權關注的情況之下，獲得了開花結果的機會。諷刺的是，聯合國給阿拉伯人與猶太人所劃出來的界線，

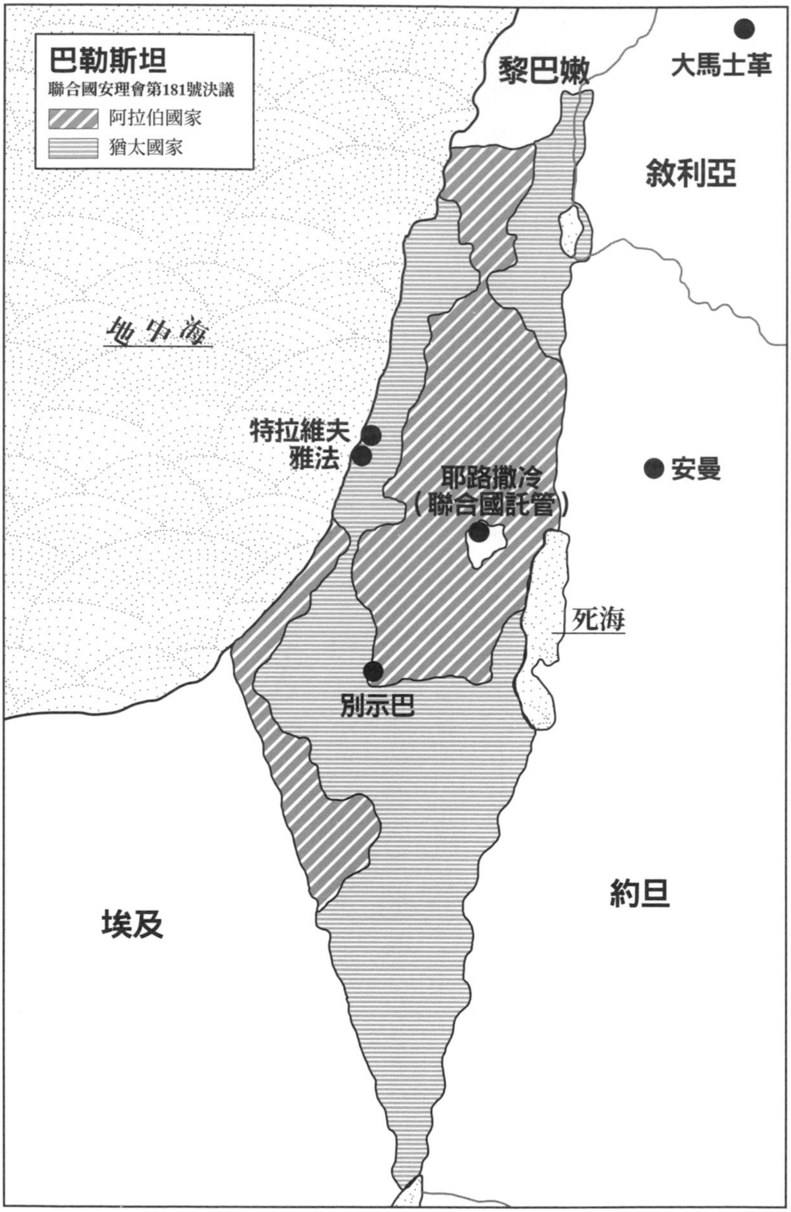

圖 18　1947 年聯合國安理會第 181 號決議案

大大增強了猶太人在巴勒斯坦立足的力道，反觀阿拉伯人受到的是匪夷所思的羞辱。從聯合國決議結果看來，阿拉伯人要整合的運動，無論是「大敘利亞」或者泛阿拉伯主義，跟猶太復國主義受到的是截然不同的待遇。

第二節　泛阿拉伯主義與大敘利亞

原本阿拉伯人與猶太人之間沒有明顯的界線，頂多心裡面劃定了不恥與對方為伍的界線。但是，到了一九四七年聯合國安理會第一八一號決議案之後，巴勒斯坦這區域就有了明顯的阿猶區隔。原本可能阿拉伯人對猶太人不會有什麼敵意，現在猶太人卻在外來勢力協助之下，取代了阿拉伯人在一部分巴勒斯坦的主體性，還有生存空間，族群之間的衝突就因此而起。當各方勢力都想突破界線時，就不可能有所謂和平相處的機會。那時期西亞地區經歷英法兩國的瓜分與控制後，陸續出現了敘利亞、伊拉克、外約旦、埃及等國，不少有志之士想要一統這破碎難以拼湊的阿拉伯世界。誰能消滅以色列，誰就能整合阿拉伯世界。

一九四八年五月十五日，以色列建國隔日，周邊阿拉伯國家便發動攻擊。幾個阿拉伯國家在一九四五年三月組成了阿拉伯國家聯盟（Arab League），包括埃及、外約旦、伊拉克、敘利亞、黎巴嫩、沙烏地、葉門，其目的要終止猶太移民、捍衛阿拉伯地區、達成巴勒斯坦獨立。[23]

不過，這幾個國家不盡然都關係友好，例如伊拉克及外約旦的哈希姆家族，本來就與沙烏地的紹德家族對峙。敘利亞不滿阿布杜拉擴大領土的企圖心，而巴勒斯坦本來就有不滿阿布杜拉的氣氛。外約旦的「大敘利亞」計畫，若順利囊括了巴勒斯坦，也可能就影響埃及的領土。[24]可見，儘管各阿拉伯國家都有意消滅以色列，但這些既有的芥蒂可能很難互信互助。

一九四九年初，阿拉伯國家陸續與以色列停戰。埃及在加薩設立了「軍事占領區」（military occupied area）；[25]以色列擁有內蓋夫北部、猶地亞（Judea）南部、加法（Jaffa）、加利利；[26]外約旦則是取得了西岸，包括戰爭期間阿拉伯軍隊取得的東耶路撒冷（見圖19與圖20），[27]而且於三月底以哈希姆約旦王國的國名，與以色列簽署停戰協議。[28]外約旦改為「約旦」，主要是現在阿布杜拉已經擁有了約旦河的東岸與西岸，他的領土已不再只是約旦河東岸的那一塊土地了，作為「約旦」較有認同整合的意味。[29]一九四七年聯合國安理會第一八一號決議案給巴勒斯坦的界線，在新的情勢發展之下，就讓一九四九年停戰後的安排掩蓋過去了。

在阿拉伯國家與以色列的第一場戰爭後，雖然沒能消滅以色列，但埃及與約旦都往前走進了一步。從《賽克斯－皮科協議》與《貝爾福宣言》以來，西方帝國主義與猶太復國主義持續切割著阿拉伯世界，儘管一開始針對的是鄂圖曼，可是在鄂圖曼瓦解之後，英法兩國帶來的壓力，就為阿拉伯人承受。阿拉伯人致力於跨越界線的企圖，形成所謂的泛阿拉伯主義。只是在一戰結束

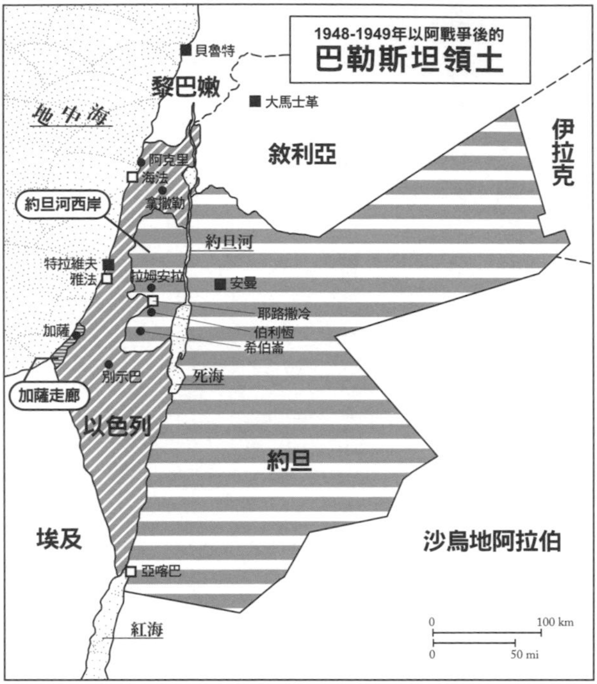

圖 19　1949 年約旦

西方帝國主義的壓力仍然強大的情況下，泛阿拉伯主義很難有所作用。二戰結束，當諸多阿拉伯國家有機會脫離英法控制，卻又冒出了以色列，阿拉伯國家即使彼此不盡然互相信任，卻都對以色列開戰，可見以色列這個西方帝國主義影響下的產物，讓阿拉伯人覺得這是羞辱至極且必須剷除的邪惡勢力。

對於阿布杜拉來說，取得西岸是他建立「大敘利亞」的第一步驟。[30]不過，阿布杜拉的「大敘利亞」要突破的是《賽克斯－皮科協議》與《貝爾福宣言》在

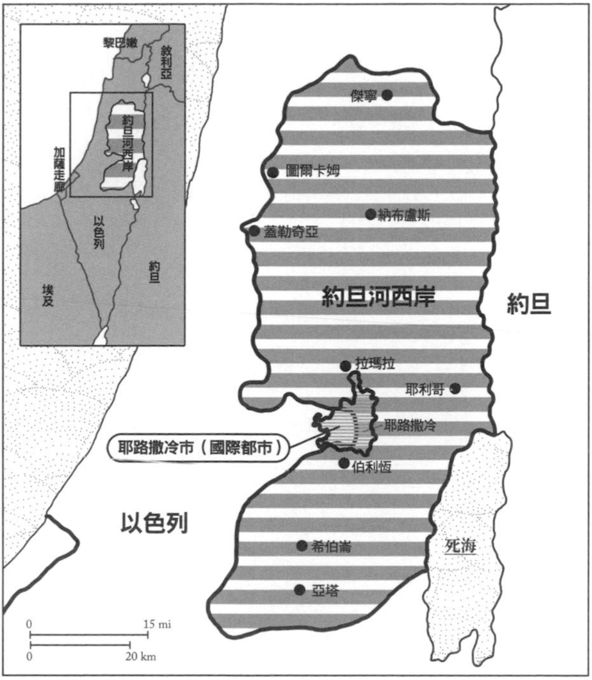

圖 20 東耶路撒冷與西岸

西亞設下的框架與畫出的界線，儘管其他阿拉伯國家雖也有一樣的意圖，卻變成了相互對峙的結果。不少言論反對阿布杜拉與以色列合作瓜分了巴勒斯坦與聖地耶路撒冷，強調因為約旦的做法，導致「巴勒斯坦已經消失」。[31] 埃及譴責約旦是阿拉伯人的叛徒，在國內掀起反阿布杜拉的浪潮。不過，阿布杜拉似乎也無意與埃及有所妥協。[32] 一九五〇年四月一日，阿拉伯國家聯盟宣布解決方案：「沒有任何一個成員國可以私下與以色列達成和平條約，或者任何政治、軍事、經濟的協議，否則將遭到聯盟排除會員資格。」[33]

約旦與其他阿拉伯國家之間的關係惡化，問題不在於阿拉伯人不團結，而是這個區域已經被西方帝國主義者切割得破碎不堪，導致阿拉伯地區各區域逐漸形成不少勢力，各有各的利益考量，處理方式也迥異，以致於產生了相當難以取得共識的複雜局面。一九五一年七月二十日，阿布杜拉在耶路撒冷遭到殺害，凶手是年僅二十一歲的穆斯塔法阿素（Mustafa ʻAshu），可能與教長胡賽尼有關係。[34]這代表向來就不認同阿布杜拉的勢力，並沒有因為時空改變而消逝，當然也不會接受阿布杜拉取得西岸的事實。反對阿布杜拉已經等同於反西方帝國主義、反猶太復國主義，成為當下部分阿拉伯人心中的意識形態。若打不倒西方帝國主義、消滅不了以色列，那麼讓阿布杜拉消失在這世界上並非於事無補。

以色列的出現，是為《貝爾福宣言》的具體結果，儘管過程中有諸多衝突，可是若將猶太復國主義與泛阿拉伯主義發展過程相比較，兩方都致力於達成目標，但猶太復國主義在西方帝國主義的推動之下，確實獲得相當大的優勢。反觀泛阿拉伯主義，沒有外力支持，也因為各方人馬之間的隔閡，即使有人或多或少突破了外來勢力所劃出來的界線，卻不見得為其他人認同，反而招致另一方勢力的批判與譴責。

第三節　納賽爾主義與大以色列

一九五六年蘇伊士運河戰爭，讓阿以之間的衝突再一次達到高峰。埃及在一九五〇年代起成為對抗西方帝國主義、對抗猶太復國主義的主角，蘇伊士運河戰爭期間，埃及的對手就是英法兩國還有以色列。儘管埃及並未戰勝，但西亞地區興起一股「納賽爾主義」（Nasserism），支持者都可稱為「納賽爾主義者」（Nasserist）。這時世界局勢已進入美蘇冷戰時期，蘇俄對埃及有相當多協助時，因而引起對手美國的注意，深怕這樣的局勢持續下去，蘇俄共產勢力在西亞就有滲透與擴張的機會。[35]

英法在蘇伊士運河戰爭後，對西亞的影響力逐漸降低。大概感受到這樣權力真空的危機，一九五七年一月總統艾森豪（Dwight D. Eisenhower, 1890-1969）向國會提到，今日西亞受到共產勢力壓力，美國應協助該地區的國家維持獨立與完整，[36]後稱為「艾森豪主義」（Eisenhower Doctrine）。不過，納賽爾卻反駁，「若西亞有權力真空的狀態，那也會是由阿拉伯人的民族主義來填滿。」[37]阿拉伯人來主導阿拉伯世界的發展，一戰之後這區域的領袖人物就是這樣的態度。

一九六七年六月五日，埃及與敘利亞再度聯手與以色列交戰。以色列竟然在六天之內讓埃敘軍隊吞下敗仗，這場戰爭因而稱為「六日戰爭」（Six-Day War）。美國對以色列的協助，在總統甘迺迪（John F. Kennedy, 1917-1963）時期越趨強化，總統詹森（Lyndon Johnson, 1908-1973）時期的「六日戰爭」便是一路累積下來的結果。[38]以色列在大獲全勝之後，占領了西岸、加薩，還有敘利亞的戈蘭高地與埃及的西奈半島，巴勒斯坦在一九四九年停戰協議的界線消失，出現一個範圍頗大的巨無霸以色列（見圖21）。

十一月二十二日，聯合國的第二四二號決議案出爐，要求以色列退出占領地，還有尊重該區域每個國家主權之獨立與領土之完整。[39]這對以色列來說不痛不癢，完全沒有損失。若以色列遵守該決議案，頂多退出占領地而已，仍然維持既有的勢力範圍。但是，阿拉伯國家要的是以色列消失在巴勒斯坦，故聯合國的關注並未提高巴勒斯坦阿拉伯人的權益。該決議案提到要尊重各國「主權獨立與領土完整」，看來也相當諷刺，畢竟從阿以（或是阿猶）問題開始出現以來，就是因為西方強權不重視他國的主權獨立與領土完整，恣意劃分界線切割他人家園，而當衝突無法解決時，便粗暴地要求停止衝突，安排那些分治方案，之後再補上一句尊重他人的「主權獨立與領土完整」。可是，以色列卻從未退出占領地，無視周邊國家所受到的衝擊，也不在意聯合國安理

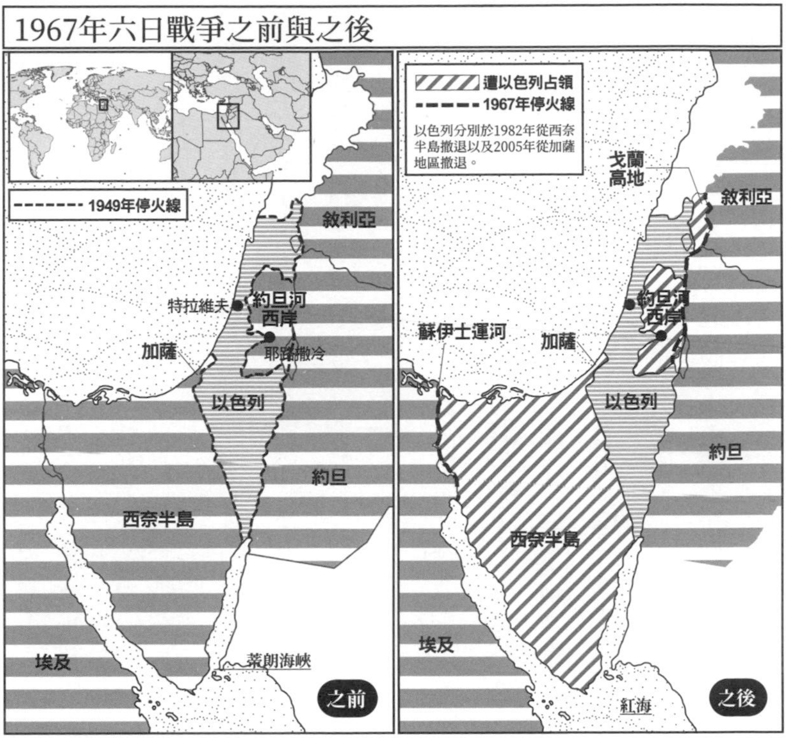

圖 21　1967 年前後的以色列

會的決議案，有美國撐腰彷佛拿了免死金牌。

六日戰爭之後，納賽爾主義在阿拉伯世界頓時失去鋒芒，三年後納賽爾因心臟病去世。心臟病固然是重要死因，但可能是一九六七年的挫敗，尤其失去西奈半島，帶給納賽爾相當重的心理壓力，這才是納賽爾辭世的真正原因。埃及副總統沙達特（Anwar Sadat, 1918-1981）接任總統之後，首要處理的問題，還是阿以之間的關係。沙達特要改變納賽爾後期的頹勢，就必須要擊敗以色列。一九七三年十月，埃及聯合敘利亞對以色列再次開戰。雖然一開始埃及頗有戰果，還因讓埃及軍隊跨過的蘇伊士運河，獲得了「跨河英雄」（Hero the Crossing）之稱，[40]但兩週之後卻還是吞下了敗仗。

聯合國安理會在十月二十二日已有第三三八號決議案，內容主要是要求遵守一九六七年的第二四二號決議案。[41]但是，這號決議案其實沒有改變什麼，以色列既然都沒有照第二四二號決議案撤出占領地了，這份第三三八號決議案看起來只是把過去講的話再重複一次而已。在以色列背後有美國的支持下，維持一九六七年以來的勢力範圍，並不會受到阻礙。

一九七七年五月，以色列第一次的政黨輪替，由建國時執政的工黨（Mapai），換上了其政治對手利庫德（LIKUD，即聯合黨的音譯名，由諸多與工黨敵對的派系組成的政治集團）。在以色列建國之前，巴勒斯坦有許多猶太人的武裝組織，「國家軍事組織」（National Military Organisation 或 Irgun Zvai Leumi，簡稱 Irgun，中文音譯為伊爾貢）是其中一股勢力，其重要人物就是比京（Menachem Begin, 1913-1992），此後成為利庫德領導人。一九四七年聯合國安理會第一八一號決議案公布時，比京就強烈反對該決議案「非法切割家園，永遠不會獲得人們承認。……這無法綁住猶太人民，耶路撒冷永遠是我們的首都。」[42]比京如同多數猶太復國主義者都主張「大以色列」（Greater Israel）概念，就是約旦河東西兩岸都是巴勒斯坦，耶路撒冷就是猶太人首都，[43]還有在占領區裡，降低巴勒斯坦人的數量、或增加猶太居民的數量。[44]

然而，沙達特卻在這時期向以色列表達協商之意，這導致埃及湧現不滿沙達特的聲音。一九七七年十一月，沙達特與時任外交部次長的布特羅斯蓋里（Boutros Boutros-Ghali, 1922-2016）一同前往以色列。[45]一九七八年九月，美國總統卡特（Jimmy Carter, 1924-）邀請沙達特與比京前往大衛營（Camp David），最後達成共識，稱為《大衛營協議》（Camp David Accords），重點是埃及可取回西奈半島，以色列可擁有東耶路撒冷。[46]換句話說，比京仍可以維持「大以色列」的路線，但不必往西奈半島這方擴張，只要別衝擊埃及即可。《大衛營協議》雖然強調了讓巴勒斯坦人擁有合法的權利與公平待遇，可自我決定未來的發展，[47]但這其實沒有說清楚基於什麼原則、如何處理，[48]而且似乎後來這事情也都沒受人正眼對待，[49]更像是兩方交涉後就把問題甩鍋給巴勒斯坦人，讓他們自生自滅了。

在這幾年之中，發生了利比亞與埃及衝突的小插曲。一九六九年成為利比亞執政者的格達費上校（Colonel Muammar Gaddafi，約 1942-2011），是為埃及前總統納賽爾的支持者。[50]格達費本就認為，一九七三年埃及對以色列的戰爭只為了彌補一九六七年的敗仗，卻不是把猶太復國主義者剷除，讓巴勒斯坦回到一九四八年以前的樣子。[51]對於格達費而言，沙達特背離了納賽爾的精神。[52]當埃開始交涉和平條約時，格達費發起大規模抗議群眾，準備要「前進開羅」（march to Cairo），埃利兩方在邊界城市塞盧姆對峙。[53]儘管數天後這場紛爭結束，但從中可看到有很多人要整合阿拉伯世界，只是每個人遇到的情況不同；又或者與有美國支持的以色列對抗，已經沒有獲勝的可能性，所以像是沙達特就與以色列和談了。但是，仍然會有人想要進行整合阿拉伯、對抗以色列的工作，利比亞雖然不與巴勒斯坦接壤，格達費卻很樂意擔下重責大任。阿拉伯人心裡面築起排擠以色列的牆，是不會受到地理位置的限制。

一九七九年三月，埃及與以色列簽署和平條約。在條約之中，認定兩方界線維持在一戰後英國委任統治的界線，埃及也放棄加薩，歸還給巴勒斯坦人。[54]阿以的界線雖又再度流動，但卻是回到了一九二〇年代，不知該說是有進展還是沒進展。但很肯定的，以色列還是控制著加薩、西岸、戈蘭高地。隨後，埃及如三十年前的約旦一樣，遭到阿拉伯聯盟的排擠，成為第二個無可寬恕的阿拉伯叛徒。一九八一年十月六日，沙達特在閱兵典禮時遭到反對人士槍殺。除去沙達特，大概也如一九五一年阿布杜拉事件一樣，成為不少反猶太復國主義人士的意識形態。英國角色由美國替代，等於西方帝國主義陰魂不散，而以色列也未能擊潰，那不如就除掉沙達特這個礙事的人吧。

第八章 高加索與裏海周邊的界線

二〇二〇年九月，高加索地區的亞塞拜然與亞美尼亞打了兩個月的戰爭，紛紛擾擾的問題其實由來已久。在亞塞拜然境內的納卡，一再表現對於亞美尼亞的認同，導致衝突不斷。同時，納卡問題也呈現強權在這區域的政治角力，而兩「亞」該長什麼樣子，也都是強權的意見。有文章寫到，對納卡一地的敵對氣氛、領土的爭奪，還有當今的問題，若沒有多一點描述，是不可能理解的。[1]一如在前幾個地區所看到的情況一下，這些看似沒有解決方案的衝突問題，都是諸多勢力劃分界線後的產物。

第一節　土耳其與伊朗邊界

土耳其與伊朗之間的邊界並不長，而兩國之間似乎也沒有太多邊界上的問題。但其實一九一四年之前，如第一章所述，鄂圖曼與伊朗有幾百年的邊界糾紛。十九世紀英俄兩國在亞洲地區相互競爭，所以鄂圖曼與伊朗的邊界問題，也有英俄兩國的介入。其實整個十九世紀，邊界的劃分都沒有定案，一九二三年鄂圖曼就瓦解了。隨後土耳其共和國成立，伊鄂沒有解決的邊界問題，就成了伊朗與土耳其的問題了。

十六世紀初期在伊朗地區建立的薩法維，多次與鄂圖曼在高加索地區爭奪勢力範圍，今日在土耳其東北方的卡爾斯（Kars），作為兩國的分界點。但是，隨後伊鄂仍有多次交戰，到了十七世紀後期，北方的俄國也加入這區域的爭奪。[2] 一七二二年薩法維滅亡，高加索就成為俄國與鄂圖曼瓜分的地區，而俄國逐漸占上風。十九世紀初期，伊朗的卡加王朝成立沒多久，便試圖在高加索取回優勢。但事與願違，卡加並沒有能力與俄國及鄂圖曼對抗。一八二八年伊朗與俄國簽訂的《土庫曼查宜條約》，其中有條文劃定了伊朗、鄂圖曼、俄國以小阿拉拉特山（Little Ararat）山嶺為三方分界點，而伊俄以阿拉斯河（Aras River）為界。[3]靠近裏海的亞塞拜然，就這樣分成了俄國的亞塞拜然，還有伊朗的亞塞拜然。[4]

不過，伊朗與鄂圖曼界線劃分始終爭議不斷。尤其兩方經歷過多次戰亂、伊朗經歷過改朝換代，致使有些條約的內文在對照時出現不一致的情況，令人質疑條約原件去了哪裡？[5]十九世紀中葉，鄂圖曼勢力甚至逼近古土爾（Qutur），靠近今日伊朗的烏魯米耶湖（Lake of Urmiyeh）。[6]由於伊鄂對邊界劃分沒有共識，英國與俄國遂介入其中，不僅派調查團前往，也繪製了多份邊界地圖。一八七七年鄂圖曼與俄國的戰爭吞下敗仗，俄國以一八七八年《聖斯特法諾條約》要求鄂圖曼把古土爾交還伊朗。[7]這當然不是俄國為伊朗說話，而是為了降低鄂圖曼的優勢。鄂圖曼當然不同意，但伊朗也沒有能力收復失土。一九一三年十一月英俄伊鄂的《君士坦丁堡協議》，將馬庫（Maku）地區作為伊朗與鄂圖曼最西北部的分界區域，古土爾也確定劃歸給伊朗。[8]一九一四年六月，英俄調查團完成了鄂圖曼與伊朗的邊界，設置了兩百二十七根邊界柱。[9]不過，伊鄂兩方的國會都沒有批准那份邊界調查，而且隨後一戰就爆發了。[10]

一九一四年七月起，俄國與鄂圖曼軍隊在高加索地區交戰，又讓原本的界線變得更加模糊。一九一七年十一月，俄國因為蘇維埃革命之關係，新政權領導人列寧宣布退出戰場，隨後又放棄在伊朗的特權，[11]等於《土庫曼查宜條約》失效。一九一八年十月，當鄂圖曼戰敗，伊斯坦堡政府失去其影響力，凱末爾想力挽狂瀾，在安卡拉建立政府。此時蘇維埃政府遭到英國等戰勝國排擠，遂於一九二一年與安卡拉政府簽署友好條約，蘇維埃提供安卡拉軍事與經濟協助，交換過去雙方爭奪已久的巴統（Batum）一地。[12]從國際角度來看，列寧與凱末爾政府都未獲得承認；但反過來看，列寧與凱末爾也都想要改變遭到一戰戰勝國排擠的窘況，以邊界的調整作為彼此和緩關係的第一步。同時，蘇維埃政府也與伊朗簽署友好條約，放棄了過去俄國在伊朗的特權，尊重各自主權，但兩方僅作邊界確認，未作調整。[13]一九二三年安卡拉政府與戰勝國簽署《洛桑條約》簽訂，隨後土耳其共和國成立，鄂圖曼正式瓦解。

此時，讓土伊之間邊界出現動盪的因素，是來自於庫德族。庫德族原本居住在伊朗與鄂圖曼邊界上，在一戰戰勝國對鄂圖曼的《色弗爾條約》，雖提到了庫德族可擁有的勢力範圍，但在凱末爾政府壯大的情況下而失去機會，再加上英國簽署《洛桑條約》時沒有再談庫德族問題，導致自主的希望破滅，庫德族不僅反英，也想擺脫凱末爾。隨後，土耳其便面臨領土東部嚴重的庫德族抵抗。一九二四年間，不少受土耳其政府打壓的庫德族人，逃往伊朗西北邊境，在靠近烏魯米耶湖一帶避難。[14]伊朗此時正值改朝換代的時候，一九二五年年底，卡加王朝走入歷史，巴勒維政府成立。

一九二六年四月，土伊雖然在西亞國家應合作對抗外國勢力的考量下，簽署友好條約保證不會互相侵犯，但邊界問題卻因為土耳其不接受一九一三年《君士坦丁堡協議》納入討論，導致交涉沒有結果。一九二七年土耳其軍隊進入伊朗境內追擊庫德族人，伊朗抗議土軍的行動，土耳其政府認為伊朗必須阻止這些庫德族人跨越邊界。情況持續到一九二九年，庫德族仍在阿拉拉特山區活動，土耳其政府大概也難再堅持，轉而不再反對一九一三年《君士坦丁堡協議》，與伊朗重啟談判。兩方除了再次討論一九一三年《君士坦丁堡協議》的內容，也討論了卡拉斯河上游的分界問題。

一九三二年，土伊終於達成邊界協議。土耳其正式放棄在烏魯米耶湖附近與古土爾的領土，且交予伊朗；交換條件是，土耳其取得小阿拉拉特山與周邊的平原。儘管伊朗有些官員反對這項邊界協議，因為小阿拉拉山可作為亞塞拜然省（Province of Azerbaijan）的屏障，但巴勒維國王回應說，「現在凱末爾有意與伊朗同一陣營，過去因領土爭議的敵對狀態，希望就此終止，這些小細節並不重要。我們會因為這樣的結合，不再需要畏懼英國人或者俄國人了。」[15]伊土的共同目的是對抗西方，所以有些條件可以先作妥協。一九三四年，巴勒維前往土耳其訪問凱末爾，為那時期西亞地區較為不受強權壓制的國家合作結盟。土耳其與伊朗就在兩方「犧牲小我、完成大我」的情境之下，建立了友好關係，雙方的邊界問題跟阿拉伯地區的問題比較起來，算是最和諧的了。

第二節　土耳其、亞美尼亞、喬治亞邊界

十六世紀以來，鄂圖曼與伊朗薩法維在高加索地區的勢力衝突，再加上十七世紀之後壯大的俄國，使得高加索成為鄂、伊、俄三強對峙的中心。進入二十世紀之後，土耳其、蘇俄、喬治亞、亞美尼亞四方為了彼此的界線劃分，產生了複雜的關係。

鄂圖曼與薩法維在一五一四年首次交戰，前者從安納托利亞東向逼近高加索，而後者以今日伊朗西北方的塔不里士為據點。鄂圖曼往東方擴張，薩法維則是要固守政治中心。雙方在十六世紀中葉簽署協議，將高加索西側的兩個區域——喬治亞與亞美尼亞，分成兩半，東半為薩法維所有，西半為鄂圖曼的勢力範圍。[16]自十七世紀後期，俄國勢力逐漸南下進入高加索，對鄂伊兩方都造成威脅。

由於一七二二年薩法維滅亡，鄂圖曼與俄國成了競爭高加索霸主的角色，像是俄國占有了裏海周邊、巴庫（Baku），鄂圖曼則拿下高加索的提夫里斯（Tiflis）、戈里（Gori）、葉里溫

（Erivan）、納賀齊凡等地。[17]一七二四年六月，兩方達成協議，俄國同意鄂圖曼擁有喬治亞與亞塞拜然，鄂圖曼同意俄國取得裏海與周邊地區。[18]十八世紀末，俄國取得喬治亞地區東部主導權，[19]也把當地作為在高加索面對伊朗與鄂圖曼的橋頭堡。

這並不代表有明確的分界，而且十八世紀末伊朗新勢力卡加建立，又試圖重新掌握高加索，這區域的界線又重新調整。一八一三年，俄國與卡加交戰，俄國勝出，兩方簽署《古利斯坦條約》，取得了喬治亞、巴庫等地。[20]卡加無意屈服，十多年後再與俄國一戰，仍吞下敗仗，一八二八年俄伊簽署了《土庫曼查宜條約》，俄國取得亞美尼亞東部。[21]在此之後，伊朗便鮮少再去爭取高加索的領土。鄂圖曼與俄國的衝突仍然持續不斷，例如一八七七年俄國與鄂圖曼的戰爭再起，鄂圖曼戰敗，在一八七八年讓俄國在高加索的勢力繼續拓展到卡爾斯、阿爾達汗（Ardahan）、巴統等地。[22]由於如此，三強權在高加索的勢力競爭，也讓這區域的居民被迫分散，如亞塞拜然人分處於伊朗與俄國，亞美尼亞人則是在鄂圖曼與俄國交界處。

一九一四年七月一戰爆發之後，鄂圖曼加入德國陣營，對抗英、法、俄的聯盟。高加索也是鄂圖曼與俄國的戰場之一。在前一個世紀俄鄂多次交戰中，早有不少鄂圖曼境內的亞美尼亞人站在俄國立場對抗鄂圖曼，一次大戰時期當然也不例外。雖然這不代表所有鄂圖曼境內亞美尼亞人的立場，但仍是鄂圖曼難以承擔的問題。於是，驅逐亞美尼亞人成為必要之惡，以預防未來影響帝國的戰事。驅離的過程之中當然有死傷，今日的亞美尼亞共和國（Republic of Armenia）宣稱一九一五年鄂圖曼軍隊「屠殺」超過一百五十萬名亞美尼亞人，但問題是沒有任何國家會同意有領土內的居民倒戈支持敵對國家，更何況這是情況特殊的戰爭期間。[23]然而，鄂圖曼真的屠殺了那麼多亞美尼亞人嗎？還是一戰戰勝國、後世的亞美尼亞人、人云亦云的國際社會以「妖魔化鄂圖曼」的目的，形塑亞美尼亞人「被慘無人道」屠殺了的氣氛呢？反正隨後鄂圖曼已經瓦解了，啞巴吃黃蓮無法為自己申冤。

一九一七年十一月俄國在蘇維埃革命之後，新政府領導人列寧宣布退出戰場，在一九一八年三月也與德國陣營簽署《布列斯特－里托夫斯克條約》，除了停戰之外，也放棄了在一八七八年俄鄂戰爭拿到的地區。[24]五月，喬治亞、亞美尼亞、亞塞拜然等地相繼建立自主的勢力。不過，三個高加索勢力都與鄂圖曼簽署了《巴統條約》（Treaty of Batum），鄂圖曼再次拓展到高加索。[25]同年十一月德國陣營戰敗，鄂圖曼又退出了高加索。一九一九年巴黎和會中，亞美尼亞獲得了更大的土地，可以進入原本在鄂圖曼的凡（Van）、希瓦斯（Sivas）、卡爾斯等地。然而，喬治亞、亞美尼亞、亞塞拜然這些新成立的勢力，彼此之間存在領土爭議、邊界劃分不清的問題，即使是戰勝國也沒有能力處理。[26]一九二〇年四月，蘇維埃軍隊趁虛而入。

此時鄂圖曼的伊斯坦堡政府尚存，但凱末爾領導的安卡拉政府已經崛起。一九二〇年八月伊斯坦堡政府與一戰戰勝國簽署了《色弗爾條約》，肢解鄂圖曼，高加索的國家少了既有的壓力，此時情勢更加穩固。凱末爾當然不承認上述的情況，因而持續對戰勝國交戰。蘇維埃政府因一九一八年停戰而遭到英法等國的排擠，在戰爭結束後，也無法參與巴黎和會，其邊緣化處境與安卡拉政府相似。於是，蘇維埃在高加索增派駐軍，安卡拉沒有反對，希望蘇俄軍隊能夠壓制英國軍隊。[27]

蘇安兩政府都斥責《色弗爾條約》，一九二一年三月蘇維埃與安卡拉兩政府簽署友好條約。十月，土耳其再與喬治亞、亞美尼亞、亞塞拜然簽署了《卡爾斯條約》（Treaty of Kars），劃分了往後土耳其東北方的邊界，自黑海海岸的薩爾普（Sarp），經過沙維夏特（Shavshet）與卡那達格（Kana Dag）山脈，抵達卡拉斯河下游。喬治亞獲得巴統、卡爾斯，土耳其獲得較為南部的阿爾特文（Artvin）；土耳其與亞美尼亞以阿胡里安河（Akhurian）與阿拉斯河為界（見圖22）。[28]在諸多戰爭與協商之後，大致各方勢力有了一些共識，只是從歷史的經驗可以學到，這只是一時的結果，不知何時會有什麼事情而導致再次衝突了。

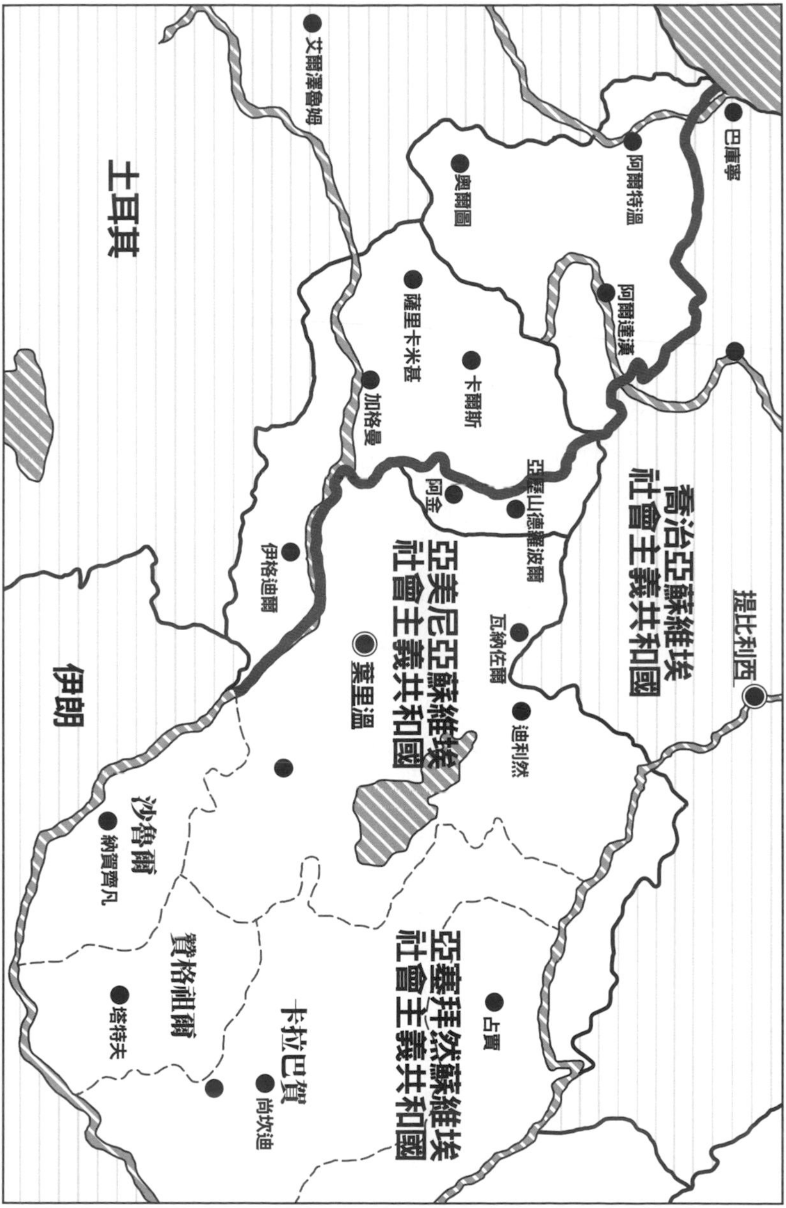

土耳其
伊朗
喬治亞蘇維埃社會主義共和國
亞美尼亞蘇維埃社會主義共和國
亞塞拜然蘇維埃社會主義共和國
提比利西
阿爾特溫
阿爾達漢
奧爾圖
薩里卡米甚
卡爾斯
加格曼
阿金
伊格迪爾
葉里溫
瓦納佐爾
迪利然
艾爾澤魯姆
沙魯爾
納賀賈凡
塔特夫
占賈

圖 22　卡爾斯條約

第三節　伊朗、亞塞拜然、亞美尼亞邊界

高加索地區複雜的歷史問題，牽扯到伊朗、鄂圖曼、俄國三方面的勢力競爭，劃分了界線。到了一戰結束，換成了蘇俄、土耳其、伊朗的結合，邊界問題反而出現互有共識的情況。高加索地區要平靜或是要動盪，就看周邊強權關係的走向。十九世紀初期，伊朗的卡加王朝剛建立，首要的工作就是要宣示自己的主權與勢力範圍，前朝薩法維王朝瓦解後，被鄂圖曼與俄國瓜分的「故土」，必須要「收復」。

不過，一八一二年卡加對俄國交戰失利，一八一三年簽署了《古利斯坦條約》，伊俄大致以阿拉斯河為邊界。但卡加並未因此就停下「收復失土」的行動，數年之後再度與俄國交戰，卻仍是吞下敗仗，一八二八年簽署了《土庫曼查宜條約》，俄國取得了更多的土地，例如靠近鄂圖曼東側的納賀齊凡與靠近裏海西岸的塔雷什山脈（Talysh Mountains）。[29]上述兩次伊朗的行動都難以達成目的，而且同一時期卡加與西側的鄂圖曼也有邊界糾紛，卻也都遭遇挫折。高加索的情

況確實難以掌握，畢竟這個區域的大國競爭已有一段時間，地方上也都有大大小小自主的勢力存在。到了二十世紀初期，俄國早就在亞塞拜然省內收稅，伊朗政府也無力反擊。[30]

一九一四年七月一戰爆發之後，英法俄三國與德義奧三國對戰。鄂圖曼於十一月加入德國陣營，戰場就延伸到鄂圖曼境內。伊朗雖然宣布中立，但其西側與鄂圖曼共享的邊界，即亞塞拜然省的周邊，卻仍受到戰火波及。不過，一九一七年十一月俄國爆發蘇維埃革命，社會主義者列寧宣布俄國退出戰場。英法及同盟國家因此排擠蘇維埃政府，但是並不代表往後蘇俄在高加索就沒有影響力。列寧政府仍試圖藉由當地的社會主義勢力來主導這區域的發展，在一九一八年四月建立了外高加索民主聯邦共和國（Democratic Federative Republic of Transcaucasia），但也僅存在一個月，因為其中的喬治亞、亞美尼亞、亞塞拜然等勢力向來不合，且鄂圖曼仍對這區域有壓力，該聯邦共和國分裂後，紛紛建立獨立國家。

一九一八年五月二十八日，亞塞拜然建立了民主共和國，準備邁向獨立，國內將不分族群、宗教、階級、職業、性別，人民都擁有完整的權利。又為了結合在伊朗境內與鄰近地區的亞塞拜然人，隨後亞塞拜然民主共和國更名為亞塞拜然的高加索共和國（Caucasian Republic of Azerbaijan）。[31]亞塞拜然豐富的石油礦產，本就是鄂圖曼關注的重要對象，雙方關係一部分建立在商品交易與石油油管鋪設。於是，當亞塞拜然、喬治亞、亞美尼亞相互對抗之際，造成了此刻鄂圖曼與亞塞拜然的合作。[32]此外，高加索三勢力持續有邊界難以界定的問題，例如亞塞拜然認為應擁有納希賀凡一地，但亞美尼亞並不同意。[33]鄂圖曼於該年十月戰敗，亞塞拜然便少了支援的後盾。一戰結束之際，高加索出現權力真空的狀態，這反而讓先前決定退出戰場的蘇俄趁機而入，於一九二〇年四月又再次進入高加索。[34]

此時期高加索的動盪，伊朗的亞塞拜然省也受到影響。這也導致卡加政府早已在衰弱的情況下更加不穩，使得頗有勢力的軍官禮薩汗（Reza Khan, 1878-1944），即後來的巴勒維國王，在這樣的情況下策動了政變。[35]儘管蘇俄勢力之下的亞塞拜然與伊朗的亞塞拜然局勢都還未穩定，蘇維埃政府與卡加卻在一九二一年二月簽訂了友好條約，代表蘇俄要找尋盟友。不過，兩方沒有討論高加索的邊界劃分，即兩國邊界維持一八二八年《土庫曼查宜條約》以來的安排。這樣看來蘇俄並沒有讓步多少，只是沒有多要求土地、表示友好罷了，而且這條以阿拉斯河所劃的邊界，在亞塞拜然之外，已多了亞美尼亞這個新的勢力，變數增多。

一九二二年，亞塞拜然、亞美尼亞、喬治亞都成了蘇俄的一分子，即外高加索蘇維埃聯邦社會主義共和國（Transcaucasian Soviet Federated Socialist Republic）。[36]然而，一九二一年，以亞塞拜然人居多的納希齊凡舉辦公投，結果是與亞塞拜然合併。[37]一九二四年，蘇俄宣布納希齊凡為社會主義自治共和國。同時，蘇俄也將亞塞拜然的納卡劃成一塊以亞美尼亞人口居多的飛地，設立為自治州。[38]儘管這樣讓高加索地區的勢力競爭大致告一段落，但卻形成了相當複雜的情勢。也因此，二〇二〇年九月亞塞拜然與亞美尼亞為了納卡而開戰，可能有些當地人一點都不覺得意外吧。百年前的邊界劃分只是表面上談妥事情，檯面下的暗潮洶湧完全不知道何時會爆發。

第四節　亞塞拜然與亞美尼亞的納卡問題

自十六世紀以來，高加索地區即是鄂圖曼與伊朗薩法維競爭的重點地區。一七二二年薩法維滅亡，鄂圖曼順勢進入高加索。北方的俄國也已然壯大，對高加索也有影響力。到了十九世紀初期伊朗卡加建立王朝，試圖要再次取得原本薩法維在高加索的優勢，先後與鄂圖曼與俄國交戰。一八二八年《土庫曼查宜條約》，讓俄國的領土推進到阿拉斯河北岸以及黑海西岸的山脈，亞塞拜然分成了俄國的亞塞拜然與伊朗的亞塞拜然，同時把葉里溫與納賀齊凡成為俄國勢力範圍，阿拉斯河作為伊朗與亞美尼亞的邊界。之後俄國在這區域進行多次版圖重劃，比如把納賀齊凡改劃入喬治亞，卻都沒有顧及到當地族群應有的分布範圍。[39]

此外，一八二八年《土庫曼查宜條約》也允許在伊朗的亞美尼亞人移入俄國領土，所以先後有近五萬人移入葉里溫、卡拉巴賀（Karbakh）等地區。另外，也有不少亞美尼亞人居住在鄂圖曼的東部。[40]於是，高加索地區族群混雜的問題當然越顯鮮明。十九世紀俄國與鄂圖曼在高加索地區也有不少爭執，俄國試圖拉攏鄂圖曼的亞美尼亞人，以致於亞美尼亞脫離鄂圖曼的氣氛越趨濃厚。以基督教信仰為主的亞美尼亞人，此時有俄國人的協助，鄰近的亞塞拜然以穆斯林為主，感受到的卻是帝國主義的壓迫，導致亞美尼亞人與亞塞拜然人的關係衍生出宗教對立的問題。當一戰爆發後，鄂圖曼與德國結盟，對抗英、法、俄，俄國就更順理成章協助亞美尼亞人，進而導致鄂圖曼對亞美尼亞人的打壓與追擊，又有不少亞美尼亞人移入高加索地區。

一九一七年十一月俄國在蘇維埃革命之後，列寧政府宣布退出戰場，十二月與鄂圖曼停戰，使得鄂圖曼勢力得以在高加索擴大，也在卡拉巴賀山區（Mountainous Karabakh，Mountainous 意即 Nagorno，也就是現在所說的「納卡」）抵抗亞美尼亞人。不過，鄂圖曼在一九一八年年底戰敗，隨後的一九一九年的巴黎和會決定將卡拉巴賀交給亞美尼亞。[41]這樣的決定，純粹是和會把有利害關係的區域交給自己認同的國家來管理，不能反映當地人的想法，只反映出巴黎和會的決定是「只看立場不看事實」的態度。

一九二〇年蘇俄勢力重回高加索，重新劃定高加索版圖。蘇俄當時並未獲得一戰戰勝國的承認，而同時戰勝國正與凱末爾的安卡拉政府交戰，蘇俄因而傾向支持安卡拉政府，之後將納卡從亞美尼亞改為亞塞拜然的領土，設立為自治州。[42]因此，無論是巴黎和會或是蘇俄的決定，都是立場使然，目的不在解決最根本的問題。在長久以來強權政治對峙的影響之下，讓這區域的族群、宗教方面的差異演變成衝突，成了凌駕一切的龐大怪物，外界也就會以族群複雜、宗教對立的角度來觀察納卡問題、高加索問題。

儘管往後蘇俄作為高加索的老大，但納卡自治州仍是個不定時炸彈。當蘇俄在一九八〇年代之後面臨可能失去在各地的政治權威之際，納卡地區的亞塞拜然與亞美尼亞對立的問題便相對升溫。像是一九八八年二月，亞美尼亞首都葉里溫不少人聚集街頭高喊「卡拉巴賀是我們的！」要求把納卡歸為亞美尼亞所有，[43]亞塞拜然當然堅決反對。這樣的問題其實不難理解，都是過去的歷史問題，所以亞塞拜然會強調他們對納賀齊凡與卡拉巴賀的主權。一九九一年納卡地區舉辦獨立公投，導致兩亞衝突再起。蘇俄隨後解體，諸多社會主義國家也就成為獨自的個體。一九九二年一月，納卡地區便自行宣布獨立，成立阿爾查賀共和國。

在歐洲安全與合作組織（Organisation for Security and Cooperation in Europe，ＯＳＣＥ，簡稱「歐安會」）的明斯克小組（Minsk Group）處理之下，一九九四年兩亞停戰，[44]但這都不代表事情就會這樣結束。從前文的歷史脈絡看下來，可看到納卡問題並不是兩亞本身的問題，而是強權之間的問題。一九七九年伊朗革命之後成了反美國家，俄羅斯並非在蘇俄解體之後仍有意維持在高加索的優勢，使得伊俄兩國成為西亞地區在對抗美國這個立場下的同伴，導致美國擔憂不利於它們的勢力在高加索逐漸擴大，所以美國也相當關注這區域的發展。因此，納卡問題並沒有因為時代變遷而有所改變，只是參與其中的角色換了新的演員，或者少去、增添其他角色，而真正在暴風圈中心的納卡居民、還有亞塞拜然與亞美尼亞，實際上有心無力，使得納卡問題不是納卡地區本身的問題，而是強權競爭之下未能解決的問題。到了二〇二〇年九月底戰爭再起，其實都不會令人意外。

儘管納卡衝突在兩個月後停火，但亞美尼亞被迫決定放棄阿爾查賀共和國，外交部長下台、總理也遭到輿論譴責。其實這必然是亞美尼亞政府含著淚所做的決定，但可能也會因此打破僵局，讓這個納卡問題往後有一段時間不會是個問題。可是，這些問題早已在土地裡播下無數的仇恨種子，每次成長出來的枝枒莖幹都有如洪水猛獸，就算有人有能力砍殺，不久的將來肯定會有更多問題出現。上個世代的領土爭奪、界線劃分，到了這個時代，人們還是得承受這些問題帶來的壓力。

第五節　土耳其與伊朗的亞塞拜然課題

二〇二〇年年底，土耳其與伊朗之間出現一些問題，就是土耳其總統艾爾多安（Recep Tayyip Erdogan）引述亞塞拜然地區的詩句，大意是「阿拉斯河將我們分離，但那是我們被迫強制分離，而我卻不願意跟你們分離。」艾爾多安也說土與亞是：「一個民族、兩個國家」（One Nation, Two States）。然而，伊朗外交部長薩里夫（Mohammad Javad Zarif）在他的推特帳號卻說：「絕對沒人能夠談論那個我們摯愛的亞塞拜然（NO ONE can talk about OUR beloved Azerbaijan）。」意指亞塞拜然與伊朗才有緊密關係，並非土耳其。

二〇二〇年九月，亞塞拜然與亞美尼亞因納卡飛地的問題而大打出手。由前文可知，自十八世紀中葉以來，納卡及其周邊就是俄國、伊朗、鄂圖曼爭奪的地區。到了一戰結束之際，高加索出現的喬治亞、亞美尼亞、亞塞拜然三勢力陷入勢力範圍的紛爭之中。納卡地區當下已有歸屬爭議，凱末爾的安卡拉政府較為支持納卡歸屬亞塞拜然。[45]到了一九九一年蘇俄瓦解之後，土耳其率先承認亞塞拜然。[46]今日亞塞拜然與亞美尼亞為了納卡而打的戰爭，也可看到土耳其還是站在亞塞拜然這邊。

一九一八年一戰結束之際，蘇俄在高加索地區扶植社會主義勢力，亞塞拜然高加索共和國建立。而這樣的情況，也促使伊朗西北的亞塞拜然人也有意脫離伊朗政府。但那時蘇俄受到國際間排擠，尋求周邊國家友好便是相當重要的工作。伊朗是蘇俄選擇的其中一個對象，兩方在一九二一年二月簽署友好條約，確認了彼此以阿拉斯河所劃分的邊界。然而這僅是兩大國之間的共識，對於亞塞拜然人來說，必然不會全盤接受。蘇俄的亞塞拜然與伊朗的亞塞拜然仍有些串連運動，到了二戰結束之後，伊朗的亞塞拜然也藉著蘇俄勢力擴大為靠山，曾建立過自治共和國。[47]雖然該自治共和國存在的時間不長，代表這區域有很多變數。

儘管到了二十一世紀，已經沒有過去美蘇冷戰的氛圍，但普丁（Vladimir Putin）領導的俄羅斯仍沒有離開高加索，也依然是美國的對手。而伊朗在一九七九年革命之後出現反對美國的情緒，至今仍在，促成了今日伊朗與俄羅斯的關係靠攏。土耳其也在難以加入歐盟、向俄羅斯購買武器而被美國制裁等情況影響，近年來跟伊朗關係也頗密切。然而，國與國之間的結合都奠基於利益之上，並不代表往後就都不會有任何爭執。伊朗認為他們與亞塞拜然有歷史連結，但土耳其也有相似的看法。艾爾多安的言論或許從語氣看不出來到底是否有意挑起伊朗的敵對情緒，又或者是薩里夫想太多而反應過大，都代表伊朗與土耳其還是有要主導亞塞拜然的意圖。以往鄂圖曼與伊朗在高加索競爭的歷史「設定」，成為了敏感的話題，很可能還是會觸動今日土伊的對峙。

當薩里夫對艾爾多安的言論發表意見之後，土耳其外交部長查武斯奧盧（Mevlut Cavusoglu）馬上出來滅火表示：「事情不是這樣子啦，艾爾多安只是沒發現這其中的敏感性。」涉及到領土問題，每一方都會認為那些有爭議的部分都是自己「固有的疆土」。儘管這時代土耳其與伊朗應該都沒有機會再擁有亞塞拜然，但誰知道往後會如何呢？過去薩法維與鄂圖曼也簽署多次邊界條約，每次都認為雙方達成共識，但總因為大大小小的紛爭、甚至各自政局變動，導致任何共識不再有效，全部打掉重練。

艾爾多安會真的不知道他引用的話可能引起爭議？我們就希望這些人都是如此「天真」，那這些就都好說話。但問題是政治人物都是以天真來掩飾其真實目的，這情況亙古不變。沒幾天又看到，薩里夫強調土伊之間致力於維持友好關係，那之前的批判與譴責，似乎又沒事了一般。可見，上個世代的領土爭奪與邊界劃分，至今都還有很多問題在檯面上仍是暗潮洶湧，也成為在言詞、行為方面很難拿捏的敏感議題，可能永遠都撲朔迷離。

第六節　伊朗與土庫曼邊界

近代俄國勢力在中亞的擴張，決定了這區域版圖劃分的面貌，二十世紀初期伊朗與其東北方的土庫曼邊界初步形成，便是一例。不過，十六世紀初期伊朗的薩法維建立時，就與東北方的烏茲別克勢力有多次交戰，到了十六世紀末，薩法維取得呼羅珊，包括賀拉特、馬希賀德（Mashhad）、木鹿（Marv）等地，[48]都在土庫曼及其周邊區域。當然這不代表一切就沒事了，一七二二年薩法維滅亡之後，中亞的劃分又再次陷入紛爭。

後起的伊朗勢力曾試圖穩固王朝滅亡後的亂局，但時間頗為短暫。一七九七年伊朗北方的部落卡加取得優勢，「重建伊朗」就成了首要工作，其中一個方面就是要與鄰近地區劃分疆界。這工作並不簡單，畢竟卡加才剛成立，而鄰近的鄂圖曼自十六世紀以來就已經有穩定發展，北方還有勢力正在崛起的俄國。卡加在高加索的戰事均以失敗收場，又在俄國開始往中亞地區，如希瓦（Khiva）、布哈拉（Bukhara）、浩罕（Kokand），拓展勢力之際，[49]卡加在土庫曼這一帶也難施展拳腳。俄國在一八五六年克里米亞戰爭失利後，在黑海的發展受阻，轉而更加強對前述中亞三個汗國施加壓力，甚至兼併。[50]

這樣的情勢當然對伊朗是個威脅，幾經協商，伊俄於一八六九年十二月決定以阿特雷克河（Atrek River）為界，俄國保證不會介入阿特雷河與古爾干河（Goorgan River）之間的問題，伊朗也是要尊重這些地區的部落與他們的領地。但對於這條河下游要以裏海東南沿岸的加桑古里貝伊（Gasan Kuli Bey）為界，此地今日稱為伊森古里（Esenguly），兩方卻不滿意以這地方為界線起點。[51]不過，一八八一年十二月，伊俄再次交涉後，簽署了《阿合爾－呼羅珊協定》（Akhal-Khorassan Convention），同意從加桑古里貝伊作為邊界起點，但不沿著阿特雷克河來劃分，而是往東北到了克佩特山脈（Kopet Dagh），再往東南進入巴巴杜爾馬茲（Baba Durmaz）。[52]

但這只是一時的決定，因為在一八八四年三月時，俄國人已經占領了木鹿與舊沙拉賀斯（Old Sarakhs）兩地，比一八八一年的範圍更加往南拓展。由於這區域土地物產豐饒，也有足夠的水資源，以致於情勢對伊朗頗為不利。[53]協議簽署只是表面上假裝有共識，雙方都知道簽約只是為了緩和局面，但其實心裡都有其他盤算。協議簽署後，雙方派遣調查團所畫出的地圖，當地人也不完全認同，許多交涉結果形同具文。伊朗在這樣的過程之中趨於劣勢，不代表沒有外交能力，而是難以對抗強勢的俄國。

一九一四年七月一戰爆發，俄國雖然是與英國、法國同陣營，對德國陣營交戰，但國內的情況逐漸動盪，以致於社會主義勢力在一九一七年十一月革命成功，列寧領導的蘇維埃政府宣布退出戰場。一九一八年三月，蘇維埃政府與德國陣營簽署《布列斯特－里托夫斯克條約》。這讓英國陣營失去重要的戰爭盟友，以致於戰勝之後，巴黎和會之召開與國際聯盟之組成都沒有讓蘇俄參與的機會。因此，蘇俄需要尋找可以合作的對象，受到英國壓迫的伊朗，便是其中一個選擇。蘇俄試圖以友善的姿態回到西亞，為的是不讓自己成為國際社會的「邊緣人」。蘇俄願意放棄早期俄國在伊朗的特權，跟其他強權相比反而是個對伊朗較為友善的外國勢力。

在這樣的情況下，蘇俄與伊朗在一九二一年二月底簽署《蘇伊友好條約》（Treaty of Friendship），條文提到蘇維埃政府願意放棄以往對伊朗的壓迫政策，「以往對伊朗的條約、協議、協定都在此取消且宣告無效」。此外，還把一八八一年之後拿走的地區，都還給了伊朗。[54] 不過，舊沙拉賀斯以及沙拉賀斯河毗連的島嶼，仍是俄國所有。[55] 其實蘇維埃政府並沒有放棄太多過往的領土優勢，依然維持他們原本就決定的樣子。換句話說，如果這個「態度友好」的蘇俄想要維持原狀，伊朗也得認同，畢竟那是必須妥協的現實情勢，不必再為此另起紛爭。

然而，伊朗政局逐漸有所變化。一九二三年軍人禮薩汗取得首相職位，而且開始整頓卡加王朝未能有效管轄伊朗全境的問題，例如國土東北方的土庫曼人叛亂。動盪跨越了阿特雷克河，引來蘇俄介入。由於蘇俄正在主導中亞的社會主義勢力發展，不想看到伊朗邊界上的土庫曼人與蘇維埃勢力下的土庫曼人結合在一起，以避免邊界情勢動盪。伊朗的部隊與蘇俄的部隊有過短暫交火，但禮薩汗政府不願因土庫曼人問題而破壞了與蘇俄的關係。[56]一九二五年五月土庫曼蘇維埃社會主義共和國（Turkmenistan Soviet Socialist Republic）成立，先前蘇俄與伊朗決定的邊界，也就成了土庫曼與伊朗的邊界。這區域與高加索新國家建立、邊界劃分的情況一致，都是被大國塑造他們自己喜歡的樣子，掩飾掉檯面下的暗潮洶湧。

第九章

阿富汗地區的界線

第一節　阿富汗與伊朗邊界

阿富汗並不是原本就存在的國家，這地區原本屬於伊朗的勢力範圍，今日其東南西北的邊界，是日後才劃分出來。這涉及到十九世紀英國與俄國的「大賽局」，即兩強權在中亞與西亞相互競爭的情勢。在伊朗、英國、俄國的勢力爭奪之下，到了十九世紀末，形成了阿富汗這個國家。

十六世紀薩法維成為伊朗地區的新勢力，其東部的領土涵蓋今日一部分的阿富汗、烏茲別克及巴基斯坦。由於更為東部的區域為印度帖木兒帝國所有，不僅與薩法維有勢力重疊的糾葛，當地居民也受到大國勢力範圍競爭的壓力，以致於時常發起抵抗薩法維與印度帖木兒帝國的行動。一七二二年，阿富汗地區的吉爾札伊部落摧毀了伊朗首都伊斯法罕，終結薩法維王朝。隨後吉爾札伊遭到來自呼羅珊的納德爾汗擊退，隨後以喀布爾為據點建立了杜蘭尼王朝。

一七九七年，伊朗的新王朝卡加試圖恢復薩法維的疆土範圍，收復阿富汗地區當然就是相當重要的步驟之一。然而，卡加無法決定問題該如何處理，因為這個時期英國勢力已經在亞洲海域壯大，卡加與杜蘭尼之間的衝突，導致阿富汗地區動盪，令英國警戒這些問題可能會擴大到印度北方。此外，俄國也想要將觸角深入中亞，英國認為俄國人會經由賀拉特跨越興都庫什山（Hindu Kush）而進入印度，這也會威脅到他們在印度的優勢。[1]伊朗若要收復阿富汗，英國都認為這背後肯定有俄國的支持，等同於俄國的行動。

在保護印度的動機之下，英國也必須拉攏阿富汗地區的勢力，以加強控管。但並非所有阿富汗境內勢力都認同英國，導致一八三九年的第一次阿富汗戰爭，之後英國扶植願意跟他們合作的阿富汗勢力。[2]英國曾要求伊朗不得再進軍賀拉特，但不代表伊朗就會完全接受，還在一八五六年十月出兵了，遭到英軍擊敗。[3]一八五七年三月英國與伊朗簽署的《巴黎條約》（Treaty of Paris of 1857），其中一款條文要求伊朗不得再對賀拉特有任何企圖。[4]英國既然作為戰勝的一方，就有權力把西亞地區塑造成自己喜歡的樣子，即使賀拉特原本就是伊朗王朝的勢力範圍，卻沒有機會取回原本在該地區擁有的優勢。

既然一八五七年《巴黎條約》讓伊朗停下了腳步，阿富汗領導人多斯特穆罕默德（Dost Mohammad, 1792-1863）便可不受干涉地把賀拉特納為自己的領土。[5]到了一八七一年九月，英國駐伊朗公使與伊朗外交部長談妥了伊朗與阿富汗的邊界，以瓜德爾灣（Gwater Bay）作為伊朗與阿富汗邊界的南端，往北劃開了西斯坦地區（Sistan），到達科哈克水壩（Kohak dam）。[6]英國的戈德史密德將軍（General Frederic J. Goldsmid, 1818-1908）處理邊界劃定事宜，大致擬定了阿富汗與伊朗的邊界北端，以賀拉特與哈希達丹（Hashtadan）之間的哈里河（Hari River）作為分界線。[7]但是，西斯坦區治安並不好，調查工作難以進行。而且，卡加自王朝建立以來，一直有王室命令在首都德黑蘭以外就沒有效力的問題，眼下連邊界該如何劃分，地方官員也不願意接受英國對邊界的意見，最後戈德史密德的界線調查任務並不成功。[8]

一八七七年俄國與鄂圖曼再度爆發戰爭，俄國試圖拉攏阿富汗以加強對印度的壓迫，兩面出擊。俄國雖然戰勝，在巴爾幹取得優勢，但面對其他強權的譴責，又隨著一八七八年七月由德國主導的《柏林條約》簽訂，俄國失去在黑海與巴爾幹的優勢，英國在十月發動了對阿富汗的戰爭，試圖徹底瓦解俄國在各地區的優勢。[9]此後，英國分好幾區段劃妥伊阿邊界。一八九六年，英國以科哈克（Kohak）往西北劃到馬立克西亞山（Malek Siah Mountain），線以西為伊朗，以東為阿富汗。[10]一九〇三年到一九〇五年，又劃分了更往南的賀爾曼德河（Helmand River）下游地帶。[11]

一九一九年三月，第一次世界大戰結束後沒多久，阿富汗國王阿瑪努阿拉（Amanuallah, 1892-1960）發表獨立宣言，要成為自由獨立國家，終結英國的控制。[12]受印度要脫離英國控制的浪潮所賜，儘管雙方交戰，但阿瑪努阿拉得以在戰後擺脫英國的壓力。[13]伊阿之間在一九二八年自己開始進行邊界交涉，顯示那時期西亞國家要擺脫歐洲強權壓迫、操弄的意圖，而且在一九三五年還交由土耳其調查團來處理這次的邊界劃分，在哈希達丹與西斯坦之間畫出了約四百公里的邊界線。[14]伊阿邊界大致在此時劃定。

第二節　阿富汗與俄國邊界

阿富汗在一九一九年後才算是所謂的獨立國家，距今時間僅百年。其領土範圍形成的過程，以及政治局勢的變化，都有英俄兩國的干涉。現在其北方與土庫曼、烏茲別克、塔吉克（Tajikistan）的邊界，也是在十九世紀英俄競爭之下形成的。

十九世紀英國與俄國在中亞與西亞的「大賽局」，再加上伊朗卡加王朝的收復失土，讓阿富汗地區成了三強權爭奪的重心。十九世紀三〇年代，卡加開始加強要進入阿富汗的行動，但英國已在阿富汗地區南方的印度掌握了優勢，俄國也已把觸角伸進了中亞，相當接近阿富汗地區。英國雖然想要阻止俄國，可是自己也不清楚整個中亞地區該如何劃分界線、設置停損點，連地圖都沒有。一八七三年一月，英俄從阿姆河（Amu Darya）與科克恰河（Kokcha River）匯聚處，畫到霍甲沙里賀（Khoja Saleh），然後往西南方經過巴達克尚（Badakshan）、突厥斯坦（Turkestan）、賀拉特等地，直到伊朗邊界。[15]

不過，英俄這樣的共識並未建立在互信基礎上，其實兩方對峙的氣氛仍然濃厚，劃分界線很難就此不相往來。一八七八年俄國贏得對鄂圖曼的戰爭，也趁勝追擊地與阿富汗地區的勢力表達願意提供軍火的想法。[16]對阿富汗來說，相較於較為遙遠的俄國，英國從印度來的壓力向來最難擺脫，所以其實不難理解願意與俄國合作的原因。一八七七年，鄂圖曼在對俄國的戰爭時期，曾派出一團隊前往阿富汗尋求一同合作對抗俄國，英國在背後支持這項任務，但阿富汗以這樣的合作距離太遠、質疑這樣是否有對抗俄國的力量等理由，拒絕了鄂圖曼的合作，這當然也讓英國更感覺中亞的情況不利，[17]最後導致了一八七九年英國侵略阿富汗的戰爭。之後簽署的《甘達馬克條約》（Treaty of Gandamak），英國得以主導阿富汗的事務，也完成了早就想要擁有這區域的心願。[18]英國的行動，應讓俄國感受到他們在中亞的優勢受到威脅，所以要加強對接近阿富汗地區北方的防範工作。

一八八四年，俄國勢力已經逼近木鹿，逼近伊朗與阿富汗交界的賀拉特，這地方有所謂「印度之門」（Gate of India）或「印度之鑰」（Key to India）之稱。[19]一八八五年俄國又再往南邊取得龐吉德賀（Panjdeh）綠洲，讓英國相當警戒。[20]俄國一再南下的行動，代表這頭北方棕熊完全沒有要停下腳步的意思。其實英俄都在壓迫對方，挑戰彼此對於勢力範圍立場的底線，此刻龐吉德賀就是底線。一八八七年七月，英國為了息事寧人，同意俄國取得龐吉德賀，邊界劃分也由俄國決定，以哈里河上的左勒菲卡爾（Zulfikar）為起點，畫到阿姆河上的霍甲沙里賀。[21]該界線以調查官李奇維（Joseph West Ridgeway, 1844-1930）之名稱為「李奇維線」（Ridgeway Line）。

這僅是阿富汗地區的西北邊界，東北的邊界尚未成形。一樣牽涉到英俄的競爭，尤其接近中國的帕米爾（Pamir）地區。這區域有一道山谷稱為瓦罕走廊（Wakhan Corridor），對英國而言，可隔開俄國與印度。[22]瓦罕走廊的存在，只是為了強烈的政治動機而已。[23]一八九五年，英俄談妥了沿著阿姆河往東到達薩雷闊湖（Sari-Qul Lake），[24]即瓦罕走廊北方。[25]這條阿富汗東北方的邊界線，對俄國來說「雖不中，亦不遠矣」，仍接近印度了。但這對於阿富汗來說，「被犧牲」了不少既有的勢力範圍，英俄主宰這區域，阿富汗反而莫可奈何。

一九一七年十一月俄國的蘇維埃革命後退出戰場，遭到英國等戰勝國的排擠。阿富汗則在一九一九年對英國開戰後獲得獨立，一九二一年二月底與蘇俄簽署了友好條約，承認彼此的主權。[26]蘇俄沒有重新再與阿富汗討論邊界問題，除了當下情勢不穩之外，找尋盟友以對抗以英國為主的國際社會，實為最為急迫之事，阿富汗必然也有相似的想法。一九二四年，蘇俄在中亞成立了幾個自治蘇維埃社會主義共和國，分別是土庫曼、烏茲別克、塔吉克，當然都是與十九世紀的那些汗國完全不同的新興國家，但都與阿富汗共享一部分的邊界。可見，十九世紀末以來既定的版圖，阿富汗固然不願意卻也還沒有機會突破。

第三節　阿富汗與印度邊界

今日阿富汗的「長相」，即國家領土的範圍，是十九世紀末英俄兩強權在「大賽局」勢力競爭之下所劃定。對於英國而言，這並非為了阿富汗人的福祉，而是為了阻擋俄國往南擴張，以免危害英國在殖民地印度的利益。因此，阿富汗每一道邊界劃分，彷彿一刀一刀切割當地人的血管，血流光了也沒人理會。一八九三年在阿富汗與印度之間劃出來的那道「杜蘭德線」（Durand Line）就是如此。

俄國要進入阿富汗的企圖，在英國提出劃清界線之後，兩強權於一八七三年之後大致劃出一部分阿富汗北方的邊界線。但是，當一八七八年俄國與阿富汗當地勢力取得友好關係之際，英國對阿富汗開戰。一八七九年英阿簽署的《甘達馬克條約》，就是把阿富汗當作英國的保護區。此時，阿富汗地區的領導勢力阿布杜爾拉賀曼（Abdur Rahman, 1844-1901）想要劃清他們與印度的界線。[27]對於印度而言，阿富汗地區與印度劃有一邊界，讓他們與俄國之間有個緩衝地帶，也有必要性。[28]

然而，印度調查團的地圖裡，有些區域，例如瓦濟爾（Wazir）、吉德拉爾（Chitral），竟然不包括在阿富汗境內。阿布杜爾拉賀曼認為這些區域的宗教與族群不同於印度，主張這樣劃分其實對印度比較有害，若英國堅持如此就是有損阿富汗尊嚴，甚至會導致阿富汗衰弱，而這樣也無助於印度。然而，英印兩政府都無視阿布杜爾拉賀曼的意見。[29]可見，英印兩方盡可能讓印度的範圍達到最大化，而阿富汗也是要讓領土不致於太小。如此一來，就很難達到雙方共識。印度先行進軍逼近阿富汗政治中心喀布爾，然後一八九三年十月印度外交部長杜蘭德（Henry Mortimer Durand, 1850-1924）帶領調查團進入阿富汗，擺明就是對阿布杜爾拉賀曼施加壓力。

在十一月十二日雙方簽署的《杜蘭德線協議》（Durand Line Agreement）裡，英阿討論從瓦罕到伊朗這條東方與南方的邊界。英政府同意阿富汗擁有亞斯馬爾（Asmar）以北到查納克（Chanak），而阿富汗同意不會介入史瓦特（Swat）、巴角爾（Bajawar）、吉德拉爾等地區。英政府也同意撤離比爾摩（Birmal）區域，而阿富汗放棄瓦濟爾地區。大致上邊界線經過紐查曼（New Chaman），戈瓦夏（Gwasha）歸為阿富汗，更南方的戈瓦夏普斯特（Gwasha Post）歸為英國所有（見圖23）。[30]這即是多數人所知的「杜蘭德線」，英國方面稱這是一條「科學邊界」（scientific frontier），即基於戰略與利益需要而劃的界線，非依照居民習慣而劃的界線。[31]有學

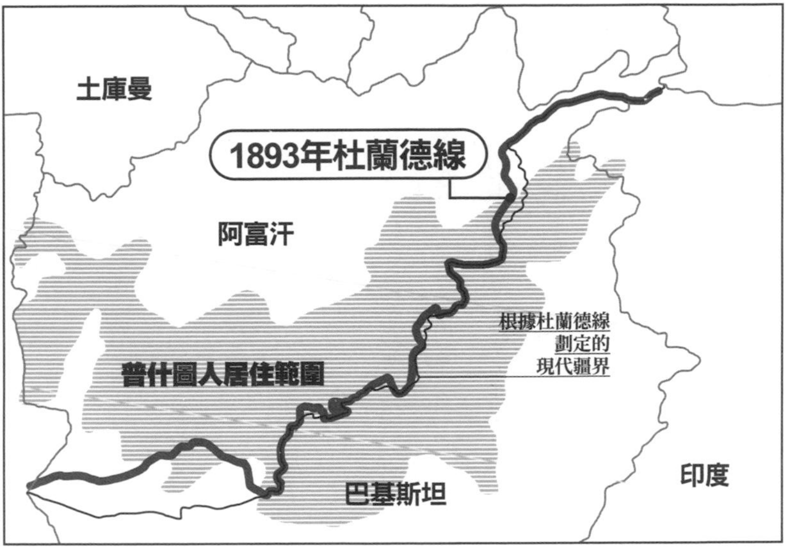

圖 23　杜蘭德線

者研究說，其實阿布杜爾拉賀曼於一八九七年發起過抗爭，而且有些區域沒辦法設置邊界柱，但看來沒改變什麼。[32]

在一八九〇年代德皇威廉二世採行「世界政策」之後，德國在西亞拓展的力道加強，特別是巴格達鐵路，終點站設在巴格達，相當接近波斯灣，即英國具有優勢的區域。俄國在那時期在歐洲的發展也受到威廉二世的排擠，再加上一九〇五年於日俄戰爭敗給日本，氣勢衰弱。於是，英俄此刻都受到德國的壓力，雙方簽署了《一九〇七年英俄協定》，停止在中亞的對立，西藏、阿富汗、伊朗東南部劃為英國勢力範圍，成為了英國要保護印度的防護罩。

英阿關係在一戰之後有新的變化，阿富汗於一九一九年五月發起了脫離英國控制的戰爭。阿富汗國王阿曼努阿拉否認「杜蘭德線」，英國當然相當不願意，甚至試圖推動邊界上的部落來反對阿曼努阿拉，迫使他和緩獨立的意圖。雙方在七月底停火和談，八月簽署了《拉瓦平迪條約》（Treaty of Rawalpindi）。其中有條文談到邊界問題，阿富汗必須要接受《杜蘭德協議》，[33]也就是若要獨立就不得改變「杜蘭德線」。可見，英國的強勢立場，讓阿富汗只好妥協以換取獨立。

一九二一年二月，蘇俄與阿富汗簽署了友好條約，讓英國終於感到自己在阿富汗相當不受歡迎，所以在一九二一年十一月又與阿富汗簽署《阿富汗條約》（Afghan Treaty of 1921），英國交涉代表多布斯（Henry Dobbs, 1871-1934）一路表示友好，但要保有「杜蘭德線」仍是遭到阿富汗拒絕。但是，這條有爭議的界線一再有部落的襲擊，其實並非阿曼努阿拉樂見的情況，也可能讓他們與英國的現狀惡化，只好同意「杜蘭德線」不作改變。[34]阿曼努阿拉絕對想要突破「杜蘭德線」，但一再處於對峙甚至有破壞的情況，必然對阿富汗不會帶來好處。我們可開玩笑說，「杜蘭德線」若用臺語發音，即「堵爛的線」，必然可以完全符合當地人的心情。

第四節　阿富汗的中立路線

阿富汗地區經歷過英國與俄國的「大賽局」，還有伊朗卡加王朝的領土爭議，到了十九世紀末畫出了界線，大致成為我們現在看到的阿富汗。一戰結束後阿富汗勉強脫離英國控制，而一九二三年土耳其建國，伊朗在一九二六年有巴勒維國王整頓內政外交，伊拉克也在一九三二年獲得英國承認為獨立國家。這四國都有擺脫西方壓力束縛的意圖，在一九三七年七月於伊朗首都德黑蘭簽署了《薩阿德阿巴德條約》（Treaty of Sa'adabad），形成了西亞國家集結以相互合作、擺脫外來勢力侵犯的局面。[35]

然而，以歐美為主的國際社會仍是握有世界局勢發展的主導權。在二戰之後，美國勢力才算正式進入西亞地區，而對於阿富汗的關注，主要是擔憂阿富汗與蘇俄關係太近，美蘇雙方都不願看到對方的勢力多前進一步、多取得新的盟友。這樣的情勢，其實與上個世代的英俄「大賽局」沒有不同，阿富汗仍然被外來的兩強權箝制。當蘇俄願意與阿富汗相互協助與友好之際，[36]美國也「貢獻」不少公路、民航等建設。[37]阿富汗則是採取中立政策，不與蘇俄同盟也不特別偏美。美蘇都想要越雷池一步，阿富汗在無法突破界線與框架之下僅能維持中間路線，其掌政者必然知道參與任何一方，只會帶來更多的政治糾紛。儘管阿富汗接受美蘇的合作與協助，但都沒有表態自己要站在哪一陣營裡。

阿富汗的左派政黨——人民民主黨（People's Democratic Party of Afghanistan）在一九七八年四月取得政權，讓蘇俄勢力在中亞拓展了勢力範圍。不過，人民民主黨內部也有路線問題，例如外交部長阿明（Hafizullah Amin, 1929-1979）並不願意完全接受蘇俄的指示，[38]在一九七九年九月政變，導致蘇俄認為這個阿富汗社會主義政府很可能「右傾」，遂於同年十二月二十五日進攻阿富汗，突破了美蘇冷戰的界線。對此，美國總統卡特在一九八〇年一月發表「卡特主義」（Carter Doctrine），「任何勢力對波斯灣的控制，就等於對美國重大利益的衝擊」，[39]也就是不會讓蘇俄在侵犯阿富汗的時候，還會更加南下進入波斯灣地區。一九八五年，美國雷根（Ronald Reagan, 1911-2004）總統的「雷根主義」（Reagan Doctrine），強力提升在阿富汗與世界上防堵共產勢力的層級。[40]十九世紀英俄在阿富汗問題上致力於維持勢力均衡，儘管經過兩次大戰，但強權爭奪阿富汗的意圖從未消逝，即使強權角色已換，終在二十世紀末爆發強權的正面交戰。

長達八年的戰爭，阿富汗早已經被美蘇打得支離破碎，這期間有各方勢力崛起，都想當阿富汗的老大，幾年的內戰下來，勉強在一九九六年由塔利班（Taliban）取得政權。二〇〇七年的電影「蓋世奇才」（Charlie Wilson's War），把故事背景設定在八〇年代的阿富汗戰爭，湯姆漢克（Tom Hanks）飾演的美國國會議員查理威爾森（Charlie Wilson, 1933-2010）在政府內的穿針引線，讓美國政府投入大量資金與戰力到阿富汗。或許主流觀點都認為美國會為了拯救他人而不惜奮戰，但「蓋世奇才」倒是作了一點反思，電影後頭威爾森的話：「美國光榮地改變世界，最後卻留下爛攤子」，確實沒錯，很多地方至今仍然戰火蔓延，八九不離十都是因為美國「射後不理」，又或者再來更多的砲火轟炸。

在這之後，我們可看到阿富汗仍然戰火連綿，而且女性被要求全身穿罩袍、不得露臉，且不能出外工作，看似相當的「伊斯蘭」那種保守、激進的形象。不過，換個角度來看，過去阿富汗政府主張中立，卻沒有就此不受美蘇的「照顧」。所以，在這樣的情況下，八〇年代阿富汗受到美蘇軍隊的破壞，想要穩定國家局勢的塔利班怎麼可能去接受共產主義或者資本主義？塔利班的「邪惡」其實是為了維護自身的價值觀，如果不讓國家看起來很「伊斯蘭」，又如何對抗外來勢力？媒體鏡頭之中那些極端的情事，會是阿富汗的普遍情況嗎？抑或只是相當特殊也罕見的案例？再換個角度來看，美國在各地的壓力、轟炸，其目的也是在宣揚自己的價值觀，其實也很恐怖，但何以美國的價值觀就可作為普世價值，而阿富汗或者其他不合主流觀念的價值觀就是激進與邪惡？阿富汗堅守自己的價值，其目的是在延續過往要突破外來勢力箝制的目的。

冷戰時期，一九八〇年代曾遭到蘇俄侵略，冷戰結束後在二〇〇一年又遭到美國侵略，塔利班政府遭到摧毀，這國家再次陷入混亂的狀態。美國阿富汗籍的時事評論人安薩里（Tamim Ansary）的著作《無規則遊戲：阿富汗屢被中斷的歷史》，英文書名裡的 *Often Interrupted History*，指的就是近代阿富汗的國家發展過程中，一再遭到強權介入、重新洗牌的意涵。[41] 此後，美國一再聲稱要撤軍，但看來不見得那麼簡單說走就走。塔利班雖沒有掌握政權，但與美軍仍有持續衝突。

二〇二〇年二月底，美國與阿富汗的塔利班達成和平協議。不過，美國與塔利班之間近二十年的糾葛，和談當然有重要的意涵；可是，能維持多久就是個問題，畢竟美國會換國會、換總統，而塔利班與阿富汗各方勢力的關係會如何發展，統統都是未知數。果然，很快地戰事再起。十二月，聯合國第四十次聯合大會的重點議題是「阿富汗的情況」（The Situation in Afghanistan），針對如何建立阿富汗的和平與邁向新時代。伊朗的聯合國大使塔賀特拉凡齊（Majid Takht-Ravanchi）認為伊朗會在聯合國處理阿富汗事務之中，扮演積極協助的角色。同時，伊阿兩國正要進行哈夫–賀拉特鐵路（Khaf-Herat railway）的興建。伊朗外交部發言人哈提布薩德賀（Saeed Khatibzadeh）抱持肯定的態度，認為這有助於兩方建立友善關係。

可見，國際間仍然沒有把目光自阿富汗移走，而且伊朗也一樣，即使不再如十九世紀的卡加一樣要把賀拉特「收回」，但今日的伊朗應是要以合作的方式參與阿富汗事務。於是，近代以來所有的阿富汗問題，自身與外來勢力相互抵抗與拉扯、界線設置與突破的情勢，卻仍然籠罩上空揮之不去。二〇二一年塔利班跟美軍對峙，在八月時再度掌握阿富汗全境，其實就如所有西亞國家要突破外來勢力所設定的各類界線、框架一樣，美國若要把阿富汗納入自己的勢力範圍，塔利班作為阿富汗本地勢力，當然可以突破美國所要的範圍，畫下自己想要的界線。美軍撤離阿富汗，塔利班再次掌權，或許會是突破美國影響力的契機。

Caspian Sea
Aral Sea
TURKMEN S.S.R.
Baku
Tehran
IRAN
IRAQ
Baghdad
Tigris
Euphrates
Basra
KUWAIT
Persian Gulf
BAHRAIN
QATAR
Mashhad
Isfahan
Kerman
Bandar Abbas
PAKISTAN
Karachi
Nafud Desert

結語

突破界線的挑戰

從本書諸多章節看下來，西亞各區塊的成形是來自於許多次的界線劃分、消逝、再劃分而來。在一戰結束之後，英法兩個歐洲帝國主義國家在崩潰的鄂圖曼土地上劃分界線，還有猶太復國主義者的進入。薩依德將戰後英法對西亞的瓜分，表現出西方人心裡的「東方主義」。他說：「潛隱的東方主義教條與明顯的東方主義經驗之間的匯聚，其最為戲劇性的時刻，是因為於第一次大戰之後，英國和法國調查土耳其亞洲部分，以便加以瓜分。躺在外科手術台上的是歐洲『病人』，顯露出它的一切衰弱、特徵與地形學的輪廓。」[1]換句話說，西亞「病症」，由西方來解剖與診療之後，就能夠治癒了。

但是這只是西方的一廂情願，現實情況並沒有照他們想像的那樣發展。有不少阿拉伯人試圖想要整合大家，以抹除那些西方醫生所切割出來的界線，所以形成了「泛阿拉伯主義」對抗「帝國主義」與「猶太復國主義」的局勢。每一種「主義」都致力於為自己畫出界線，以壓制其他的「主義」所畫下的線。美國與蘇俄的「冷戰」也在西亞畫下界線，西亞國家在情勢所逼之下必須選邊站。然而，西亞國家選邊站並不代表就是認同美或蘇，而是希望藉由國際間的力量突破自己的界線。諸多糾紛與衝突導致實質的邊界會流動，意識形態的邊界也會流動。其實西方並沒有比西亞優越，頂多是在這時代相對比較有力量，但任何形式的界線切割帶來的都是另一波的紛爭與抵抗，而且很可能在下個世代出現趨勢翻轉的現象，誰宰制誰就會是很難預料的事情了。

本章可視為本書結尾，但其實沒有要下結論，而是要進入新發展面向的觀察，像是伊斯蘭國的崛起、伊朗與美國的對峙、阿以關係正常化等議題，都可視為舊問題延伸到這世代而出現的新現象，也可能在下個世代畫出新的界線。

一、伊斯蘭國的崛起

進入二十一世紀，西亞地區各國邊界上有最大變化的地區，是二〇一四年起橫跨在伊拉克與敘利亞邊界上的伊斯蘭國。從那時候開始，伊斯蘭國就宣告要破除一九一六年的《賽克斯－皮科協議》所畫下的框架。從本書前幾章可看到，該協議的出現，儘管一開始為紙上談兵的祕密協議，若是英法戰敗這份文件可能也就沒有重要性，但在英法戰勝之後，兩強權就基於該協議做出許多界線的調整。在那時代，就有哈希姆家族、凱末爾試圖突破《賽克斯－皮科協議》的框架，今日則是伊斯蘭國。可見，每隔一段時間就會有另一股新勢力以新的形式來回應《賽克斯－皮科協議》。

不過，有些學者否定這份協議與伊斯蘭國的關係。例如尤金（Eugene Rogan）認為這份文件一點都不重要，該協議早已被戰後各國的利益考量掩蓋過去，一切都是重新談判的結果，反而一九二〇年的《聖雷莫協定》的決定才有影響力。[2]麥克米金強調在鄂圖曼之後那些令人詬病的邊界，沒有一條是《賽克斯－皮科協議》所畫下的，因為該協議畫出的邊界在戰後就遭到遺棄。[3]但筆者思索，否定《賽克斯－皮科協議》與伊斯蘭國的關係，是否有意要切割現今衝突與該協議的關係，把問題的責任都讓伊斯蘭國承擔？或許，研究學者多數心裡還是認為伊斯蘭國所作所為過於殘暴，甚至有些穆斯林也說伊斯蘭國不代表穆斯林，因此更可以把伊斯蘭國當作犯罪集團來批判。

從不少相關研究都可以看到，即使後來的西亞版圖與《賽克斯－皮科協議》有許多差異，但當下英法與阿拉伯人對於彼此間勢力範圍的爭執，的確都是基於《賽克斯－皮科協議》而來。從一九二〇年代阿拉伯人對英法兩國的抵抗來看，就代表當地人不願意受到英法的控制，無論那是不是《賽克斯－皮科協議》、是不是「委任託管」，阿拉伯人都不會同意外來勢力的控制。約旦阿布杜拉主張的「大敘利亞」計畫，便是整合阿拉伯世界的一種路線，而埃及納賽爾一度扮演整合阿拉伯的主要人物，一九五八年初埃及與敘利亞合併也是阿拉伯整合的理念實踐。然而，在西方強權握有話語權的情況下，阿拉伯人的努力都被當作破壞區域與世界和平的罪魁禍首。現在的伊斯蘭國，一樣是對抗《賽克斯－皮科協議》的新角色，卻也一樣成為國際社會要消滅的邪惡勢力。

然而，回顧歷史，又有哪個勢力在成長茁壯的過程之中，沒有對外殘暴侵略的作為？我們這時期緬懷的大英帝國，人們稱之為「日不落帝國」，作為其強盛的象徵，甚至連蔡依林都唱了一首「日不落」來呈現戀愛中的浪漫氣氛。但是，這個帝國在發展的過程中，對於其所到之處，不也是殘暴地燒殺擄掠？印度的遭遇就是相當好的例子，只是因為後來英國強盛了、具有主導區域甚至世界的實力，成了進步的代表，所以大家對於英國這個殘暴帝國反而有好感。又如美國，在太平洋到處占領島嶼，把那些島嶼建設成為適合美國人生活的軍事基地，甚至在很多區域都有，有學者稱之為「基地帝國」（Base Nation），但那些島嶼居民卻遭到驅逐、被迫遷徙、屠殺。[4] 可是，對多數人來說，美國是個人人平等與自由的國家，鮮少有人批判美國侵犯他人生存權益的行為。伊斯蘭國的崛起若如主流輿論所說得那樣殘暴，其實都與以前英國、美國都一樣，假設伊斯蘭國存在時間一長、也強盛到可取代其他國家，輿論會轉而讚揚伊斯蘭國是進步的代表也有浪漫氣息。

伊斯蘭國橫跨在伊拉克與敘利亞的國界上，確實就像是在挑戰《賽克斯－皮科協議》與英法帝國主義，也像是要由這個地方為起點來整合阿拉伯世界、挑戰不曾退散的帝國主義。有人會認為，帝國主義都是十九世紀的事情了，但換個角度想，只要早期帝國主義國家在西亞畫出的界線仍在，對有些阿拉伯人來說，帝國主義就沒有消逝的一天。只要帝國主義的「遺毒」仍在，伊斯蘭國就有存在的必要。

伊斯蘭國領導人巴格達迪（Akbar al-Baghdadi, 1959-2010）自比為哈里發，一樣也受到人們批判，認為二十一世紀了不應該還有領導所有穆斯林的哈里發這種古老概念。可是，巴格達迪的哈里發作為穆斯林要打破帝國主義框架的領袖，穆斯林若要展現最基本的自我價值，那身為領導人當然得是「哈里發」。多數穆斯林可能都受盡了西方的壓力，若要堅守自我價值又有何不可？西亞歷史中有相當多的哈里發，既然如此，沒有理由有志之士就不能稱為哈里發。理想上當然以先知穆罕默德的哈希姆家族成員作為哈里發，可是現實上擔任哈里發不盡然就有身分限制。即使這職稱被凱末爾廢掉了，還是可以找機會重新設立。

伊斯蘭國的崛起，挑戰著《賽克斯－皮科協議》以及重塑哈里發領導穆斯林的時代，對不少穆斯林來說必然有重要意涵，儘管幾年下來已經大致不成勢力，巴格達迪也已去世，但誰都無法保證以後就不會有另一波的新勢力，以不同的形式持續一樣的行動。或許在下一階段的伊斯蘭國、或者企圖整合伊斯蘭的新勢力，會有機會突破西方在西亞所設置的框架。

二、伊朗與美國的對峙

一九七九年伊朗在革命之後，出現的不僅是反美的政府，還是由宗教界人士擔任精神領導的國家。革命後第一任精神領導人為宗教人士何梅尼（Ayatollah Khomeini, 1902-1989），在掌政之前他就持反美立場，不斷批判巴勒維政府。革命發生時何梅尼不在伊朗境內，他也不是唯一的革命人物，事件也沒有反美的性質，革命後原本有臨時政府成立，何梅尼也並非政府內部人員。但是，何梅尼卻頗有政治手腕地動用其支持勢力，逐步取得優勢，批判臨時政府的作為，宛如「平行政府」（parallel government）。[5]最後，在一九七九年十一月四日釀出美國駐伊朗大使館遭到伊朗人包圍、館內人員遭到挾持四百四十四天的人質事件。

迄今四十多年的時間，在國際新聞裡時常可看到美國對伊朗的制裁，等同於在伊朗外圍畫下一條線，把伊朗排擠在美國陣營外。一九八九年何梅尼去世，繼任精神領導人的哈梅內意（Ali Khamene'i）仍維持何梅尼路線，也就是持續反美。或許在非政治方面的事務可見美伊官員接觸，但就不可能再次建立外交關係。可是，美國長年來對伊朗的制裁，大概兩方很難有友好接觸。

在冷戰結束之後，一九九〇年代美國已故學者杭廷頓（Samuel Huntington, 1927-2008）的著作《文明衝突與世界秩序的重建》（*The Clash of Civilizations and the Remaking of World Word*），

指稱相同文明圈的國家會相互合作，不同文明圈的國家會相互衝突。該理論彷彿形容世界各地因七個或八個文明圈，而形成區隔你我的城牆，而且往後世界上將出現的衝突，主要會是來自於伊斯蘭文明圈與儒家文明圈。從杭廷頓的論述之中，伊斯蘭世界與中國將會是最大的敵人。[6]這也顯示，美國於冷戰這樣兩極體系對峙勝出之後，很快地要鎖定下一個假想敵，以合理化自身作為世界單一霸權的企圖。不過，杭廷頓的理論其實如人們所說的「去脈絡化」，避開了許多同文明圈國家對峙的現象，例如二十世紀兩次大戰都是歐洲國家掀起，仔細分析後反而覺得這理論的建構僅是檢選特定事例，並非適用各個時空。

一九九七年當選伊朗總統的哈塔米（Mohammad Khatami）主張「文明對話」（Dialogue among Civilizations），回應了杭廷頓的「文明衝突論」。杭廷頓試圖設置無形的界線區隔你我，而哈塔米則是要打破這條界線。伊朗雖在一九七九年反對美國，但對抗美國並非就是窮凶惡極，也不代表不願意與其他國家接觸。

其實每個國家都有選擇發展路線的權利，國與國之間的關係並不一定要友好，伊朗沒有必要永久都與美國友好。但是，強權總是不願意有人「不聽話」。也由於伊朗的反美立場，所以也連帶反對與美國友好的國家，例如以色列與沙烏地。在今日諸多西亞的糾紛之中，時常可見伊朗與以色列及沙烏地的相互批判。伊朗與沙烏地之間的對峙，其實不是什葉派與遜尼派的問題，而是對美關係的問題。伊朗也支持對抗以色列的阿拉伯勢力，例如在黎巴嫩的真主黨（Hezbollah，什葉派）與加薩的哈馬斯（HAMAS，遜尼派），從教派來看，伊朗支持誰並不見得把教派納入考量。有些伊朗媒體不稱以色列為「以色列」，而是「猶太復國主義者政權」（Zionist Regime）。有輿論提到，伊朗批判現在的混亂就是來自於「猶太復國主義者－美國－沙烏地」（Zionist–USA–Saudi）的邪惡軸心。美國要畫線排擠伊朗，伊朗當然也可以畫自己的線來回應美國。

於是，我們可以看到，今日的葉門內戰中，當沙烏地支持葉門政府時，伊朗支持反政府勢力；敘利亞內戰不斷，當美軍協助反政府勢力時，伊朗則支持敘利亞政府；當加薩一再遭以色列轟炸時，對此表達最多關注的不是阿拉伯國家，反而是伊朗。從現在哈梅內意的推特帳號可看到，他時常發表反美、反以色列的言論（當然這一定是他的小編寫的），看似要整合伊斯蘭世界，突破美國陣營的壓制。學者阿迪布摩格達姆說，哈梅內意把伊朗視為區域與國際政治的中心、以色列與巴勒斯坦衝突的中心，還有穆斯林世界的中心。[7]其實每個國家都有自我中心的一面，視自己在區域政治裡擁有重要地位，哈梅內意的想法並不誇張。

此外，伊朗也有意建立自己的「家庭」。二〇一九年九月伊朗總統羅哈尼（Hassan Rouhani）在聯合國大會提出「荷姆茲和平奮鬥倡議」（Hormuz Peace Endeavor Initiative），以英文字首縮寫而為「希望倡議」（HOPE Initiative），試圖要「集結波斯灣區域的國家，一同往和平、穩定、繁榮的目標邁進，而且要與全球社群取得共同利益，以求航運與能源的自由與安全。」該倡議在二〇二〇年一月六日與七日的「德黑蘭對話論壇」（Tehran Dialogue Forum）裡，以波斯灣國家為主，共二十三個國家參與討論。未來波斯灣區域會有哪方面的發展還不清楚，但至少伊朗聲明「不會讓美國參與」。

或許主流輿論會認為，「美國何必參與這種第三世界的小咖活動？」美國與沙烏地的確對這個伊朗倡議，持嗤之以鼻的態度。但是，伊朗與鄰近國家的結合，很明顯地就是要因應今日美國在波斯灣地區搞破壞，牽涉到石油產業、海上貿易等利益問題。而波斯灣連結了印度洋、阿拉伯海、紅海，這區域一有風吹草動，必然會波及東亞、非洲、歐洲。由這樣的情況來看，伊朗正在建立以波斯灣地區為主的大家庭，希望有志一同者積極參與。在第一章曾提過，十六世紀鄂圖曼的世界就是個「大家庭」，法國與其他歐洲國家需要接受鄂圖曼的遊戲規則，那是法國與歐洲國家要加入「鄂圖曼家庭」。現在的伊朗，也是在建立自己的區域與國際秩序、建立自己的「伊朗家庭」。

近來有個說法認為西亞幾個伊朗為首的什葉派勢力，例如伊朗、伊拉克、敘利亞、黎巴嫩、真主黨，有逐漸集結起來的態勢，形成宛如新月模樣的陣營，故稱為「什葉新月」（Shiite

Crescent）。[8]這意指是什葉派與遜尼派勢力彼此劃清了界線，也屬意識形態的區隔。筆者並不認為什葉派與遜尼派之間有宗教性質的衝突，而是認為僅是表面上看起來有宗教性質，反而主要是因為上述幾個什葉派勢力在這時代都與美國及以色列對峙，而幾個遜尼派國家與美國關係較為友好。問題的癥結點其實是在於西亞國家對美國的關係，不在於宗教。而且，這幾個什葉派勢力要有什麼作為的話，也不盡然願意由伊朗領導。

伊朗在這四十多年來受到美國的排擠與制裁，但伊朗也沒有因此崩潰。而且，若要談民主發展，伊朗總統是民選的、國會議員也是民選的。或許伊朗精神領導人才是國家發展真正的決策者這一部分，讓人抨擊這不是民主，但又有何不可？眾多所謂民主國家都不同的模式，何以人們可接受歐美各國多樣的民主模式，卻不接受伊朗的民主模式？若說伊朗沒有輿論自由、沒有人權，但美國或其他國家就真的什麼話都能說、什麼事情都有保障嗎？任何模式與價值觀都是這世界發展的一部分，沒有誰應該被抹煞。

三、阿以關係正常化

當「泛阿拉伯主義」越顯無以為繼時，以色列正一路順遂擴大陣營。二〇二〇年八月之後出現巴林（Bahrain）、阿拉伯聯合大公國（United Arab Emirates）、摩洛哥（Morocco）三國，先後與以色列建交。即使這幾個國家都不與以色列有領土接壤，但從廣義的阿拉伯人標準來說，無論哪個地區的阿拉伯人或者穆斯林，其心理層面可能都會認為若承認以色列的話，對阿拉伯人的整合都是莫大的傷害。但是，也有可能若干阿拉伯國家都知道與以色列不相來往，等於不與美國友好，連帶就在國際間的發展可能就會如伊朗一樣受到限制，因此不得不與以色列建立關係。但是，這樣的發展，似乎等於「大以色列」在對「泛阿拉伯主義」的競爭中已經獲得勝利。

許多報導指出，這是西亞歷史的重大轉折點、分水嶺，西亞世界將邁向和平的道路。但是近幾十年來，阿拉伯與以色列的衝突都沒有解決方案，難道會因為美國主導之下的協議簽署、外交正常化（還得問什麼標準才是「正常化」？），這樣的轉折點、分水嶺，又何以就是往「好」「和平」的一面發展？有沒有可能轉「壞」、轉為「動盪」？而且，一切情勢是好是壞，又是以誰的標準來判斷呢？

其實不管地域、教派，還是有不少阿拉伯人或穆斯林仍致力於反對以色列，東南亞的馬來西亞（Malaysia）與一九七九年後的伊朗可作代表。馬來西亞以伊斯蘭國家自居，民眾的護照還印有「持本護照可去任何國家，除了以色列」（This passport is valid for all countries except Israel）的字樣。伊朗現任精神領導人哈梅內意時常在他的推特帳號批判以色列，或者呼籲穆斯林不分遜尼派與什葉派，應團結一致反美抗以。

只是，這看起來似乎也沒有對於巴勒斯坦有什麼樣的幫助，我們還是可以看到，自一九六七年以來，以色列除了一九七九年之後因埃及的和談，才願意退出西奈半島，可是卻仍無意離開西岸、加薩、戈蘭高地。在二〇〇三年之後，以色列在約旦河西岸設置了隔離牆，為的是防範來自約旦河西岸的自殺炸彈客，[9]隔離牆也陸續出現在加薩與其他地區。[10]隔離牆等於巴勒斯坦的新界線，這已不是一九三七年以來那些阿猶分治的方案了，而是把阿拉伯人的區域當作禁地，把阿拉伯人當作囚犯了。以色列的領土與陣營越是固若金湯，越代表阿拉伯世界越來越難補齊這缺失的一角。

上述的變化，其實都是因為美國與以色列處於優勢，而阿拉伯人必須遵照美以的遊戲規則，才能取得一點「和平」、「好」的成果。因而「和平」是美以的標準，不是阿拉伯人的標準。阿以之間若有衝突，就是「動亂」、「壞」的結果。跟美國與以色列交涉，就是「和平主義者」，跟美以對抗，就是「恐怖分子」。一九九一年年底蘇俄解體，宣告冷戰結束，美國轉瞬間成了無人能挑戰的世界霸權，以色列擁有世界最強的靠山，誰是阿以問題的贏家已不言而喻。所以，在一段時間以來，阿以問題在較為強勢的阿拉伯國家難以有所作為之後，巴勒斯坦就成了以色列恣意蹂躪的地區了。加薩再怎樣被以色列轟炸，也不會有任何國家協助，網友也不會哀悼。反觀歐洲社會一有疑似穆斯林的犯行，大家就哀鴻遍野，且將有關伊斯蘭與穆斯林的一切都歸類為「恐怖主義」、「恐怖行動」。

阿以問題雖然其重點角色不斷改變，但本質與其意涵卻不變，即「以色列就是要占有巴勒斯坦」、「最好要聽美國與以色列的話」、「不聽話就是恐怖分子」，目前是不可能改變的。觀察阿以問題雖然有很多複雜面向，但又有一些面向其實是想都不用想也知道不會有解決方案。

美國一直都站在以色列這一方，二〇一七年十二月，美國前總統川普宣布耶路撒冷為以色列首都，又在隔年五月十四日，以色列建國七十週年的時候，正式將美國大使館從特拉維夫（Tel Aviv）遷至耶路撒冷。二〇一九年三月，川普還宣布以色列擁有戈蘭高地的主權，而以色列的回禮就是把該地其中一地命名為「川普高地」。若是這樣發展下去，是否未來某一天連約旦河西岸與加薩，也成了以色列擁有主權的領土。進入二十一世紀，利庫德在以色列政壇幾乎都處於主導姿態，隸屬利庫德的總理納坦雅胡（Benjamin Netanyahu）自二〇〇九年之後執政至二〇二一年才卸任，這期間隨時都有以色列轟炸加薩的消息傳出，卻未見美國對以色列的譴責，而周邊的阿拉伯國家也是無力與以色列對抗。

此外，主流輿論都還是認同以色列的作法，巴勒斯坦或者阿拉伯國家幾乎不會收到國際的正面看待。少數學者持批判以色列的立場，如學者米爾斯海默（John J. Mearsheimer）與沃爾特（Stephen M. Walt）說：「美國幾乎無條件支持以色列，而且若有人要質疑美國對以色列的政策，反而會招致批判。」[11]學者芬克斯坦（Norman G. Finkelstein）對以色列也抱持譴責的態度，他引用了報導上的文字：「以色列……染上了『撒謊文化』。」[12]而且，芬克斯坦也批判國際間似乎也樂於被以色列欺騙，都能夠接受是以色列處於危急存亡之秋的情勢之下。於是，在這時代要看到阿拉伯人突破過去任何一個界線，幾乎是不可能的任務了。

四、西方與西亞的模糊界線

二〇二〇年十月十九日，巴黎西北區有教師帕帝（Samuel Paty）被斬首一事，沒多久後又有尼斯（Nice）聖母院教堂的攻擊，犯案人都是穆斯林。看似相當多元與自由的法國，卻發生了諸多所謂穆斯林「恐怖攻擊」事件。二〇一五年一月的《查理週刊》（*Charlie Hebdo*）事件最具代表性，雖然該週刊向來以嘲諷為特色，但嘲諷伊斯蘭先知穆罕默德，週刊總部卻遭到穆斯林開槍掃射。這會是伊斯蘭信仰的問題？還是法國社會問題？能有解決的方法嗎？

不少穆斯林已經都移居歐洲，法國也是其中一國。看起來應該不少穆斯林都與融入法國社會之中，但似乎問題不斷，除了《查理週刊》事件，還有國會議員不滿穆斯林學生戴頭巾進入會場一事。換個角度來看，不見得是穆斯林不願意入境隨俗，反而像是法國政府運用權力來侷限穆斯林的自由，進而聲稱法國的「自由」才是自由。如果僅以頭巾的問題來看，並不是拿掉頭巾就是自由，也不是披戴頭巾就受到控制與牽制。

當然無論是帕帝事件或者尼斯事件，都令人悲痛，但多數媒體直接定義這些是「恐怖攻擊」，卻是妖魔化了穆斯林的形象，更讓人認為「西方」與「伊斯蘭」不可能有交集。不過，畢竟不是所有的穆斯林都會犯下這些事情，伊斯蘭信仰也不會構成信徒的偏激觀念與行為。換個角度來看，過去法國與其他帝國主義國家對於西亞穆斯林的政治壓迫、軍事侵犯、觀念批判，其實也都是讓當地政府與人民難以承受的「恐怖主義」。而且，何以穆斯林的行動就稱為「恐怖行動」？法國籍任何身分的罪犯可能罪行更重，不也「恐怖」？

在尼斯事件之後，法國總統馬克宏表示「法國不會放棄諷刺漫畫與塗鴉」，也呼籲「捍衛法蘭西自由價值毫不妥協」。馬克宏的立場與宣示並沒有錯，身為一國領導，他當然必須要強勢，也必須標榜法國標準的「自由」。然而，對於不少穆斯林來說，是否他們的「自由」長期受到了法國（包括整個歐美社會）「自由」的框架，所以在諸多不滿與抵抗之後，產生了今日的血腥事件？不同地區的穆斯林在法國發動攻擊，是否他們認為法國的「自由」太過於趾高氣昂？土耳其總統艾爾多安批判馬克宏「應該去看精神科」，然後要「抵制法國貨」。主流國際輿論多是站在馬克宏這邊，覺得是艾爾多安隨便放砲。通常非歐美國家的問題，都會有歐美的領導人物出面批判、譴責。反而歐美的問題，鮮少有非歐美國家領導人表示立場，有的話媒體也不會從正面角度報導。然而，這樣讓人對於一些事情的觀察就流於偏見，也缺少多方面的思考。

諸多媒體稱擁有宗教背景的艾爾多安為現代哈里發，頗帶有嘲諷他如衰敗鄂圖曼哈里發的意涵。如同多數媒體看伊斯蘭國的巴格達迪一樣，都持負面的立場。然而，艾爾多安若認為自己是哈里發而可以關心各地穆斯林問題，有何不可？自古以來的帝王與領導者都要掌握世界局勢的企圖心，大家的觀念都一樣，不分古代與現代，美國總統不也如此？二〇二〇年八月，黎巴嫩首都貝魯特的爆炸事件後，馬克宏樂意提供協助。馬克宏若願意跨區協助黎巴嫩，那艾爾多安對於法國穆斯林的關注並不是「撈過界」。也許多數人並不認同艾爾多安對馬克宏的批判，這是所謂西方中心觀在心理作祟。畢竟以前帝國主義者在控制非歐美地區，以所謂優越的西方文明來「指導」殖民地時，自己其實並沒有比較穩定與優秀。即使到了二十一世紀這個時代，大家較為認同的西方國家，其實也是一堆狗屁倒灶的事情。艾爾多安對馬克宏的批判，並非無理取鬧，反而人們可多思考非西方、非歐美的立場來看待世界。

當然法國人與穆斯林之間肯定不存在深仇大恨，法國社會裡也會有許多法國人與穆斯林是好朋友。如同英國學者布羅頓（Jerry Brotton）撰寫的《女王與蘇丹》（*This Orient Isle*），雖然主要談論十六世紀英國與鄂圖曼之間的接觸與交流，但他的目的就是要表現出基督教與伊斯蘭教世界之間複雜的互動，並不是今日流行的「文明衝突論」可以說明的。其意涵就是，「文明衝突論」那種粗糙又草率的論斷，並不應該是我們看待西方與伊斯蘭的出發點。[13]布羅頓也說，他的成長過程中，也與不同宗教圈的小孩一同上學與玩耍，不會談論信仰分歧的話題。於是，我們不能認為將近期法國幾起事件，甚至任何跨區域與文化的衝突，視為是「文明的衝突」。法國現在面臨的問題，是歷史尚未解決的問題所導致，未來應該還是會持續發生。

多年前美國的已故中東史大師路易斯（Bernard Lewis, 1916-2018）出版的《哪裡出了錯？》（*What Went Wrong*），為二〇〇一年九一一事件之後的作品。他帶入的討論是，究竟是什麼原因導致穆斯林對於西方如此痛恨？為什麼穆斯林如此激進地要跟「自由」、「民主」、「進步」、「開放」的西方對立？甚至，為什麼這些曾擁有高度文明的穆斯林，在近代卻落後於西方世界？[14]但是，近代的西化固然是主要潮流，卻不代表那就是唯一的價值觀，更不代表這個潮流的方向就是「對」的。而且，不同族群、社會、國家之間的關係，其實都是以交流與學習為多，在長久的發展之下，已經很難釐清目前價值觀與生活習慣的原本面貌。那又有誰「錯」了或「對」了呢？

「西化」是潮流，對部分西亞的人來說那是所謂富國強兵的重要步驟。這潮流之中也有人持反對意見，畢竟這是被切割地支離破碎的區塊，在那時期受到傷害、甚至歧視的人們以及他們的後代家族，對過去這百年來的經驗必然表現敵對的態度。再者，在我們這個非西方世界受西方宰制的時期，人們多半已經認為非西方世界之所以被宰制，就是因為非西方不如西方，很多非西方的本質與習慣都是「錯誤的」，造成了在近代的挫敗。「專制」、「腐敗」、「落後」、「不知變通」成了非西方的代名詞，透露出近代西方走在「正確道路」上的意涵。

路易斯認為穆斯林把他們「走錯路線」歸咎於排斥西方、敵對西方，透露出伊斯蘭與基督勢力的對立與衝突，而且是西方「對了」、穆斯林「錯了」的概念。因此，現今加薩的阿拉伯人對以色列發動攻擊，「錯了」；伊朗不與美國友好，「錯了」；高喊「真主至大」（Allah Akbar），「錯了」；對諷刺漫畫的批判與攻擊，「錯了」；建立「哈里發國」，也「錯了」。西方國家的作為，都是為了伸張正義、保護世界。持槍的穆斯林是恐怖分子，而按下飛彈按鈕的西方領袖都是和平分子。

誰對誰錯？其實沒有明確的答案。許多穆斯林的經歷，不是其他世界所能理解的。近代的西方與西亞關係過於密切，以致於兩方在各方面的利益糾葛過深，不可能在短時間內改變兩方關係已經建立出的互動慣性。固然有正面性質的交流，但卻因為人們多關注負面性質的衝突，再加上既定的西方優越、正確的印象，形成根深蒂固的偏見。當我們批判那些疑似穆斯林犯下的爆炸或槍擊案很殘忍時，也該檢討美國軍隊在西亞的轟炸。

五、中國與伊朗的合作

二〇一六年一月十九到二十三日，中國國家主席習近平主席出訪了沙烏地阿拉伯、埃及、伊朗，那時在國際輿論造成話題。中國與沙烏地，延續二〇〇八年習近平訪問沙國以來的情誼；那年是中國與埃及建交六十週年，故習近平在阿拉伯國家聯盟的開羅總部演講，都相當有歷史意義；習近平與伊朗精神領袖哈梅內意碰面，這大概全球沒多少人有這種待遇。幾天下來，中國表現出積極合作與發展的態度。若把這樣的行程，當作亞洲國家交流的里程碑，甚至是世界歷史發展的新起點，其實不為過。

從主流角度來看，習近平出訪西亞國家，是一場不尋常的出訪。為什麼說「不尋常」？以西方觀點來說，跟他們立場不同的國家都對西方有敵意、都企圖形成反西方勢力；其領導人的執政無論有多少成果，只會換來「政治強人」的獨裁形象。這時候如果是國際間喜愛的國家相互訪問，可能報導的方向就不會強調「尋不尋常」。問題就在於，中國與伊朗都是現階段不受國際社會歡迎的國家，怎麼做大家都會覺得「不尋常」，相當符合上述路易斯的思維。

看過上個世紀、或者十九世紀以來非西方地區的歷史，不外乎就是衰敗、落後的形象，以及被西方帝國主義壓制。儘管西亞國家的外交並不失敗，但軍事方面不如西方就是吃了悶虧。這也不代表西方有多麼優越，只是西亞國家時不我予。然而，西方的帝國主義帶來諸多對立與衝突，從十九世紀的英國與俄國，到二十世紀的美國與蘇俄，他們在西亞世界留下的影響只有混亂一場。二〇一六年中國對西亞的合作倡議，完全有別於該地區過去的遭遇。只是，主流輿論對於中國與西亞的接觸，卻如上一段討論到路易斯給西亞所下的結論：他們的所作所為不合西方標準，就是「錯」的。

可見，即使現在歐美對西亞的研究與觀察是多如牛毛，貌似瞭解甚深，但多元與公允地對於當地之理解又有多少？若是都把焦點放在西亞是否民主化，這根本是幾十年來沒有改變過的觀察角度，如此太過於單一與缺乏變化的視角，結果看到的只有西亞的「問題」與「動盪」。在西方媒體之中，多半觀察這次中國的出訪，是否對於沙烏地與伊朗的惡劣關係、或是對中國新疆穆斯林問題有所影響。這很顯然表示出，現在主流輿論對於西亞、穆斯林的動向仍是專注在「衝突」與「動盪」，還沒意識到他們該不該調整態度與政策，才會「以小人之心來度君子之腹」認為中國的出訪不甚尋常。

習近平的行程，不如就單純看作是二〇一三年以來「一帶一路倡議」（Belt and Road

Initiative）之後的實際行動，而且，很早之前中國就已經在商貿、建設、通信方面扎根西亞地區了，不會是因為習近平出訪才要正式開始交流。這些都是長年下來中國與伊朗、西亞國家交流的後續發展，主流輿論卻鮮少注意。習近平出訪伊朗與其他西亞國家，其實就是更加確定彼此之間的關係是往正面友好的方向前進。

二〇二一年三月底，中國與伊朗簽署了一份為期二十五年的經貿合作協議，這算是百年以來中伊關係的新進程。回首百年前，中伊之間在一九二〇年簽署過《中華波斯通好條約》，在當時都還受西方帝國主義壓迫的時代裡，中國與伊朗的接觸與通好，帶有亞洲國家合作對抗西方勢力的意涵。[15]只是那時候的「中國」，是中華民國。一九五八年五月，巴勒維國王來到臺北訪察，在當下呈現的是冷戰時期亞洲的所謂自由世界國家接觸的盛況。不過，到了一九七一年，伊朗與中華人民共和國建交。稍微覺得無奈的是，百年前的中伊通好是為了亞洲國家合作以面對西方的壓力，百年後的合作似乎也有相似的目的。此刻中伊合作，仍有要突破國際強權壓力的用意。非西方世界看似在一戰後有機會走上民族自決之路，但看起來要突破西方強權畫下的界線，還有很長一段路要走。

• • •

整體看來，現代西亞的前世今生，夾雜著帝國主義國家在各地的壓迫，受壓迫者的抵抗，再加上新情勢的發展，更是讓這區域的舊問題，層層疊上新的問題。在鄂圖曼解體之後，英法所畫出的新的界線，為的就只是兩強權個別的利益。當地人的抵抗，英法雖難以處理，但終究英法較為強勢，而得以掌控西亞地區。當地人所認定的界線、疆界與英法的協議與協定相互對抗，百年來都沒有結束。

本書從不同區域來觀察上述的情況，從巴爾幹、兩河流域、黎凡特、巴勒斯坦、埃及、阿拉伯半島、高加索、阿富汗，看到了鄂圖曼崩潰後的諸多壓力與抵抗，而且，特別是阿拉伯國家之間，對於要如何抵抗西方強權有不同的方式，也為了要對付受強權支持而建立的以色列，導致彼此互為對手，而伊朗也在其東西兩側的邊界面臨壓力。所有的界線劃分，最終都有諸多勢力持續拉扯，各份協定、協議、條約、決議案雖欲解決某些問題，但往往都製造新的問題，導致情勢更難處理。百年前諸多界線劃分所引出的爭議，轉化成了意識形態的競爭，像是「反帝國主義」、「泛阿拉伯主義」、「猶太復國主義」的相互拉扯。於是，儘管一戰、二戰、冷戰這些時期都已過去，很多今日二十一世紀所見的一些新的情勢，其實都還在回應上個世紀的歷史，或者說是上個世紀舊情勢的轉型。這彷彿是這個區域的「前世與今生」，上個世紀的魂魄轉世投胎，在這世紀看似有了新的面貌，但骨子裡仍然是以前的樣子。那些往事，並不如煙。

今日臺灣與西亞的關係並不緊密，但我們過去也與這些國家有過外交關係，一樣都受到國際局勢的影響而產生意外的結果，其中都不乏意識形態的糾結。儘管我們今日所處的情勢沒有西亞國家如此不樂觀，我們當然也不希望有更多的問題發生，但別以看懶人包的方式來看待西亞，而是應觀察其中各區域的狀況，瞭解其中較為細部的個別特性，以避免僅有國際間主流觀念的認識，卻缺少對西亞問題的反思。換個角度來看每一個問題，可看到不同面向、得到不同觀點，進而拓展自己的視野。

陳立樵，〈一次戰後中國與伊朗之權益爭取及條約締結（1918-1921）〉，《近代中國外交的大歷史與小歷史》，臺北：政大出版社，2016，頁 1-28。
麥克爾阿克斯沃西著，周思譯，《波斯之劍：納迪爾沙與現代伊朗的崛起》，北京：民主與建設出版社，2021。
提姆馬歇爾著，林添貴譯，《牆的時代：國家之間的障礙如何改變我們的世界》，新北：遠足文化，2019。
提姆麥金塔史密斯編，苑默文譯，《伊本巴杜達遊記：給未來的心靈旅人》，新北：臺灣商務印書館，2015。
菲利普曼瑟著，林玉菁譯，《黎凡特》，臺北：馬可孛羅，2020。
塔米姆安薩里著，鐘鷹翔譯，《無規則遊戲：阿富汗屢被中斷的歷史》，杭州：浙江人民出版社，2018。
詹姆斯巴爾著，徐臻譯，《瓜分沙洲：英國、法國與塑造中東的鬥爭》，北京：社會科學文獻出版社，2018。
瑪格蕾特麥克米蘭著，鄧峰譯，《巴黎和會：締造和平還是重起戰爭？重塑世界新秩序的關鍵 180 天》，臺北：麥田出版，2019。
瑪雅加薩諾夫著，朱邦芊譯，《帝國的東方歲月（1750-1850）：蒐藏與征服，英法殖民競賽下的印度與埃及》，臺北：貓頭鷹出版，2020。
趙軍秀，《英國對土耳其海峽政策的演變（18 世紀末至 20 世紀初）》，北京：中國社會科學出版社，2007。
諾曼芬克斯坦著，吳鴻誼譯，《加薩戰火：以色列的侵略，與巴勒斯坦無解的悲劇》，新北：光現出版，2019。
霍布斯邦等著，陳思仁等譯，《被發明的傳統》，臺北：貓頭鷹出版，2002。
戴維弗羅姆金著，栾力夫譯，《終結所有和平的和平：奧斯曼帝國的衰亡與現代中東的形成》，北京：中信出版，2020。
濮德培著，葉品岑、蔡偉傑、林文凱譯，《中國西征：大清征服中央歐亞與蒙古帝國的最後輓歌》，新北：衛城出版，2021。
薩依德著，王志弘、王淑燕、郭莞玲、莊雅仲、游美惠、游常山譯，《東方主義》，新北：立緒文化，2005。

林佳世子著，林姿呈譯，《鄂圖曼帝國五百年的和平》，新北：八旗文化，2019。
姚遠梅，〈杜蘭德線：侵略阿富汗的泥潭——從十九世紀英國人建立「科學邊界」說起〉，《俄羅斯研究》，2012年第5期，頁37-61。
查爾斯金著，葉品岑譯，《午夜的佩拉皇宮：近代伊斯坦堡的誕生》，臺北：麥田出版，2017。
查爾斯金著，蘇聖捷譯，《黑海史：歐亞角力場》，上海：東方出版中心，2020。
約翰J米爾斯海默、斯蒂芬M沃爾特著，王傳興譯，《以色列遊說集團與美國對外政策》，上海：上海人民出版社，2009。
埃雷斯馬內拉著，吳潤璿譯，《1919：中國、印度、埃及、韓國，威爾遜主義及民族自決的起點》，新北：八旗文化，2018。
徐中約著，屈文生譯，《中國進入國際大家庭：1858-1880年間的外交》，北京：商務印書館，2018。
格倫巴基，〈鄂圖曼帝國的多元〉，收錄於艾哈邁德T庫魯、阿爾佛雷德史蒂本著，林佑柔譯，《土耳其化的伊斯蘭》，新北：光現出版，2017，頁35-55。
班納迪克安德森著，吳叡人譯，《想像的共同體：民族主義的起源與散布》，臺北：時報文化，2019。
貢德法蘭克著，劉北城譯，《白銀資本：重視經濟全球化中的東方》，北京：中央編譯出版社，2001。
貢德法蘭克著，羅伯特德內馬克編，吳延民譯，《十九世紀大轉型》，北京：中信出版，2019。
馬克馬佐爾著，劉會梁譯，《巴爾幹：被誤解的歐洲火藥庫》，新北：左岸文化，2005。
崔進揆，〈衝出封鎖線？伊朗與「什葉新月」勢力之建構〉，《歐亞研究》，第一期，2017年10月，頁31-40。
悉納阿克辛著，吳奇俊、劉春燕、劉義譯，《土耳其的崛起（1789年至今）》，北京：社會科學文獻出版社，2017。
陳立樵，〈伊朗西部邊界劃分與英國之交涉（1905-1914）〉，《成大歷史學報》，第46號，2014年6月，頁141-177。
陳立樵，〈石油開採與英伊關係（1901-1914）〉《東吳歷史學報》，第32期，2014年12月，頁203-240。

尤金羅根著，黃煜文譯，《阿拉伯人五百年史（下）》，臺北：貓頭鷹出版，2019。
王三義，《奧斯曼帝國晚期研究（1792-1918）》，北京：中國社會科學文獻出版社，2015。
尼札姆莫爾克著，藍琪、許序亞譯，《治國策》，昆明：雲南人民出版社，2002。
布特羅斯布特羅斯蓋里著，許綬南譯，《從埃及到耶路撒冷：蓋里的中東和平之路》，臺北：貓頭鷹出版，1999。
休甘迺迪著，黃煜文譯，《先知的繼承者：伊斯蘭最高領袖哈里發統治的國度》，臺北：貓頭鷹出版，2021。
吉卜林著，廖綉玉譯，《基姆》，臺北：聯經出版，2017。
艾尼斯特葛爾納著，李金梅與黃俊龍譯，《國族與國族主義》，臺北：聯經出版，2001。
艾瑞克霍布斯邦著，李金梅譯，《民族與民族主義》，臺北：麥田出版，1997。
西恩麥克米金著，黃中憲譯，《終局之戰：鄂圖曼帝國的瓦解，和現代中東的形成（上）》，新北：左岸文化，2019。
西恩麥克米金著，黃中憲譯，《終局之戰：鄂圖曼帝國的瓦解，和現代中東的形成（下）》，新北：左岸文化，2019。
伯納路易斯著，楊淑君譯，《哪裡出了錯？：論西方與伊斯蘭世界的衝突》，臺北：商周出版，2003。
李察克羅格著，蘇俊翔譯，《錯過進化的國度——希臘的現代化之路》，新北：左岸文化，2003。
里博著，李易安譯，《歐亞帝國的邊境：衝突、融合與崩潰，16-20世紀大國興亡的關鍵（上）》，臺北：貓頭鷹出版，2020。
里博著，李易安譯，《歐亞帝國的邊境：衝突、融合與崩潰，16-20世紀大國興亡的關鍵（下）》，臺北：貓頭鷹出版，2020。
奇麥可著，吳緯疆譯，《成為黃種人：一部東亞人由白變黃的歷史》，新北：八旗文化，2015。
杭亭頓著，黃裕美譯，《文明衝突與世界秩序的重建》，臺北：聯經出版，1997。
杰里布羅頓著，張瑨璐譯，《女王與蘇丹》，北京：民主與建設出版社，2019。

Christians, 1856-1914 (New York: Oxford University Press, 2016).

Warburg, Gabriel R.. "The Condominium Revisited: The Anglo-Egyptian Sudan 1934-1956: A Review Article," *Bulletin of the School of Oriental and African Studies*, Vol. 56, No. 1 (1993), pp. 1-12.

Warburg, Gabriel. "The Sudan, Egypt and Britain, 1899-1916," *Middle Eastern Studies*, Vol. 6, No. 2 (May, 1970), pp. 163-178.

Wasti, S. Tanvir. "The 1877 Ottoman Mission to Afghanistan," *Middle Eastern Studies*, Vol. 30, No. 4 (October, 1994), pp. 956-962.

Wilks, Ann. "The 1921 Anglo-Afghan Treaty: How Britain's 'Man on the Spot' Shaped this Agreement," *Journal of the Royal Asiatic Society*, Vol. 29, Issue 1, (January, 2019), pp. 75-94.

Wilson, Mary C.. "King Abdullah and Palestine," *Bulletin (British Society for Middle Eastern Studies)*, Vol. 14, No. 1 (1987), pp. 37-41.

Wilson, Mary C.. *King Abdullah, Britain and the Making of Jordan* (Cambridge: Cambridge University Press, 1987).

Wyatt, Christopher M.. *Afghanistan and the Defence of Empire: Diplomacy and Strategy during the Great Game* (London and New York: I.B. Tauris, 2011).

Yaphe, Judith S.. "The View from Basra: Southern Iraq's Reaction to War and Occupation, 1915-1925," in Simon, Reeva Spector and Tejirian, Eleanor H. (eds). *The Creation of Iraq, 1914-1921* (New York: Columbia University Press, 2004), pp. 19-35.

Zamir, Meir. "Faisal and the Lebanese Question, 1918-20," *Middle Eastern Studies*, Vol. 27, No. 3 (July, 1991), pp. 404-426.

Zarinebaf, Fariba. "Azerbaijan between Two Empires: A Contested Borderland in the Early Modern Period (Sixteenth-Eighteenth Centuries)," *Iranian Studies*, Vol. 52, Nos. 3-4 (2019), pp. 299-337.

大衛弗萊著，韓翔中譯，《城牆：從萬里長城到柏林圍牆，一部血與磚打造的人類文明史》，新北：臺灣商務印書館，2020。

大衛范恩著，林添貴譯，《基地帝國的真相》，新北：八旗文化，2019。

尤金羅根著，何修瑜譯，《鄂圖曼帝國的殞落：第一次世界大戰在中東》，臺北：貓頭鷹出版，2016。

尤金羅根著，黃煜文譯，《阿拉伯人五百年史（上）》，臺北：貓頭鷹出版，2019。

(London: Westview Press, 2011).
Suny, Ronald Grigor. *Looking Toward Ararat: Armenia in Modern History* (Bloomington and Indianapolis: Indiana University Press, 1993).
Sykes, Christopher. *Wassmuss "The German Lawrence"* (London: Longmans, Green and Co., 1936).
Tahir-Kheli, Shirin. "Soviet Fortunes on the Southern Tier: Afghanistan, Iran, and Pakistan," *Naval War College Review*, Vol. 34, No. 6 (November-December, 1981), pp. 3-13.
Tauber, Eliezer. "The Struggle for Dayr al-Zur: The Determination of Borders between Syria and Iraq," *International Journal of Middle East Studies,* Vol. 23, No. 3 (August, 1991), pp. 361-385.
Teitelbaum, Joshua. "Pilgrimage Politics: The Hajj and Saudi-Hashemite Rivalry, 1916-1925," in Susser, Asher and Shmuelevitz, Aryeh (eds). *The Hashemites in the Modern Arab World: Essays in Honour of the Late Professor Uriel Dann* (New York: Frank Cass, 1995), pp. 65-84.
Teitelbaum, Joshua. "Shairf Husayn ibn Ali and the Hashemite Vision of the Post-Ottoman Order: From Chieftaincy to Suzerainty," *Middle Eastern Studies*, Vol. 34, No. 1 (January, 1998), pp. 103-122.
Toynbee, Arnold J.. "Greece," in Forbes, Nevill. Toynbee, Arnold. Mitrany, David and Hogarth, D. G.. *The Balkans: A History of Bulgaria, Serbia, Greece, Rumania, Turkey* (Oxford: Clarendon Press, 1915), pp. 136-210.
Trumpener, Ulrich. *Germany and the Ottoman Empire, 1914-1918* (Princeton: Princeton University Press, 1968).
Tucker, Ernet. "The Peace Negotiations of 1736: A Conceptual Turning Point in Ottoman-Iranian Relations," *Turkish Studies Association Bulletin*, Vol. 20, No. 1 (Spring, 1996), pp. 16-37.
Ulrichsen, Kristian Coates. *The First World War in the Middle East* (London: Hurst & Company, 2014).
Vandewalle, Dirk. *A History of Modern Libya* (New York: Cambridge University Press, 2012).
Volodarsky, Mikhail. *The Soviet Union and Its Southern Neighbours: Iran and Afghanistan, 1917-1933* (London: Frank Cass, 1994).
Vovchenko, Denis. *Containing Balkan Nationalism: Imperial Russia & Ottoman*

Shaffer, Brenda. *Borders and Brethren: Iran and the Challenge of Azerbaijani Identity* (Massachusetts: The MIT Press, 2002).

Shaw, Stanford J. and Kuralshaw, Ezel (eds). *History of the Ottoman Empire and Modern Turkey Volume II: Reform, Revolution, and Republic: The Rise of Modern Turkey, 1808-1975* (Cambridge: Cambridge University Press, 1977).

Shlaim, Avi. "Israel and the Arab Coalition in 1948," in Rogan, Eugene L. and Shlaim, Avi (eds). T*he War for Palestine: Rewriting the History of 1948* (Cambridge: Cambridge University Press, 2007), pp. 79-103.

Shlaim, Avi. *Collusion across the Jordan: King Abdullah, the Zionist Movement, and the Partition of Palestine* (New York: Columbia University Press, 1988).

Shuster, W. Morgan. *The Strangling of Persia* (New York: The Century Co., 1912).

Silverfarb, Daniel. "Great Britain, Iraq, and Saudi Arabia: The Revolt of the Ikhwan, 1927-1930," *The International History Review*, Vol. 4, No. 2 (May, 1982), pp. 222-248.

Silverfarb, Daniel. "The Treaty of Jiddah of May 1927," *Middle Eastern Studies*, Vol. 18, No. 3 (July, 1982), pp. 276-285.

Simon, James J.. "The Role of the Administrative Council of Mount Lebanon in the Creation of Greater Lebanon: 1918-1920," *Journal of Third World Studies*, Vol. 13, No. 2 (Fall, 1966), pp. 119-171.

Simon, Reeva S.. "The Hashemite 'Conspiracy': Hashemite Unity Attempts, 1921-1958," *International Journal of Middle East Studies*, Vol. 5, No. 3 (June, 1974), pp. 314-327.

Sluglett, Peter. "The Resilience of a Frontier: Ottoman and Iraq Claims to Kuwait, 1871-1990," *The International History Review*, Vol. 24, No. 4 (December, 2002), pp. 783-816.

Sorensen, Reginald. *Aden, The Protectorates and the Yemen* (London: Fabian International and Commonwealth Bureaux, 1961).

Spagnolo, J. P.. "French Influence in Syria Prior to World War I: The Functional Weakness of Imperialism," *Middle East Journal*, Vol. 23, No. 1 (Winter, 1969), pp. 45-62.

Stebbins, H. Lyman. *British Imperialism in Qajar Iran: Consuls, Agents and Influence in the Middle East* (London and New York: I.B. Tauris, 2016).

Streusand, Douglas E.. *Gunpowder Empires: Ottomans, Safavids, and Mughals*

Rossiter, Ash. "The Yemeni-Saudi Border: From Boundary to Frontline," in Lackner, Helen and Varisco, Daniel Martin (eds). *Yemen and the Gulf States: The Making of a Crisis* (Berlin: Gerlach Press, 2018), pp. 29-44.

Roussillon, Alain. "Republican Egypt Interpreted: Revolution and Beyond," in Daly, M. W. (ed). *The Cambridge of History of Egypt Volume 2: Modern Egypt, from 1517 to the End of the Twentieth Century* (Cambridge: Cambridge University Press, 1998), pp. 334-393.

Russell, Malcolm B.. *The First Modern Arab State: Syria under Faysal, 1918-1920* (Minneapolis: Bibliotheca Islamica, 1985).

Ryder, C. H. D.. "The Demarcation of the Turco-Persian Boundary in 1913-14," *The Geographical Journal*, Vo. 66, No. 3 (September, 1925), pp. 227-237.

Saikal, Amin. *Modern Afghanistan: A History of Struggle and Survival* (London and New York: I.B. Tauris, 2004).

Sandford, K. S.. "Libyan Frontiers," *The Geographical Journal*, Vol. 96, No. 6 (December, 1940), pp. 377-388.

Sanjian, Avedis K.. "The Sanjak of Alexandretta (Hatay): Its Impact on Turkish-Syrian Relations (1939-1956)," *Middle East Journal*, Vol. 10, No. 4 (Autumn, 1956), pp. 379-394.

Schofield, Richard N.. *Evolution of the Shatt Al-'Arab Boundary Dispute* (Wisbech: Middle East & North African Studies Press, 1986).

Schofield, Richard. "Interpreting a Vague River Boundary Delimitation: The 1847 Erzerum Treaty and the Shatt al-Arab before 1913," in McLachlan, Keith (ed). *The Boundaries of Modern Iran* (London: UCL Press, 1994), pp. 72-92.

Schofield, Richard. "Narrowing the Frontier: Mid-Nineteenth Century Efforts to Delimit and Map the Perso-Ottoman Border," in Farmanfarmaian, Roxane (ed). *War and Peace in Qajar Persia: Implications Past and Present* (London and New York: Routledge, 2008), pp. 149-173.

Schofield, Victoria. *Afghan Frontier: At the Crossroads of Conflict* (London: Tauris Parke Paperbacks, 2010).

Segal, Gerald. "China and Afghanistan," *Asian Survey*, Vol. 21, No. 11 (November, 1981), pp. 1158-1174.

Sergeev, Evgeny. *The Great Game 1856-1907: Russo-British Relations in central and East Asia* (Washington: Woodrow Wilson Center Press, 2014).

Paris, Timothy J.. *Britain, the Hashemites and Arab Rule 1920-1925: The Sherifian Solution* (London: Frank Cass, 2003).

Perra, Antonio. *Kennedy and the Middle East: The Cold War, Israel and Saudi Arabia* (New York: I.B. Tauris, 2017).

Pillai, R. V. and Kumar, Mahendra. "The Political and Legal Status of Kuwait," *The International and Comparative Law Quarterly*, Vol. 11, No. 1 (January, 1962), pp 108-130.

Pipes, Daniel. *Greater Syria: The History of an Ambition* (New York: Oxford University Press, 1990).

Porath, Y.. "Abdallah's Greater Syria Programme," *Middle Eastern Studies*, Vol. 20, No. 2 (April, 1984), pp, 172-189.

Potter, Lawrence G.. "The Evolution of the Iran-Iraq Border," in Simon, Reeva Spector and Tejiria, Eleanor H. (eds). *The Creation of Iraq, 1914-1921* (New York: Columbia University Press, 2004), pp. 61-79.

Quandt, William B.. "Camp David and Peacemaking in the Middle East," *Political Science Quarterly*, Vol. 101, No. 3 (1986), pp. 357-377.

Quataert, Donald. *The Ottoman Empire 1700-1922* (Cambridge: Cambridge University Press, 2005).

Rahim, Muddathir Abdel. "Early Sudanese Nationalism: 1900-1938," *Sudan Notes and Records*, Vol. 47 (1966), pp. 39-64.

Ramazani, R. K.. "Afghanistan and the USSR," *Middle East Journal*, Vol. 12, No. 2 (Spring, 1958), pp. 144-152.

Rasizade, Alec. "Azerbaijan's Prospects in Nagorno-Karabakh," *World Affairs: The Journal of International Issues*, Vol. 15, No. 2 (April-June, 2011), pp. 140-164.

Reyner, Anthony S.. "Sudan: United Arab Republic (Egypt) Boundary: A Factual Background," *Middle East Journal*, Vol. 17, No. 3 (Summer, 1963), pp. 312-316.

Rhett, Maryanne A.. *The Global History of the Balfour Declaration: Declared Nation* (New York and London: Routledge, 2018).

Roemer, H. R.. "The Safavid Period," in Jackson, Peter and Lockhart, Laurence (eds). *The Cambridge History of Iran Volume 6: The Timurid and Safavid Periods* (Cambridge: Cambridge University Press, 1986), pp. 189-350.

Ronen, Yehudit. "Libya's Qadhafi and the Israeli-Palestinian Conflict, 1969-2002," *Middle Eastern Studies*, Vol. 40, No. 1 (January, 2004), pp. 85-98.

York: RoutledgeCurzon, 2004).

Murphy, J. J. W.. "The Framework of Sudani-Egyptian Relations," *An Irish Quarterly Review*, Vol. 48, No. 191 (Autumn, 1959), pp. 315-331.

Najafinejad, Alirea and Bahrami, Saeid. "Origins of Conflicts Between Iran and Iraq," in Ebrahimi, Mansoureh. Goudarzi, Masoumeh Rad and Yusoff, Kamaruzaman (eds). *The Dynamics of Iranian Borders: Issues of Contention* (Berlin: Springer, 2019), pp. 27-47.

Nasiri-Moghaddam, N.. "Iran and its Eastern Regions (1848-1989)," in Palat, Madhavan K. and Tabyshalieva, Anara (eds). *History of Civilizations of Central Asia Volume VI Towards the Contemporary Period: From the Mid-Nineteenth to the End of the Twentieth Century* (Paris: UNESCO Publishing, 2005), pp. 461-490.

Nevo, Joseph. "'Abdallh's Memoirs as Historical Source Material," in Susser, Asher and Shmuelevitz, Aryeh (eds). *The Hashemites in the Modern Arab World: Essays in Honour of the Late Professor Uriel Dann* (New York: Frank Cass, 1995), pp. 165-182.

Northrup, Linda S.. "The Bahrī Mamlūk Sultanate, 1250-1390," in Petry, Carl F. (ed). *The Cambridge History of Egypt Volume I: Islamic Egypt, 640-1517* (Cambridge: Cambridge University Press, 1998), pp. 242-289.

Olmert, Yossi. "A False Dilemma? Syria and Lebanon's Independence during the Mandatory Period," *Middle Eastern Studies*, Vol. 32, No. 3 (July, 1996), pp. 41-73.

Olson, Robert. "The Turkoman Rebellion in Eastern Iran, 1924-5: Its Consequences and the Soviet Reaction," *Die Welt des Islams*, Vol. 31, No. 2 (1991), pp. 216-227.

Olson, WM. J.. *Anglo-Iranian Relations during World War I* (London: Frank Cass, 1984).

Onley, James. *The Arabian Frontier of the British Raj: Merchants, Rulers, and the British in the Nineteenth-Century Gulf* (Oxford: Oxford University Press, 2007).

Pappe, Ilan. *A History of Modern Palestine: One Land, Two Peoples* (Cambridge: Cambridge University Press, 2006).

Pappé, Illan. *Britain and the Arab-Israeli Conflict, 1948-51* (London and Basingstoke: Macmillan Press, 1993).

(Maryland: University Press of America, 2013).
Marr, Phebe. *The Modern history of Iraq* (Boulder: Westview Press, 2012).
Martin, Bradford G.. *German-Persian Diplomatic Relations 1873-1912* (Netherlands: Mouton & Co., 1959).
Martin, Vanessa. "An Evaluation of Reform and Development of the State in the Early Qājār Period," *Die Welt des Islams*, Vol. 36, Issue 1 (March, 1996), pp. 1-24.
Martin, Vanessa. "The British in Bushehr: The impact of the First Herat War (1838-41) on Relations with State and Society," in Martin, Vanessa (ed). *Anglo-Iranian Relations since 1800* (London and New York: Routledge, 2005), pp. 55-66.
Masters, Bruce. "Semi-autonomous forces in the Arab Provinces," in Faroqhi, Suraiya N. (ed). *The Cambridge History of Turkey Volume 3: The Later Ottoman Empire, 1603-1839* (Cambridge: Cambridge University Press, 2006), pp. 186-206.
Masters, Bruce. *The Arabs of the Ottoman Empire, 1516-1918: A Social and Cultural History* (New York: Cambridge University Press, 2013).
Matthee, Rudi. "Facing a Rude and Barbarous Neighbor: Iranian Perceptions of Russia and the Russians from the Safavids to the Qajars," in Amanat, Abbas and Vejdani, Farzin (eds). *Iran Facing Others: Identity Boundaries in a Historical Perspective* (New York: Palgrave MacMillan, 2012), pp. 101-125.
Matthee, Rudi. "Safavid Iran and the "Turkish Question" or How to Avoid a War on Multiple Fronts," *Iranian Studies*, Vol. 52, Nos. 3-4 (2019), pp. 513-542.
McTague, Jr. John J.. "Zinoist-British Negotiations over the Draft Mandate for Palestine, 1920," *Jewish Social Studies*, Vol. 42, No. 3/4 (Summer-Autumn, 1980), pp. 281-292.
Mehra, R. N.. "The Emergence of the Aden Protectorate–Some Views Examined," *Proceedings of the Indian History Congress*, Vol. 38 (1977), pp. 631-637.
Miller, Joyce Laverty. "The Syrian Revolt of 1925," *International Journal of Middle East Studies*, Vol. 8, No. 4 (October, 1977), pp, 545-563.
Milton-Edwards, Beverley and Hinchcliffe, Peter. *Jordan: A Hashemite Legacy* (London and New York: Routledge, 2009).
Misra, J. P.. "The Durand Mission and Indo-Afghan Boundary Agreement of 1893," *Proceedings of the Indian History Congress*, Vol. 37 (1976), pp. 433-440.
Mojtahed-Zadeh, Pirouz. *Small Players of the Great Game: The Settlements of Iran's Eastern Borderlands and the Creation of Afghanistan* (London and New

Kazemzadeh, F.. "Iranian Relations with Russia and the Soviet Union, to 1921," in Peter Avery, Gavin Hambly and Charles Melville (eds), *The Cambridge History of Iran Volume 7 From Nadir Shah to the Islamic Republic* (Cambridge: Cambridge University Press, 1991), pp. 314-349.

Kazemzadeh, Firuz. *The Struggle for Transcaucasia (1917-1921)* (Oxford: George Ronald, 1951).

Kelly, Saul B.. "The Anglo-Turkish Conventions of 1913-14," in Keely, S. B. (ed). *Desert Dispute: The Diplomacy of Boundary-Making in South-Eastern Arabia-3 Volume SET* (Berlin: Gerlach Press, 2020), pp. 8-46.

Khadduri, Majid. "The Scheme of Fertile Crescent Unity: A Study in Inter-Arab Relations," in Frye, Richard N.. *The Near East and the Great Powers* (Cambridge: Harvard University Press, 1951), pp. 137-177.

Khoury, Philip S.. "Divided Loyalties? Syria and the Question of Palestine, 1919-39," *Middle Eastern Studies*, Vol. 21, No. 3 (July, 1985), pp. 324-348.

Klapsis, Antonis. "Turkey's Search for a New Foreign Policy, 1923-1925: The View of Greek Diplomacy," *Balkan Studies*, Vol. 46 (2005-2007), pp. 81-85.

Kliot, Nurit. "The Evolution of Egypt-Israel Boundaries: From Colonial Foundations to Peaceful Borders," in Schofield, Clive (ed). *Boundary and Territory Briefing*, Vol. 1, No. 8, 1995, pp. 1-9.

Koliopoulos, John S. and Veremis, Thanos M.. *Modern Greece: A History since 1821* (West Sussex: Wiley-Blackwell, 2010).

Kostiner, Joseph. "Sa'ūdi Arabi's Territorial Expansion: The Case of Kuwayt, 1916-1921," *Die Welt des Islams*, Vol. 33, Issue 2 (November, 1993), pp. 219-234.

Kour, Z. H.. *The History of Aden 1839-72* (London: Frank Cass, 1981).

Kuniholm, Bruce R.. "The Carter Doctrine, the Reagan Corollary, and Prospects for United States Policy in Southwest Asia," *International Journal*, Vol. 41, No. 2 (Spring, 1986), pp. 342-361.

Kuniholm, Bruce Robellet. *The Origins of the Cold War in the Near East: Great Power conflict and Diplomacy in Iran, Turkey, and Greece* (Princeton: Princeton University Press, 1980).

Lee, Dwight E.. "A Turkish Mission to Afghanistan, 1877," *The Journal of Modern History*, Vol. 13, No. 3 (September, 1941), pp. 335-356.

Majd, Mohammad Gholi. *The Great Famine & Genocide in Iran 1917-1919*

Central Islamic Lands (London: Cambridge University Press, 1970), pp. 295-323.

Ingrams, Harold. "The Progress towards Independence of Aden and the Aden Protectorate," *Journal of the Royal Society of Arts*, Vol. 111, No. 5085 (August 1963), pp. 756-769.

Isiksal, Huselin. "An Analysis of the Turkish-Greek Relations from Greek 'Self' and Turkish 'Other' Perspective: Causes of Antagonism and Preconditions for Better Relationships," *Alternatives: Turkish Journal of International Relations*, Vol. 1, No. 3 (Fall, 2002), pp. 116-135.

Jelavich, Barbara. *The Ottoman Empire, the Great Powers, and the Straits Question 1870-1887* (Bloomington and London: Indiana University Press, 1973).

K., G. E.. "Anglo-Egyptian Relations, 1950-1," *The World Today*, Vol. 7, No. 11 (November, 1951), pp. 458-465.

Kakar, M. Hassan. *A Political and Diplomatic History of Afghanistan 1863-1901* (Leiden: Brill, 2006).

Kamrava, Mehran. *The Modern Middle East: A Political History since the First World War* (Berkeley and Los Angeles: University of California Press, 2006).

Karsh, Efraim. "The Collusion that Never Was: King Abdallah, the Jewish Agency and the Partition of Palestine," *Journal of Contemporary History*, Vol. 34, No. 4 (October, 1999), pp. 569-585.

Kashani-Sabet, Firoozeh. "Fragile Frontiers: The Diminishing Domains of Qajar Iran," *International Journal of Middle East Studies*, Vol. 29, No. 2 (May, 1997), pp. 205-234.

Katouzian, Homa. "State and Society under Reza Shah," in Atabaki, Touraj and Zürcher, Erik (eds). *Men of Order: Authoritarian Modernization under Atatürk and Reza Shah* (New York: I.B. Tauris, 2004), pp. 13-43.

Katouzian, Homa. "The Campaign against the Anglo-Iranian Agreement of 1919," *British Journal of Middle Eastern Studies*, Vol. 25, No. 1 (May, 1998), pp. 5-46.

Katouzian, Homa. *The Persians: Ancient, Mediaeval and Modern Iran* (New Haven and London: Yale University Press, 2009).

Kayali, Hasan. "The Struggle for Independence," in Kasaba, Reşat (ed). *The Cambridge History of Turkey Volume 4: Turkey in the Modern World* (Cambridge: Cambridge University Press, 2008), pp. 112-146.

Haddad, William W. and Hardy, Mary M.. "Jordan's Alliance with Israel and its Effects on Jordanian-Arab Relations," in Karsh, Efraim and Kumaraswamy, P. R. (eds). *Israel, the Hashemites and the Palestinians: The Fateful Triangle* (London and New York: Routledge, 2018), pp. 31-48.

Hall, Richard C.. "Bulgaria in the First World War," *The Historian*, Vol. 73, No. 2 (Summer, 2011), pp. 300-315.

Hansen, Roger D.. "The Reagan Doctrine and Global Containment: Revival or Recessional," *SAIS Review*, Vol. 7, No. 1 (Winter-Spring, 1987), pp. 39-66.

Harari, Maurice. "The Turco-Persian Boundary Question: A Case Study in the Politics of Boundary-Making in the Near and Middle East," PhD Thesis, Columbia University, 1958.

Harrison, Robert T.. *Britain in the Middle East 1619-1971* (London: Bloomsbury, 2016).

Hathaway, Jane. *The Arab Lands under Ottoman Rule, 1516-1800* (London and New York: Routledge, 2013).

Hodgson, Marshall G. S.. *The Venture of Islam: Conscience and History in a World Civilization, Volume 3 The Gunpowder Empires and Modern Times* (Chicago and London: The University of Chicago Press, 1974).

Holland, Thomas Erskine. *The European Concert in the Eastern Question: A Collection of Treaties and Other Public Acts* (Oxford: The Claredon Press,1885).

Holt, P. M.. *A Modern History of the Sudan: From the Funj Sultanate to the Present Day* (London: Weidenfeld and Nicolson, 1961).

Holt, Peter M.. "Sudanese Nationalism and Self-Determination Part I," *Middle East Journal*, Vol. 10, No. 3 (Summer, 1956), pp. 239-247.

Holt, Peter M.. "Sudanese Nationalism and Self-Determination, Part II," Middle East Journal, Vol. 10, No 4 (Autumn, 1956), pp. 368-378.

Hopkins, B. D.. "The Bounds of Identity: The Goldsmid Mission and the Delineation of the Perso-Afghan Border in the nineteenth Century," *Journal of Global History*, Vol. 2, Issue 2, 2007, pp. 233-254.

Hurgronje, C. Snouck. *The Holy War "Made in Germany"* (New York: Putnam's, 1915).

İnalcık, Halil. "The Rise of the Ottoman Empire," in Holt, P. M.. Lambton, Ann K. and Lewis, Bernard (eds). *The Cambridge History of Islam Volume I: The*

Gheissari, Ali. "Editorial Foreword," *Iranian Studies*, Vol. 52, Nos. 3-4 (2019), pp. 289-290.

Ghoase, Dilip Kumar. "Russo-Afghan Frontier Delimitation, 1885-87," *Proceedings of the Indian History Congress*, Vol. 21 (1958), pp. 515-522.

Gil-Har, Yitzhak. "Boundaries Delimitation: Palestine and Trans-Jordan," *Middle Eastern Studies*, Vol. 36, No. 1 (January 2000), pp. 68-81.

Gil-Har, Yitzhak. "Delimitation Boundaries: Trans-Jordan and Saudi Arabia," *Middle Eastern Studies*, Vol. 28, No. 2 (April, 1992), pp. 374-384.

Gil-Har, Yitzhak. "French Policy in Syria and Zionism: Proposal for a Zionist Settlement," *Middle Eastern Studie*s, Vol. 30, No. 1 (January, 1994), pp. 155-165.

Gil-Har, Yitzhak. "Zionist Policy at the Versailles Peace Conference: Setting the Northern Border of Palestine," in Medding, Peter Y. (ed). *A New Jewry? America since the Second World War* (New York: Oxford University Press, 1992), pp. 153-167.

Ginat, Rami. *Egypt and the Struggle for Power in Sudan: From World War II to Nasserism* (Cambridge: Cambridge University Press, 2017).

Goldberg, Jacob. "The 1913 Saudi Occupation of Hasa Reconsidered," *Middle Eastern Studies*, Vol. 18, No. 1 (January, 1982), pp. 21-29.

Gruweis-Kovalsky, Ofira. "Between Ideology and Reality: The Right Wing Organization, the Jerusalem Question, and the Role of Menachem Begin 1948-1949," *Israel Studies*, Vol. 21, No. 3 (Fall, 2016), pp. 99-125.

Güçlü, Yücel. "The Controversy over the Delimitation of the Turco-Syrian Frontier in the Period between the Two World Wars," *Middle Eastern Studies*, Vol. 42, No. 4 (July, 2006), pp. 641-657.

Güçlü, Yücel. "The Struggle for Mastery in Cilicia: Turkey, France, and the Ankara Agreement of 1921," *The International History Review*, Vol. 23, No. 3 (September, 2001), pp. 580-603.

Gökay, Būlent. *A Clash of Empires: Turkey between Russia and Bolshevism and British Imperialism, 1918-1923* (London and New York: Tauris Academic Studies, 1997).

Göksoy, İsmail Hakkı. "Some Aspects of the Anglo-Egyptian Condominium Rule in Sudan (1899-1914)," *Akademi Sosyal Bilimler Dergisi*, Vol. 16, No. 6, 2019, pp. 76-90.

No. 3 (October, 1955), pp. 186-189.

Findley, Carter Vaughn. "The Tanzimat," in Kasaba, Reşat (ed). *The Cambridge History of Turkey Volume 4: Turkey in the Modern World* (Cambridge: Cambridge University Press, 2008), pp. 11-37.

Findley, Carter Vaughn. *Turkey, Islam, Nationalism, and Modernity: A History 1789-2007* (New Haven and London: Yale University Press, 2010).

Fisher, John. "Syria and Mesopotamia in British Middle Eastern Policy in 1919," *Middle Eastern Studies*, Vol. 34, No. 2 (April, 1998), pp. 129-170.

Fitzgerald, Edward Peter. "France's Middle Eastern Ambitions, the Sykes-Picot negotiations, and the Oil Fields of Mosul, 1915-1918," *The Journal of Modern History*, Vol. 66, No. 4 (December, 1994), pp. 697-725.

Fleet, Kate. "The Ottomans 1451-1603: A Political History Introduction," in Faroqhi, Suraiya N. and Fleet, Kate (eds). *The Cambridge History of Turkey Volume I: Byzantium to Turkey, 1071-1453* (Cambridge: Cambridge University Press, 2013), pp. 19-43.

Fleet, Kate. "The Rise of the Ottomans," in Fierro, Maribel (ed). *The New Cambridge History of Islam Volume 2: The Western Islamic World Eleventh to Eighteenth Centuries* (Cambridge: Cambridge University Press, 2010), pp. 313-331.

Forbes, Nevill. "Bulgaria and Serbia," in Forbes, Nevill. Toynbee, Arnold. Mitrany, David and Hogarth, D. G.. *The Balkans: A History of Bulgaria, Serbia, Greece, Rumania, Turkey* (Oxford: Clarendon Press, 1915), pp. 7-125.

Fortna, Benjamin C.. "The Reign of Abdülhamid II," in Kasaba, Reşat (ed). *Cambridge History of Turkey. Volume 4: Turkey in the Modern World* (Cambridge: Cambridge University Press, 2008), pp. 38-61.

Friedman, Isaiah. "Arnold Toynbee: Pro-Arab or Pro-Zionist?," *Israel Studies*, Vol. 4, No. 1 (Spring, 1999), pp. 73-95.

Friedman, Isaiah. "The McMahon-Hussein Correspondence and the Question of Palestine," *Journal of Contemporary History*, Vol. 5, No. 2 (1970), pp. 83-122.

Gallant, Thomas W.. *Modern Greece* (London: Arnold, 2001).

Garthwaite, Gene R.. *The Persians* (Malden: Blackwell Publishing, 2005).

Genugten, Saskia Van. *Libya in Western Foreign Policies, 1911-2011* (London: Palgrave Macmillan, 2016).

Essays: Volume One (London: Frank Cass, 1993).

Curtis Glenn E. (ed). *Armenia, Azerbaijan, and Georgia: Country Studies* (Washington: Federal Research Division, 1994).

Demirci, Sevtap. "Turco-British Diplomatic Manoeuvres on the Mosul Question in the Lausanne Conference, 1922-1923," *British Journal of Middle Eastern Studies*, Vol. 37, No. 1 (April, 2010), pp. 57-71.

Dudwick, Nora. "Nagorno-Karabakh and the Politics of Sovereignty," in Suny, Ronald Grigor (ed). *Transcaucasia, Nationalism, and Social Change* (Ann Arbor: University of Michigan, 1996), pp. 427-440.

E., W. G.. "France, Syria, and the Lebanon," *The World Today*, Vol. 2, No. 3 (March, 1946), pp. 112-122.

Edmond, C. J.. "Kurdish Nationalism," *Journal of Contemporary History*, Vol. 6, No. 1 (1971), pp. 87-97+99-107.

El Ghoneimy, Mohd Talaat. "The Legal Status of the Saudi-Kuwaiti Neutral Zone," *The International and Comparative Law Quarterly*, Vol. 15, No. 3 (July, 1966), pp. 690-717.

El-Amin, Mohammed Nuri. "Britain, The 1924 Sudanese Uprisings, and the Impact of Egypt on the Sudan," *The International Journal of African Historical Studies*, Vol. 19, No. 2 (1985), pp. 235-260.

El-Barawy, Rashed. "Egypt and the Sudan," *India Quarterly*, Vol. 7, No. 4 (October-December, 1951), pp. 351-363.

Eldar, Dan. "France in Syria: The Abolition of the Sharifian Government, April-July 1920," *Middle Eastern Studies*, Vol. 29, No. 3 (July, 1993), pp. 487-504.

Eppel, Michael. "Nuri al-Sa'id and 'Abd al-Ilah's Ambitions in Syria," in Susser, Asher and Shmuelevitz, Aryeh (eds). *The Hashemites in the Modern Arab World: Essays in Honour of the Late Professor Uriel Dann* (New York: Frank Cass, 1995), pp. 152-161.

Eugene Rogan, "Rival Jihads: Islam and the Great War in the Middle East, 1914-1918," *Journal of the British Academy*, Vol. 4, 2016, pp. 1-20.

Farag, Mona. "Egyptian National Security and the Perils of Egyptian-Libyan Border Management: Military Strength versus International Assistance," *Contemporary Arab Affairs*, Vol. 13, No. 1 (March, 2020), pp. 23-45.

Feuerlicht, Ignace. "A New Look at the Iron Curtain," *American Speech*, Vol. 30,

times to the Present) (Costa Mesa: Mazda Publishers, 2006).
Bournoutian, George. "The Iran-Turkey-Armenia Borders as Depicted in Various Maps," *Iran & the Caucasus*, Vol. 19, No. 1 (2015), pp. 97-107.
Can, Şula. "Spatialization of Ethno-Religious and Political Boundaries at the Turkish-Syrian Border" in Cimino, Matthieu (ed). *Syria: Borders, Boundaries, and the State* (Cham: Palgrave Macmillan, 2020), pp. 127-149.
Caplan, Neil. *Futile Diplomacy Volume 1: Early Arab-Zionist Negotiation Attempts 1913-1931* (Abingdon: Routledge, 2015).
Caplan, Neil. *Futile Diplomacy Volume 2: Arab-Zionist Negotiations and the End of the Mandate* (Abingdon: Routledge, 2015).
Caplan, Neil. *Futile Diplomacy Volume 3: The United Nations, the Great Powers, and Middle East Peacemaking 1948-1954* (Abingdon: Routledge, 2015).
Casey, Michael S.. *The History of Kuwait* (Westport: Greenwood Press, 2007).
Chamberlain, Michael. "The Crusader Era and the Ayyubid Dynasty," in Petry, Carl F. (ed). *The Cambridge History of-Egypt Volume I: Islamic Egypt, 640-1517* (Cambridge: Cambridge University Press, 1998), pp. 211-241.
Clark, James D.. "Constitutionalists and Cossacks: The Constitutional Movement and Russian Intervention in Tabriz, 1907-1911," *Iranian Studies*, Vol. 39, No. 2 (2006), pp. 199-225.
Cohen, Shaul E.. "Israel's West Bank Barrier: An Impediment to Peace?," *Geographical Review*, Vol. 96, No. 4 (October, 2006), pp. 682-695.
Cornell, Svante E.. "Turkey and the Conflict in Nagorno Karabakh: A Delicate Balance," *Middle Eastern Studies*, Vol. 34, No. 1 (January, 1998), pp. 51-72.
Coşar, Nevin and Demirci, Sevtap. "The Mosul Question and the Turkish Republic: Before and After the Frontier Treaty, 1926," *Middle Eastern Studies*, Vol. 42, No. 1 (January, 2006), pp. 123-132.
Coufoudakis, Van. "Greek-Turkish Relations, 1973-1983: The View from Athens," *International Security*, Vol. 9, No. 4 (Spring, 1985), pp. 185-217.
Crampton, R. J.. *A Concise History of Bulgaria* (Cambridge: Cambridge University Press, 2005).
Crider, Elizabeth Fortunato. "Italo-Egyptian Relations in the Interwar Period, 1922-1942," PhD dissertation, The Ohio State University, 1978.
Cunningham, Alan. *Anglo-Ottoman Encounters in the Age of Revolution: Collected*

Books, 2009).

Azmi, M. Raziuallah. "Russian Expansion in Central Asia and the Afghan Question (1865-85)," *Pakistan Horizon*, Vol. 37, No. 3 (Third Quarter, 1985), pp. 106-135.

Baldry, John. "Anglo-Italian Rivalry in Yemen and 'Asīr 1900-1934," *Die Welt des Islams*, Vol. 17, Issue 1/4 (1976-1977), pp. 155-193.

Barrett, Roby C.. *The Greater Middle East and the Cold War: US Foreign Policy under Eisenhower and Kennedy* (London and New York: I.B. Tauris, 2007).

Barzegar, Kayhan. "Iran and the Shiite Crescent: Myths and Realities," *The Brown Journal of World Affairs*, Vol. 15, No. 1 (Fall/Winter, 2008), pp. 87-99.

Beeley, Brian W.. "The Greek-Turkish Boundary: Conflict at the Interface," *Transactions of the Institute of British Geographers*, Vol. 3, No. 3, 1978, pp. 351-366.

Biger, Gideon. "The Boundaries of Israel–Palestine Past, Present, and Future: A Critical Geographical View," *Israel Studies*, Vol. 13, No. 1 (Spring, 2008), pp. 68-93.

Biger, Gideon. *The Boundaries of Modern Palestine, 1840-1947* (London: Routledge, 2004).

Bobroff, Ronald. "Behind the Balkan Wars: Russian Policy toward Bulgaria and the Turkish Straits, 1912-13," *The Russian Review*, Vol. 59, No. 1 (January, 2000), pp. 76-95.

Bolukbasi, Suha. *Azerbaijan: A Political History* (London and New York: I.B. Tauris, 2011).

Bonné, Alfred. "The Concessions for the Mosul-Haifa Pipe Line," *The Annals of the American Academy of Political and Social Science*, Vol. 164 (November, 1932), pp. 116-126.

Botman, Selma. "The Liberal Age," in Daly, M. W. (ed). *The Cambridge of History of Egypt Volume 2: Modern Egypt, from 1517 to the End of the Twentieth Century* (Cambridge: Cambridge University Press, 1998), pp. 285-308.

Bournoutian, George A.. "The Ethnic Composition and the Socio-Economic Condition of Eastern Armenia in the First Half of the Nineteenth Century," in Suny, Ronald Grigor (ed). *Transcaucasia, Nationalism, and Social Change* (Ann Arbor: University of Michigan, 1996), pp. 69-86.

Bournoutian, George A.. *A Concise History of the Armenian People (From Ancient*

Al-Maani, Abed. Alsharari, al-Razzak Saleh and Mohafzah, Hussein. "The Relationships between Saudi Arabia and the Idrisids Princes through Protectorate (Mecca) Agreement, 1926 AD: An Analytical Study," *Asian Culture and History*, Vol. 6, No. 1 (2041), pp. 94-99.

Al-Madani, Wael Mohammed Omar. "Saudi-Yemeni Territorial Sovereignty Disputes over 'Asir, Jizan, Najran and the rub' al-Khali Desert Frontier: Legal Analysis of Some Aspects of Former Claims and the Final Settlement under the 200 Treaty of Jeddah," PhD Thesis, University of Edinburgh, 2005.

Amanat, Abbas. *Iran: A Modern History* (New Haven & London: Yale University Press, 2017).

Antonius, George. "Syria and the French Mandate," *International Affairs*, Vol. 13, No. 4 (July-August, 1934), pp. 523-539.

Antonius, George. *The Arab Awakening: The Story of the Arab National Movement* (New York: J. B. Lippincott Company, 1939).

Antov, Nikolay. *The Ottoman "Wild West": The Balkan Frontier in the Fifteenth and Sixteenth Centuries* (New York: Cambridge University Press, 2017).

Anziska, Seth. *Preventing Palestine: A Political history from Camp David to Oslo* (Princeton: Princeton University Press, 2018).

Arjomand, Saïd Amir. "Legitimacy and Political Organisation: Caliphs, Kings and Regimes," in Irwin, Robert (ed). *The New Cambridge History of Islam, Volume 4: Islamic Cultures and Societies to the End of the Eighteenth Century* (Cambridge: Cambridge University Press, 2010), pp. 245-273.

Arjomand, Said Amir. *The Turban for the Crown: The Islamic Revolution in Iran* (Oxford: Oxford University Press, 1988).

Atabaki, Touraj. "The Caliphate, the Clerics and Republicanism in turkey and Iran: Some Comparative Remarks," in Atabaki, Touraj and Zürcher, Erik (eds). *Men of Order: Authoritarian Modernization under Atatürk and Reza Shah* (New York: I.B. Tauris, 2004), pp. 44-64.

Ateş, Sabri. "Treaty of Zohab, 1639: Foundational Myth or Foundational Document?," *Iranian Studies*, Vol. 52, Nos. 3-4 (2019), pp. 397-423.

Ateş, Sabri. *The Ottoman-Iranian Borderlands: Making a Boundary, 1843-1914* (New York: Cambridge University Press, 2013).

Axworthy, Michael. *A History of Iran: Empire of the Mind* (New York: Basic

Independence of Greece," *The American Journal of international Law*, Vol. 12, No. 2 (April, 1918), pp. 67-68.

"Treaty Between the United Kingdom and Iraq and Turkey Regarding the Settlement of the Frontier Between Turkey and Iraq, Together with Notes Exchanged," *The American Journal of International Law*, Vol. 21, No. 4 (October, 1927), pp. 136-143.

Abidi, A. H. H.. "Origins and Dimensions of the Iraqi Claim Over Kuwait," *India International Centre Quarterly*, Vol. 18, No. 1 (Spring, 1991), pp. 129-143.

Abrahamian, Ervand. *A History of Modern Iran* (Cambridge: Cambridge University Press, 2009).

Abu Hakima, Ahmad Mustafa. *History of Eastern Arabia 1750-1800: The Rise and Development of Bahrain and Kuwait* (London: Khayat, 1965).

Abu Nowar, Maan. *The Development of Trans-Jordan 1929-1939: A History of the Hashemite Kingdom of Jordan* (Reading: Ithaca Press, 2006).

Adamec, Ludwig W.. *Afghanistan, 1900-1923: A Diplomatic History* (Berkeley and Los Angeles: University of California Press, 1967).

Adib-Moghaddam, Arshin. *A Metahistory of the Clash of Civilisations: Us and Them Beyond Orientalism* (London: Hurst & Co., 2011).

Adib-Moghaddam, Arshin. *Psycho-nationalism: Global Thought, Iranian Imaginations* (Cambridge: Cambridge University Press, 2018).

Akbulut, Mehmet Yılmaz. *The Scramble for Iran: Ottoman Military Diplomatic Engagements During the Afghan Occupation of Iran, 1722-1729* (İstanbul: Libra Kitap, 2017).

Akhtar, Shameem. "The Iraqi-Iranian Dispute over the Shatt-el-Arab," *Pakistan Horizon*, Vol. 22, No. 3 (Third Quarter, 1969), pp. 213-220.

Alder, G. J.. "The Key to India?: Britain and the Herat Problem 1830-1853 — Part 1," *Middle Eastern Studies*, Vol. 10, No. 2 (May, 1974), pp. 186-209.

Alder, G. J.. "The Key to India? Britain and the Herat Problem, 1830-1863: Part II," *Middle Eastern Studies*, Vol. 10, No. 3 (October, 1974), pp. 287-311.

Al-Izzi, Khalid. T*he Shatt-al-Arab Dispute: A Legal Study* (London: Third World Centre for Research and Publishing, 1981).

Allawi, Ali A.. *Faisal I of Iraq* (New Haven and London: Yale University Press, 2014).

item/60998a09d0990a31ab87269d/original/treaty-of-rawalpindi-hundred-years-on.pdf
1921 年《卡爾斯條約》
https://www.deutscharmenischegesellschaft.de/wp-content/uploads/2011/01/Vertrag-von-Kars-23.-Oktober-1921.pdf
1923 年《洛桑條約》
https://www.mfa.gov.tr/lausanne-peace-treaty-part-i_-political-clauses.en.mfa
1937 年皇家委員會報告
https://www.jewishvirtuallibrary.org/text-of-the-peel-commission-report
1947 年聯合國安理會第 181 號決議案
https://www.jewishvirtuallibrary.org/un-general-assembly-resolution-181-2
1957 年「艾森豪主義」
https://sourcebooks.fordham.edu/mod/1957eisenhowerdoctrine.asp
1967 年聯合國安理會第 242 號決議案
https://digitallibrary.un.org/record/90717#record-files-collapse-header
1973 年聯合國安理會第 338 號決議案
https://digitallibrary.un.org/record/93466
1978 年《大衛營協議》
https://www.jewishvirtuallibrary.org/framework-for-peace-in-the-middle-east-camp-david-accords
利比亞－埃及邊界
https://fall.fsulawrc.com/collection/LimitsinSeas/IBS061.pdf
蘇俄－伊朗邊界
https://cupdf.com/document/ussr-iran-boundary-central-intelligence-agency-title-ussr-iran-boundary.html
阿富汗－蘇俄邊界
https://fall.fsulawrc.com/collection/LimitsinSeas/IBS026.pdf

三、研究論文與專書

"Franco-British Convention on Certain Points Connected with the Mandates for Syria and the Lebanon, Palestine and Mesopotamia," *The American Journal of International Law*, Vol. 16, No. 3 (July, 1922), pp. 122-126.
"Protocol of Conference between Great Britain, France, and Russia, relative to the

徵引書目

一、檔案彙編

Schofield, Richard (ed). *The Iran-Iraq Border, 1840-1958* (Buckinghamshire: Archive Editions, 1989).

Hurewitz, J. C.. *Diplomacy in the Near and Middle East, A Documentary Record: 1535-1914, Volume 1* (New Jersey: D. Van Nostrand Company, 1956).

Hurewitz, J. C.. *Diplomacy in the Near and Middle East, A Documentary Record: 1535-1914, Volume 2* (New Jersey: D. Van Nostrand Company, 1956).

Harlow, Barbara and Carter, Mia (eds). *Archives of Empire Volume I: From the East India Company to the Suez Canal* (Durham and London: Duke University Press, 2003).

Hertslet, Edward. *Treaties, &c. Concluded between Great Britain and Persia, and between Persia and Other Foreign Powers Wholly or Partially in Force on the 1st April, 1891* (London: Harrison and Sons, 1891).

二、網路資源

1893 年《杜蘭德線協議》
https://www.files.ethz.ch/isn/170887/Durand%20Line_History%20Legality%20%20Future_Final.pdf

1916 年《賽克斯－皮科協議》
https://ecf.org.il/media_items/853

1917 年《貝爾福宣言》
https://ecf.org.il/media_items/297

1919 年《國際聯盟盟約》
https://avalon.law.yale.edu/20th_century/leagcov.asp#art22

1919 年《拉瓦品第條約》
https://www.cambridge.org/engage/api-gateway/coe/assets/orp/resource/

9. 可參考Shaul E. Cohen, "Israel's West Bank Barrier: An Impediment to Peace?," *Geographical Review*, Vol. 96, No. 4 (October, 2006), pp. 682-695.
10. 大衛弗萊著，韓翔中譯，《城牆：從萬里長城到柏林圍牆，一部血與磚打造的人類文明史》，頁 307-308。
11. 約翰 J 米爾斯海默、斯蒂芬 M 沃爾特著，王傳興譯，《以色列遊說集團與美國對外政策》（上海：上海人民出版社，2009）。
12. 諾曼芬克斯坦著，吳鴻誼譯，《加薩戰火：以色列的侵略，與巴勒斯坦無解的悲劇》（新北：光現出版，2019），頁 75。
13. 杰里布羅頓著，張瑨璐譯，《女王與蘇丹》（北京：民主與建設出版社，2019），頁 362-363。
14. 伯納路易斯著，楊淑君譯，《哪裡出了錯？：論西方與伊斯蘭世界的衝突》（臺北：商周出版，2003）。
15. 可參考陳立樵，〈一次戰後中國與伊朗之權益爭取及條約締結（1918-1921）〉，《近代中國外交的大歷史與小歷史》（臺北：政大出版社，2016），頁 1-28。

37. Pirouz Mojtahed-Zadeh, *Small Players of the Great Game: The Settlements of Iran's Eastern Borderlands and the Creation of Afghanistan*, p. 205.
38. Shirin Tahir-Kheli, "Soviet Fortunes on the Southern Tier: Afghanistan, Iran, and Pakistan," *Naval War College Review*, Vol. 34, No. 6 (November-December, 1981), pp. 4-5.
39. Bruce R. Kuniholm, "The Carter Doctrine, the Reagan Corollary, and Prospects for United States Policy in Southwest Asia," *International Journal*, Vol. 41, No. 2 (Spring, 1986), p. 343.
40. 可參考 Roger D. Hansen, "The Reagan Doctrine and Global Containment: Revival or Recessional," *SAIS Review*, Vol. 7, No. 1 (Winter-Spring, 1987), pp. 39-66.
41. 塔米姆安薩里著，鍾鷹翔譯，《無規則遊戲：阿富汗屢被中斷的歷史》（杭州：浙江人民出版社，2018）。

結語

1. 薩依德著，王志弘、王淑燕、郭菀玲、莊雅仲、游美惠、游常山譯，《東方主義》，頁 326-327。
2. 尤金羅根著，何修瑜譯，《鄂圖曼帝國的殞落：第一次世界大戰在中東》（臺北：貓頭鷹出版，2016），頁 24。
3. 西恩麥克米金著，黃中憲譯，《終局之戰：鄂圖曼帝國的瓦解，和現代中東的形成（上）》（新北：左岸文化，2019），頁 7。
4. 大衛范恩著，林添貴譯，《基地帝國的真相》（新北：八旗文化，2019）。
5. Said Amir Arjomand, *The Turban for the Crown: The Islamic Revolution in Iran* (Oxford: Oxford University Press, 1988), p. 135.
6. 杭廷頓著，黃美譯，《文明衝突與世界秩序的重建》（臺北：聯經出版，1997）。
7. Arshin Adib-Moghaddam, *Psycho-nationalism: Global Thought, Iranian Imaginations* (Cambridge: Cambridge University Press, 2018), p. 48.
8. Kayhan Barzegar, "Iran and the Shiite Crescent: Myths and Realities," The Brown Journal of World Affairs, Vol. 15, No. 1 (Fall/Winter, 2008), pp. 87-99 與崔進揆，〈衝出封鎖線？伊朗與「什葉新月」勢力之建構〉，《歐亞研究》，第一期，2017 年 10 月，頁 31-40。

1901, p. 117.

23. Gerald Segal, "China and Afghanistan," *Asian Survey*, Vol. 21, No. 11 (November, 1981), p. 1159.
24. 另稱維多利亞湖（Lake Victoria），但不是非洲肯亞、坦尚尼亞、烏干達之間的維多利亞湖。
25. 阿富汗－蘇俄邊界 https://fall.fsulawrc.com/collection/LimitsinSeas/IBS026.pdf（頁 11，2021 年 8 月 12 日點閱）
26. Amin Saikal, *Modern Afghanistan: A History of Struggle and Survival*, p. 68.
27. J. P. Misra, "The Durand Mission and Indo-Afghan Boundary Agreement of 1893," *Proceedings of the Indian History Congress*, Vol. 37 (1976), p. 434.
28. 1893 年《杜蘭德線協議》https://www.files.ethz.ch/isn/170887/Durand%20Line_History%20Legality%20%20Future_Final.pdf（頁 7，2021 年 7 月 23 日點閱）
29. 1893 年《杜蘭德線協議》https://www.files.ethz.ch/isn/170887/Durand%20Line_History%20Legality%20%20Future_Final.pdf（頁 8，2021 年 7 月 23 日點閱）
30. 1893 年《杜蘭德線協議》https://www.files.ethz.ch/isn/170887/Durand%20Line_History%20Legality%20%20Future_Final.pdf（頁 39，2021 年 7 月 23 日點閱）
31. 姚遠梅，〈杜蘭德線：侵略阿富汗的泥潭──從十九世紀英國人建立「科學邊界」說起〉，《俄羅斯研究》，2012 年第 5 期，頁 46-47。
32. Ludwig W. Adamec, *Afghanistan, 1900-1923: A Diplomatic History* (Berkeley and Los Angeles: University of California Press, 1967), p. 79.
33. 1919 年《拉瓦品第條約》https://www.cambridge.org/engage/api-gateway/coe/assets/orp/resource/item/60998a09d0990a31ab87269d/original/treaty-of-rawalpindi-hundred-years-on.pdf（2021 年 7 月 23 日點閱）
34. Ann Wilks, "The 1921 Anglo-Afghan Treaty: How Britain's 'Man on the Spot' Shaped this Agreement," *Journal of the Royal Asiatic Society*, Vol. 29, Issue 1, (January, 2019), pp. 92-93.
35. J. C. Hurewitz, *Diplomacy in the Near and Middle East, A Documentary Record: 1535-1914, Volume 2*, pp. 214-216.
36. 可參考 R. K. Ramazani, "Afghanistan and the USSR," *Middle East Journal*, Vol. 12, No. 2 (Spring, 1958), pp. 144-152.

7. N. Nasiri-Moghaddam, "Iran and its Eastern Regions (1848-1989)," p. 472.
8. B. D. Hopkins, "The Bounds of Identity: The Goldsmid Mission and the Delineation of the Perso-Afghan Border in the nineteenth Century," *Journal of Global History*, Vol. 2, Issue 2, 2007, pp. 246-247.
9. Evgeny Sergeev, *The Great Game 1856-1907: Russo-British Relations in central and East Asia*, pp. 176-189.
10. N. Nasiri-Moghaddam, "Iran and its Eastern Regions (1848-1989)," p. 471.
11. N. Nasiri-Moghaddam, "Iran and its Eastern Regions (1848-1989)," p. 474.
12. Pirouz Mojtahed-Zadeh, *Small Players of the Great Game: The Settlements of Iran's Eastern Borderlands and the Creation of Afghanistan* (London and New York: RoutledgeCurzon, 2004), p. 16.
13. Victoria Schofield, *Afghan Frontier: At the Crossroads of Conflict*, p. 147-148.
14. N. Nasiri-Moghaddam, "Iran and its Eastern Regions (1848-1989)," p. 481.
15. M. Hassan Kakar, *A Political and Diplomatic History of Afghanistan 1863-1901* (Leiden: Brill, 2006), p. 163.
16. M. Hassan Kakar, *A Political and Diplomatic History of Afghanistan 1863-1901*, p. 166.
17. Dwight E. Lee, "A Turkish Mission to Afghanistan, 1877," *The Journal of Modern History*, Vol. 13, No. 3 (September, 1941), pp. 335-356 與 S. Tanvir Wasti, "The 1877 Ottoman Mission to Afghanistan," *Middle Eastern Studies*, Vol. 30, No. 4 (October, 1994), pp. 956-962.
18. M. Raziuallah Azmi, "Russian Expansion in Central Asia and the Afghan Question (1865-85)," *Pakistan Horizon*, Vol. 37, No. 3 (Third Quarter, 1985), pp. 129-130.
19. 可見 G. J. Alder, "The Key to India?: Britain and the Herat Problem 1830-1853–Part 1," *Middle Eastern Studies*, Vol. 10, No. 2 (May, 1974), p. 187 與 M. Raziuallah Azmi, "Russian Expansion in Central Asia and the Afghan Question (1865-85)," p. 133.
20. Christopher M. Wyatt, *Afghanistan and the Defence of Empire: Diplomacy and Strategy during the Great Game*, p. 11.
21. Dilip Kumar Ghoase, "Russo-Afghan Frontier Delimitation, 1885-87," *Proceedings of the Indian History Congress*, Vol. 21 (1958), pp. 515-522.
22. M. Hassan Kakar, *A Political and Diplomatic History of Afghanistan 1863-*

51. Edward Hertslet, *Treaties, &c. Concluded between Great Britain and Persia, and between Persia and Other Foreign Powers Wholly or Partially in Force on the 1st April, 1891* (London: Harrison and Sons, 1891), pp. 133-134.
52. Edward Hertslet, *Treaties, &c. Concluded between Great Britain and Persia, and between Persia and Other Foreign Powers Wholly or Partially in Force on the 1st April, 1891*, pp. 137-138.
53. N. Nasiri-Moghaddam, "Iran and its Eastern Regions (1848-1989)," in Madhavan K. Palat and Anara Tabyshalieva (eds), *History of Civilizations of Central Asia Volume VI Towards the Contemporary Period: From the Mid-Nineteenth to the End of the Twentieth Century* (Paris: UNESCO Publishing, 2005), p. 470.
54. N. Nasiri-Moghaddam, "Iran and its Eastern Regions (1848-1989)," p. 477.
55. 蘇俄－伊朗邊界 https://cupdf.com/document/ussr-iran-boundary-central-intelligence-agency-title-ussr-iran-boundary.html（頁 7，2021 年 7 月 23 日點閱）
56. Robert Olson, "The Turkoman Rebellion in Eastern Iran, 1924-5: Its Consequences and the Soviet Reaction," *Die Welt des Islams*, Vol. 31, No. 2 (1991), p. 223.

第九章

1. Victoria Schofield, *Afghan Frontier: At the Crossroads of Conflict* (London: Tauris Parke Paperbacks, 2010), p. 37.
2. Robert T. Harrison, *Britain in the Middle East 1619-1971* (London: Bloomsbury, 2016), pp. 56-58.
3. Firoozeh Kashani-Sabet, "Fragile Frontiers: The Diminishing Domains of Qajar Iran," p. 218.
4. J. C. Hurewitz, *Diplomacy in the Near and Middle East, A Documentary Record: 1535-1914, Volume 1*, pp. 161-162.
5. G. J. Alder, "The Key to India? Britain and the Herat Problem, 1830-1863: Part II," *Middle Eastern Studies*, Vol. 10, No. 3 (October, 1974), p. 299.
6. Edward Hertslet, *Treaties, &c. Concludied between Great Britain and Persia, and between Persia and Other Foreign Powers Wholly or Partially in Force on the 1st April, 1891*, pp. 30-31.

34. 可參考里博著，李易安譯，《歐亞帝國的邊境：衝突、融合與崩潰，16-20 世紀大國興亡的關鍵（下）》，頁 769。
35. Homa Katouzian, "State and Society under Reza Shah," in Touraj Atabaki and Erik Zürcher (eds), *Men of Order: Authoritarian Modernization under Atatürk and Reza Shah*, pp. 16-17.
36. Glenn E. Curtis (ed), *Armenia, Azerbaijan, and Georgia: Country Studies*, p. 16.
37. Glenn E. Curtis (ed), *Armenia, Azerbaijan, and Georgia: Country Studies*, p. 92.
38. Glenn E. Curtis (ed), *Armenia, Azerbaijan, and Georgia: Country Studies*, p. xxxvi.
39. Suha Bolukbasi, *Azerbaijan: A Political History* (London and New York: I.B. Tauris, 2011), pp. 22-23.
40. Suha Bolukbasi, *Azerbaijan: A Political History*, p. 23.
41. Alec Rasizade, "Azerbaijan's Prospects in Nagorno-Karabakh," p. 144.
42. Alec Rasizade, "Azerbaijan's Prospects in Nagorno-Karabakh," p. 145.
43. Nora Dudwick, "Nagorno-Karabakh and the Politics of Sovereignty," in Ronald Grigor Suny (ed), *Transcaucasia, Nationalism, and Social Change* (Ann Arbor: University of Michigan, 1996), p. 427.
44. Alec Rasizade, "Azerbaijan's Prospects in Nagorno-Karabakh," p. 152.
45. Svante E. Cornell, "Turkey and the Conflict in Nagorno Karabakh: A Delicate Balance," *Middle Eastern Studies*, Vol. 34, No. 1 (January, 1998), p. 53.
46. Svante E. Cornell, "Turkey *and* the Conflict in Nagorno Karabakh: A Delicate Balance," p. 59.
47. 可參考 Ervand Abrahamian, *A History of Modern Iran*, pp. 107-113.
48. Rudi Matthee, "Safavid Iran and the "Turkish Question" or How to Avoid a War on Multiple Fronts," *Iranian Studies*, Vol. 52, Nos. 3-4 (May-June, 2019), p. 519.
49. Evgeny Sergeev, *The Great Game 1856-1907: Russo-British Relations in central and East Asia*, p. 29.
50. Christopher M. Wyatt, *Afghanistan and the Defence of Empire: Diplomacy and Strategy during the Great Game* (London and New York: I.B. Tauris, 2011), p. 7.

(Ann Arbor: University of Michigan, 1996), p. 69.

22. George A. Bournoutian, *A Concise History of the Armenian People (From Ancient times to the Present)* (Costa Mesa: Mazda Publishers, 2006), p. 265 與 Stanford J. Shaw and Ezel Kuralshaw (eds), *History of the Ottoman Empire and Modern Turkey Volume II: Reform, Revolution, and Republic: The Rise of Modern Turkey, 1808-1975* (Cambridge: Cambridge University Press, 1977), p. 191.
23. 悉納阿克辛著，吳奇俊、劉春燕、劉義譯，《土耳其的崛起（1789 年至今）》，頁 120-122。
24. Carter Vaughn Findley, *Turkey, Islam, Nationalism, and Modernity: A History 1789-2007*, p. 218.
25. Būlent Gökay, *A Clash of Empires: Turkey between Russia and Bolshevism and British Imperialism, 1918-1923* (London and New York: Tauris Academic Studies, 1997), pp. 25-27.
26. 里博著，李易安譯，《歐亞帝國的邊境：衝突、融合與崩潰，16-20 世紀大國興亡的關鍵（下）》（臺北：貓頭鷹出版，2020），頁 765-766。
27. Suha Bolukbasi, *Azerbaijan: A Political History* (London and New York: I.B. Tauris, 2011), p. 37.
28. 1921 年《卡爾斯條約》https://www.deutscharmenischegesellschaft.de/wp-content/uploads/2011/01/Vertrag-von-Kars-23.-Oktober-1921.pdf（2021 年 7 月 22 日點閱）
29. Glenn E. Curtis (ed), *Armenia, Azerbaijan, and Georgia: Country Studies*, p. 89.
30. James D. Clark, “Constitutionalists and Cossacks: The Constitutional Movement and Russian Intervention in Tabriz, 1907-1911,” *Iranian Studies*, Vol. 39, No. 2 (June, 2006), p. 225.
31. Brenda Shaffer, *Borders and Brethren: Iran and the Challenge of Azerbaijani Identity*, p. 38.
32. Būlent Gökay, *A Clash of Empires: Turkey between Russia and Bolshevism and British Imperialism, 1918-1923*, pp. 82-83. 與 Firuz Kazemzadeh, *The Struggle for Transcaucasia (1917-1921)* (Oxford: George Ronald, 1951), p. 127.
33. Firuz Kazemzadeh, *The Struggle for Transcaucasia (1917-1921)*, p. 268.

7. Richard Schofield, "Narrowing the Frontier: Mid-Nineteenth Century Efforts to Delimit and Map the Perso-Ottoman Border," p. 165.
8. George Bournoutian, "The Iran-Turkey-Armenia Borders as Depicted in Various Maps," p. 99.
9. C. H. D. Ryder, "The Demarcation of the Turco-Persian Boundary in 1913-14," *The Geographical Journal*, Vo. 66, No. 3 (September, 1925), p. 228.
10. Richard Schofield, *Evolution of the Shatt al-'Arab Boundary Dispute*, p. 50.
11. J. C. Hurewitz, *Diplomacy in the Near and Middle East, A Documentary Record: 1535-1914, Volume 2* (New Jersey: D. Van Nostrand Company, 1956), pp. 34-36.
12. Carter Vaughn Findley, *Turkey, Islam, Nationalism, and Modernity: A History 1789-2007* (New Haven and London: Yale University Press, 2010), p. 223.
13. F. Kazemzadeh, "Iranian Relations with Russia and the Soviet Union, to 1921," in Peter Avery, Gavin Hambly and Charles Melville (eds), *The Cambridge History of Iran Volume 7 From Nadir Shah to the Islamic Republic* (Cambridge: Cambridge University Press, 1991), p. 347.
14. George Bournoutian, "The Iran-Turkey-Armenia Borders as Depicted in Various Maps," p. 102.
15. George Bournoutian, "The Iran-Turkey-Armenia Borders as Depicted in Various Maps," pp. 103-104.
16. Sabri Ateş, "Treaty of Zohab, 1639: Foundational Myth or Foundational Document," p. 401.
17. Stanford Shaw, "Iranian Relations with the Ottoman Empire in the Eighteenth and Nineteenth Centuries," p. 298.
18. Ronald Grigor Suny, *Looking Toward Ararat: Armenia in Modern History* (Bloomington and Indianapolis: Indiana University Press, 1993), p. 34.
19. Glenn E. Curtis (ed), *Armenia, Azerbaijan, and Georgia: Country Studies* (Washington: Federal Research Division, 1995), p. 159.
20. F. Kazemzadeh, "Iranian Relations with Russia and the Soviet Union, to 1921," p. 334.
21. George A. Bournoutian, "The Ethnic Composition and the Socio-Economic Condition of Eastern Armenia in the First Half of the Nineteenth Century," in Ronald Grigor Suny (ed), *Transcaucasia, Nationalism, and Social Change*

46. William B. Quandt, "Camp David and Peacemaking in the Middle East," *Political Science Quarterly*, Vol. 101, No. 3 (1986), p. 370.
47. 1978 年《大衛營協議》https://www.jewishvirtuallibrary.org/framework-for-peace-in-the-middle-east-camp-david-accords（2021 年 8 月 11 日點閱）
48. Seth Anziska, *Preventing Palestine: A Political history from Camp David to Oslo* (Princeton: Princeton University Press, 2018), p. 125.
49. Mehran Kamrava, *The Modern Middle East: A Political History since the First World War*, p. 241.
50. 尤金羅根著，黃煜文譯，《阿拉伯人五百年史（下）》，頁 491。
51. Yehudit Ronen, "Libya's Qadhafi and the Israeli-Palestinian Conflict, 1969-2002," *Middle Eastern Studies*, Vol. 40, No. 1 (January, 2004), p. 87.
52. Dirk Vandewalle, *A History of Modern Libya*, p. 129.
53. Mona Farag, "Egyptian National Security and the Perils of Egyptian-Libyan Border Management: Military Strength versus International Assistance," *Contemporary Arab Affairs*, Vol. 13, No. 1 (March, 2020), p. 30.
54. Gideon Biger, "The Boundaries of Israel–Palestine Past, Present, and Future: A Critical Geographical View," p. 83.

第八章

1. Alec Rasizade, "Azerbaijan's Prospects in Nagorno-Karabakh," *World Affairs: The Journal of International Issues*, Vol. 15, No. 2 (April-June, 2011), p. 140.
2. Rudi Matthee, "Facing a Rude and Barbarous Neighbor: Iranian Perceptions of Russia and the Russians from the Safavids to the Qajars," in Abbas Amanat and Farzin Vejdani (eds), *Iran Facing Others: Identity Boundaries in a Historical Perspective* (New York: Palgrave MacMillan, 2012), p. 104.
3. George Bournoutian, "The Iran-Turkey-Armenia Borders as Depicted in Various Maps," *Iran & the Caucasus*, Vol. 19, No. 1 (2015), pp. 97-99.
4. Brenda Shaffer, *Borders and Brethren: Iran and the Challenge of Azerbaijani Identity* (Massachusetts: The MIT Press, 2002), p. 4.
5. Sabri Ateş, "Treaty of Zohab, 1639: Foundational Myth or Foundational Document," pp. 411-420.
6. Richard Schofield, "Narrowing the Frontier: Mid-Nineteenth Century Efforts to Delimit and Map the Perso-Ottoman Border," p. 163."

Kumaraswamy (eds), *Israel, the Hashemites and the Palestinians: The Fateful Triangle* (London and New York: Routledge, 2018), p. 43.

32. Illan Pappé, *Britain and the Arab-Israeli Conflict, 1948-51* (London and Basingstoke: Macmillan Press, 1993), p. 98.
33. Neil Caplan, *Futile Diplomacy Volume 3: The United Nations, the Great Powers, and Middle East Peacemaking 1948-1954* (Abingdon: Routledge, 2015), p. 132.
34. Mary C. Wilson, *King Abdullah, Britain and the Making of Jordan*, p. 211.
35. 尤金羅根著，黃煜文譯，《阿拉伯人五百年史（下）》，頁 412。
36. 1957 年「艾森豪主義」https://sourcebooks.fordham.edu/mod/1957eisenhowerdoctrine.asp（2021 年 7 月 31 日點閱）
37. Roby C. Barrett, *The Greater Middle East and the Cold War: US Foreign Policy under Eisenhower and Kennedy* (London and New York: I.B. Tauris, 2007), p. 38.
38. Antonio Perra, *Kennedy and the Middle East: The Cold War, Israel and Saudi Arabia* (New York: I.B. Tauris, 2017), p. 106.
39. 1967 年聯合國安理會第 242 號決議案 https://digitallibrary.un.org/record/90717#record-files-collapse-header（2021 年 7 月 28 日點閱）
40. Alain Roussillon, "Republican Egypt Interpreted: Revolution and Beyond," in M. W. Daly (ed), *The Cambridge of History of Egypt Volume 2: Modern Egypt, from 1517 to the End of the Twentieth Century*, p. 359.
41. 1973 年聯合國安理會第 338 號決議案 https://digitallibrary.un.org/record/93466（2021 年 7 月 25 日點閱）
42. Avi Shlaim, *Collusion across the Jordan: King Abdullah, the Zionist Movement, and the Partition of Palestine*, p. 119.
43. Ofira Gruweis-Kovalsky, "Between Ideology and Reality: The Right Wing Organization, the Jerusalem Question, and the Role of Menachem Begin 1948-1949," *Israel Studies*, Vol. 21, No. 3 (Fall, 2016), p. 100.
44. Ilan Pappe, *A History of Modern Palestine: One Land, Two Peoples* (Cambridge: Cambridge University Press, 2006), p. 195.
45. 尤金羅根著，黃煜文譯，《阿拉伯人五百年史（下）》，頁 526-528。蓋里對此次出訪以色列的紀錄，可參考蓋里著，許綬南譯，《從埃及到耶路撒冷：蓋里的中東和平之路》（臺北：貓頭鷹出版，1999）。

16. Neil Caplan, *Futile Diplomacy Volume 2: Arab-Zionist Negotiations and the End of the Mandate* (Abingdon: Routledge, 2015), p. 66.
17. Gideon Biger, "The Boundaries of Israel–Palestine Past, Present, and Future: A Critical Geographical View," *Israel Studies*, Vol. 13, No. 1 (Spring, 2008), p. 73.
18. Efraim Karsh, "The Collusion that Never Was: King Abdallah, the Jewish Agency and the Partition of Palestine," *Journal of Contemporary History*, Vol. 34, No. 4 (October, 1999), p. 570.
19. 詹姆斯巴爾著，徐臻譯，《瓜分沙洲：英國、法國與塑造中東的鬥爭》，頁 388。
20. Mary C. Wilson, "King Abdullah and Palestine," p. 40.
21. 1947 年聯合國安理會第 181 號決議案 https://www.jewishvirtuallibrary.org/un-general-assembly-resolution-181-2（2021 年 7 月 28 日點閱）
22. Mehran Kamrava, *The Modern Middle East: A Political History since the First World War* (Berkeley and Los Angeles: University of California Press, 2006), p. 79.
23. Neil Caplan, *Futile Diplomacy Volume 2: Arab-Zionist Negotiations and the End of the Mandate*, p. 131.
24. Avi Shlaim, "Israel and the Arab Coalition in 1948," in Eugene L. Rogan and Avi Shlaim (eds), *The War for Palestine: Rewriting the History of 1948* (Cambridge: Cambridge University Press, 2007), p. 82.
25. Gideon Biger, "The Boundaries of Israel–Palestine Past, Present, and Future: A Critical Geographical View," p. 83.
26. Avi Shlaim, *Collusion across the Jordan: King Abdullah, the Zionist Movement, and the Partition of Palestine*, p. 393.
27. Beverley Milton-Edwards and Peter Hinchcliffe, *Jordan: A Hashemite Legacy*, p. 29.
28. 1949 年約以簽署的協議可見 Avi Shlaim, *Collusion across the Jordan: King Abdullah, the Zionist Movement, and the Partition of Palestine*, pp. 625-634.
29. Mary C. Wilson, *King Abdullah, Britain and the Making of Jordan*, p. 190.
30. Mary C. Wilson, "King Abdullah and Palestine," p. 40.
31. William W. Haddad and Mary M. Hardy, "Jordan's Alliance with Israel and its Effects on Jordanian-Arab Relations," in Efraim Karsh and P. R.

43. R. V. Pillai and Mahendra Kumar, "The Political and Legal Status of Kuwait," pp. 113-114.
44. 可參考 A. H. H. Abidi, "Origins and Dimensions of the Iraqi Claim Over Kuwait," *India International Centre Quarterly*, Vol. 18, No. 1 (Spring, 1991), pp. 129-143.

第七章

1. Maryanne A. Rhett, *The Global History of the Balfour Declaration: Declared Nation* (New York and London: Routledge, 2018), p. 1.
2. Ali A. Allawi, *Faisal I of Iraq*, p. 117.
3. 戴維弗羅姆金著，栾力夫譯，《終結所有和平的和平：奧斯曼帝國的衰亡與現代中東的形成》，頁 411。
4. Neil Caplan, *Futile Diplomacy Volume 1: Early Arab-Zionist Negotiation Attempts 1913-1931* (Abingdon: Routledge, 2015), pp. 36-38.
5. Neil Caplan, *Futile Diplomacy Volume 1: Early Arab-Zionist Negotiation Attempts 1913-1931*, p. 40.
6. Ali A. Allawi, *Faisal I of Iraq*, p. 152.
7. Neil Caplan, *Futile Diplomacy Volume 1: Early Arab-Zionist Negotiation Attempts 1913-1931*, p. 42.
8. 詹姆斯巴爾著，徐臻譯，《瓜分沙洲：英國、法國與塑造中東的鬥爭》，頁 112-113。
9. 詹姆斯巴爾著，徐臻譯，《瓜分沙洲：英國、法國與塑造中東的鬥爭》，頁 187。
10. Maan Abu Nowar, *The Development of Trans-Jordan 1929-1939: A History of the Hashemite Kingdom of Jordan* (Reading: Ithaca Press, 2006), p. 32.
11. 戴維弗羅姆金著，栾力夫譯，《終結所有和平的和平：奧斯曼帝國的衰亡與現代中東的形成》，頁 665。
12. Beverley Milton-Edwards and Peter Hinchcliffe, *Jordan: A Hashemite Legacy*, p. 25.
13. 尤金羅根著，黃煜文譯，《阿拉伯人五百年史（上）》，頁 277。
14. 1937 年皇家委員會報告 https://www.jewishvirtuallibrary.org/text-of-the-peel-commission-report（2021 年 7 月 28 日點閱）
15. Mary C. Wilson, "King Abdullah and Palestine," p. 39.

Arabia-3 Volume SET (Berlin: Gerlach Press, 2020), p. 10.

28. R. V. Pillai and Mahendra Kumar, "The Political and Legal Status of Kuwait," p. 111.
29. Mohd Talaat El Ghoneimy, "The Legal Status of the Saudi-Kuwaiti Neutral Zone," *The International and Comparative Law Quarterly*, Vol. 15, No. 3 (July, 1966), p. 691.
30. Saul B. Kelly, "The Anglo-Turkish Conventions of 1913-14," p. 20.
31. Mohd Talaat El Ghoneimy, "The Legal Status of the Saudi-Kuwaiti Neutral Zone," p. 692.
32. Jacob Goldberg, "The 1913 Saudi Occupation of Hasa Reconsidered," *Middle Eastern Studies*, Vol. 18, No. 1 (January, 1982), p. 22.
33. Mohd Talaat El Ghoneimy, "The Legal Status of the Saudi-Kuwaiti Neutral Zone," pp. 693-694.
34. Joseph Kostiner, "On Instruments and Their Designers: The Ikhwan of Najd and the Emergence of the Saudi State," *Middle Eastern Studies*, Vol. 21, No. 3 (July, 1985), p. 304.
35. Wael Mohammed Omar al-Madani, "Saudi-Yemeni Territorial Sovereignty Disputes over 'Asir, Jizan, Najran and the rub' al-Khali Desert Frontier: Legal Analysis of Some Aspects of Former Claims and the Final Settlement under the 2000 Treaty of Jeddah," p. 85.
36. Mohd Talaat El Ghoneimy, "The Legal Status of the Saudi-Kuwaiti Neutral Zone," p. 696.
37. Peter Sluglett, "The Resilience of a Frontier: Ottoman and Iraq Claims to Kuwait, 1871-1990," *The International History Review*, Vol. 24, No. 4 (December, 2002), p. 784.
38. Michael S. Casey, *The History of Kuwait*, p. 35.
39. R. V. Pillai and Mahendra Kumar, "The Political and Legal Status of Kuwait," p. 110.
40. Peter Sluglett, "The Resilience of a Frontier: Ottoman and Iraq Claims to Kuwait, 1871-1990," pp. 784-785.
41. Peter Sluglett, "The Resilience of a Frontier: Ottoman and Iraq Claims to Kuwait, 1871-1990," p. 797.
42. Michael S. Casey, *The History of Kuwait*, p. 52.

15. Harold Ingrams, "The Progress towards Independence of Aden and the Aden Protectorate," p. 768.
16. 可參考 R. N. Mehra, "The Emergence of the Aden Protectorate–Some Views Examined," *Proceedings of the Indian History Congress*, Vol. 38 (1977), pp. 631-632、James Onley, *The Arabian Frontier of the British Raj: Merchants, Rulers, and the British in the Nineteenth-Century Gulf* (Oxford: Oxford University Press, 2007), p. 24 與 Z. H. Kour, *The History of Aden 1839-72* (London: Frank Cass, 1981), p. 212.
17. Wael Mohammed Omar al-Madani, "Saudi-Yemeni Territorial Sovereignty Disputes over 'Asir, Jizan, Najran and the rub' al-Khali Desert Frontier: Legal Analysis of Some Aspects of Former Claims and the Final Settlement under the 2000 Treaty of Jeddah," p. 35.
18. Wael Mohammed Omar al-Madani, "Saudi-Yemeni Territorial Sovereignty Disputes over 'Asir, Jizan, Najran and the rub' al-Khali Desert Frontier: Legal Analysis of Some Aspects of Former Claims and the Final Settlement under the 2000 Treaty of Jeddah," p. 76.
19. John Baldry, "Anglo-Italian Rivalry in Yemen and 'Asīr 1900-1934," p. 161.
20. John Baldry, "Anglo-Italian Rivalry in Yemen and 'Asīr 1900-1934," p. 156.
21. John Baldry, "Anglo-Italian Rivalry in Yemen and 'Asīr 1900-1934," p. 182.
22. John Baldry, "Anglo-Italian Rivalry in Yemen and 'Asīr 1900-1934," p. 189.
23. Wael Mohammed Omar al-Madani, "Saudi-Yemeni Territorial Sovereignty Disputes over 'Asir, Jizan, Najran and the rub' al-Khali Desert Frontier: Legal Analysis of Some Aspects of Former Claims and the Final Settlement under the 2000 Treaty of Jeddah," p. 18.
24. Ahmad Mustafa Abu Hakima, *History of Eastern Arabia 1750-1800: The Rise and Development of Bahrain and Kuwait* (London: Khayat, 1965), p. 144.
25. Michael S. Casey, *The History of Kuwait* (Westport: Greenwood Press, 2007), pp. 38-40.
26. R. V. Pillai and Mahendra Kumar, "The Political and Legal Status of Kuwait," *The International and Comparative Law Quarterly*, Vol. 11, No. 1 (January, 1962), p. 110.
27. Saul B. Kelly, "The Anglo-Turkish Conventions of 1913-14," in S. B. Keely (ed), *Desert Dispute: The Diplomacy of Boundary-Making in South-Eastern*

the Aden Protectorate," *Journal of the Royal Society of Arts*, Vol. 111, No. 5085 (August 1963), p. 762　與 Caesar E. Farah, "The British Challenge to Ottoman Authority in Yemen," *Turkish Studies Association Bulletin*, Vol. 22, No. 1 (Spring, 1998), p. 37.

3. John Baldry, "Anglo-Italian Rivalry in Yemen and 'Asīr 1900-1934," *Die Welt des Islams*, Vol. 17, Issue 1/4 (1976-1977), p. 157.
4. John Baldry, "Anglo-Italian Rivalry in Yemen and 'Asīr 1900-1934," p. 165.
5. Wael Mohammed Omar al-Madani, "Saudi-Yemeni Territorial Sovereignty Disputes over 'Asir, Jizan, Najran and the rub' al-Khali Desert Frontier: Legal Analysis of Some Aspects of Former Claims and the Final Settlement under the 2000 Treaty of Jeddah," PhD Thesis, University of Edinburgh, 2005, p. 37.
6. Wael Mohammed Omar al-Madani, "Saudi-Yemeni Territorial Sovereignty Disputes over 'Asir, Jizan, Najran and the rub' al-Khali Desert Frontier: Legal Analysis of Some Aspects of Former Claims and the Final Settlement under the 2000 Treaty of Jeddah," p. 17.
7. Abed al-Razzak al-Maani, Saleh Alsharari and Hussein Mohafzah, "The Relationships between Saudi Arabia and the Idrisids Princes through Protectorate (Mecca) Agreement, 1926 AD: An Analytical Study," p. 95.
8. John Baldry, "Anglo-Italian Rivalry in Yemen and 'Asīr 1900-1934," p. 173.
9. Abed al-Razzak al-Maani, Saleh Alsharari and Hussein Mohafzah, "The Relationships between Saudi Arabia and the Idrisids Princes through Protectorate (Mecca) Agreement, 1926 AD: An Analytical Study," pp. 96-97.
10. John Baldry, "Anglo-Italian Rivalry in Yemen and 'Asīr 1900-1934," pp. 178-181.
11. John Baldry, "Anglo-Italian Rivalry in Yemen and 'Asīr 1900-1934," p. 190.
12. Wael Mohammed Omar al-Madani, "Saudi-Yemeni Territorial Sovereignty Disputes over 'Asir, Jizan, Najran and the rub' al-Khali Desert Frontier: Legal Analysis of Some Aspects of Former Claims and the Final Settlement under the 2000 Treaty of Jeddah," p. 16.
13. Reginald Sorensen, *Aden, The Protectorates and the Yemen* (London: Fabian International and Commonwealth Bureaux, 1961), p. 7.
14. Harold Ingrams, "The Progress towards Independence of Aden and the Aden Protectorate," p. 762.

34. Peter M. Holt, "Sudanese Nationalism and Self-Determination, Part II," p. 377.
35. P. M. Holt, *A Modern History of the Sudan: From the Funj Sultanate to the Present Day*, p. 175.
36. Elizabeth Fortunato Crider, "Italo-Egyptian Relations in the Interwar Period, 1922-1942," PhD dissertation, The Ohio State University, 1978, p. 25.
37. Saskia Van Genugten, *Libya in Western Foreign Policies, 1911-2011* (London: Palgrave Macmillan, 2016), p. 10.
38. Elizabeth Fortunato Crider, "Italo-Egyptian Relations in the Interwar Period, 1922-1942," p. 26.
39. Saskia Van Genugten, *Libya in Western Foreign Policies, 1911-2011*, p. 23.
40. 利比亞－埃及邊界 https://fall.fsulawrc.com/collection/LimitsinSeas/IBS061.pdf（頁 2，2021 年 7 月 10 日點閱）
41. Dirk Vandewalle, *A History of Modern Libya* (New York: Cambridge University Press, 2012), p. 26.
42. Elizabeth Fortunato Crider, "Italo-Egyptian Relations in the Interwar Period, 1922-1942," p, 27.
43. Saskia Van Genugten, *Libya in Western Foreign Policies, 1911-2011*, pp. 28-29.
44. Elizabeth Fortunato Crider, "Italo-Egyptian Relations in the Interwar Period, 1922-1942," pp. 51-52 與 K. S. Sandford, "Libyan Frontiers," *The Geographical Journal*, Vol. 96, No. 6 (December, 1940), pp. 382-383.
45. Saskia Van Genugten, *Libya in Western Foreign Policies, 1911-2011*, p. 32.
46. Anthony S. Reyner, "Sudan: United Arab Republic (Egypt) Boundary: A Factual Background," p. 315.
47. 菲利普曼瑟著，林玉菁譯，《黎凡特》，頁 345。

第六章

1. 宰德為第五任什葉派伊馬目，追隨他的社群在長期抵抗、躲避巫麥雅帝國的鎮壓之後，於九世紀來到了葉門北方，接下來世代生存於此。宰德派也稱五伊馬目派（Fiver Shiite）。請見 Jane Hathaway, *The Arab Lands under Ottoman Rule, 1516-1800*, p. 33.
2. 可參考 Harold Ingrams, "The Progress towards Independence of Aden and

314.
16. Peter M. Holt, "Sudanese Nationalism and Self-Determination, Part I," p. 239.
17. Gabriel Warburg, "The Sudan, Egypt and Britain, 1899-1916," p. 173.
18. Peter M. Holt, "Sudanese Nationalism and Self-Determination, Part II," *Middle East Journal*, Vol. 10, No. 4 (Autumn, 1956), p. 368.
19. Gabriel Warburg, "The Sudan, Egypt and Britain, 1899-1916," p. 173.
20. Rashed El-Barawy, "Egypt and the Sudan," p. 354.
21. Gabriel Warburg, "The Sudan, Egypt and Britain, 1899-1916," pp. 173-174.
22. Muddathir Abdel Rahim, "Early Sudanese Nationalism: 1900-1938," *Sudan Notes and Records*, Vol. 47 (1966), p. 51.
23. Selma Botman, "The Liberal Age," in M. W. Daly (ed), *The Cambridge of History of Egypt Volume 2: Modern Egypt, from 1517 to the End of the Twentieth Century* (Cambridge: Cambridge University Press, 1998), pp. 291-292.
24. Mohammed Nuri El-Amin, "Britain, The 1924 Sudanese Uprisings, and the Impact of Egypt on the Sudan," *The International Journal of African Historical Studies*, Vol. 19, No. 2 (1985), p. 248.
25. Selma Botman, "The Liberal Age," p. 294.
26. Rashed El-Barawy, "Egypt and the Sudan," p. 355.
27. 尤金羅根著，黃煜文譯，《阿拉伯人五百年史（上）》，頁 284。
28. P. M. Holt, *A Modern History of the Sudan: From the Funj Sultanate to the Present Day* (London: Weidenfeld and Nicolson, 1961), p. 151.
29. G. E. K., "Anglo-Egyptian Relations, 1950-1," *The World Today*, Vol. 7, No. 11 (November, 1951), p. 459.
30. G. E. K., "Anglo-Egyptian Relations, 1950-1," p. 461.
31. Gabriel R. Warburg, "The Condominium Revisited: The Anglo-Egyptian Sudan 1934-1956: A Review Article," *Bulletin of the School of Oriental and African Studies*, Vol. 56, No. 1 (1993), p. 6.
32. Rami Ginat, *Egypt and the Struggle for Power in Sudan: From World War II to Nasserism* (Cambridge: Cambridge University Press, 2017), p. 200.
33. Barbara Harlow and Mia Carter (eds), *Archives of Empire Volume I: From the East India Company to the Suez Canal* (Durham and London: Duke University Press, 2003), p. 628.

30. "Franco-British Convention on Certain Points Connected with the Mandates for Syria and the Lebanon, Palestine and Mesopotamia," pp. 122-123.
31. Gideon Biger, *The Boundaries of Modern Palestine, 1840-1947*, p. 135.
32. Gideon Biger, *The Boundaries of Modern Palestine, 1840-1947*, p. 137.
33. Gideon Biger, *The Boundaries of Modern Palestine, 1840-1947*, p. 141.

第五章

1. Nurit Kliot, "The Evolution of Egypt-Israel Boundaries: From Colonial Foundations to Peaceful Borders," in Clive Schofield (ed), *Boundary and Territory Briefing*, Vol. 1, No. 8, 1995, pp. 2-5.
2. Gideon Biger, *The Boundaries of Modern Palestine, 1840-1947*, p. 81.
3. Gideon Biger, *The Boundaries of Modern Palestine, 1840-1947*, p. 95.
4. 埃雷斯馬內拉著，吳潤璿譯，《1919：中國、印度、埃及、韓國，威爾遜主義及民族自決的起點》，頁 119-131。
5. Gideon Biger, *The Boundaries of Modern Palestine, 1840-1947*, pp. 85-86.
6. Gideon Biger, *The Boundaries of Modern Palestine, 1840-1947*, p. 86.
7. Gideon Biger, *The Boundaries of Modern Palestine, 1840-1947*, pp. 96-97.
8. Rashed El-Barawy, "Egypt and the Sudan," *India Quarterly*, Vol. 7, No. 4 (October-December, 1951), p. 352.
9. Rashed El-Barawy, "Egypt and the Sudan," p. 353.
10. Barbara Jelavich, *The Ottoman Empire, the Great Powers, and the Straits Question 1870-1887*, p. 124.
11. Gabriel Warburg, "The Sudan, Egypt and Britain, 1899-1916," *Middle Eastern Studies*, Vol. 6, No. 2 (May, 1970), p. 163.
12. J. J. W. Murphy, "The Framework of Sudani-Egyptian Relations," *An Irish Quarterly Review*, Vol. 48, No. 191 (Autumn, 1959), p. 327.
13. Peter M. Holt, "Sudanese Nationalism and Self-Determination, Part I," *Middle East Journal*, Vol. 10, No. 3 (Summer, 1956), pp. 239-243.
14. İsmail Hakkı Göksoy, "Some Aspects of the Anglo-Egyptian Condominium Rule in Sudan (1899-1914)," *Akademi Sosyal Bilimler Dergisi*, Vol. 16, No. 6, 2019, p. 77.
15. Anthony S. Reyner, "Sudan: United Arab Republic (Egypt) Boundary: A Factual Background," *Middle East Journal*, Vol. 17, No. 3 (Summer, 1963), p.

13. J. P. Spagnolo, "French Influence in Syria Prior to World War I: The Functional Weakness of Imperialism," p. 50.
14. Carter Vaughn Findley, "The Tanzimat," pp. 14-15.
15. Malcolm B. Russell, *The First Modern Arab State: Syria under Faysal, 1918-1920* (Minneapolis: Bibliotheca Islamica, 1985), p. 202.
16. Meir Zamir, "Faisal and the Lebanese Question, 1918-20," *Middle Eastern Studies*, Vol. 27, No. 3 (July, 1991), p. 407.
17. Meir Zamir, "Faisal and the Lebanese Question, 1918-20," pp. 417-418.
18. Meir Zamir, "Faisal and the Lebanese Question, 1918-20," p. 418.
19. Joyce Laverty Miller, "The Syrian Revolt of 1925," p. 548.
20. 詹姆斯巴爾著，徐臻譯，《瓜分沙洲：英國、法國與塑造中東的鬥爭》，頁 36-37。
21. Selig Adler, "The Palestine Question in the Wilson Era," *Jewish Social Studies*, Vol. 10, No. 4 (October, 1948), pp. 331-332.
22. Gideon Biger, *The Boundaries of Modern Palestine, 1840-1947* (London and New York: RoutledgeCurzon, 2004), pp. 108-109.
23. Yitzhak Gil-Har, "Zionist Policy at the Versailles Peace Conference: Setting the Northern Border of Palestine," in Peter Y. Medding (ed), *A New Jewry? America Since the Second World War* (New York: Oxford University Press, 1992), p. 156.
24. John J. McTague, Jr., "Zinoist-British Negotiations over the Draft Mandate for Palestine, 1920," *Jewish Social Studies*, Vol. 42, No. 3/4 (Summer-Autumn, 1980), p. 285.
25. Yitzhak Gil-Har, "Zionist Policy at the Versailles Peace Conference: Setting the Northern Border of Palestine," p. 160.
26. Yitzhak Gil-Har, "Zionist Policy at the Versailles Peace Conference: Setting the Northern Border of Palestine," p. 161.
27. Gideon Biger, *The Boundaries of Modern Palestine, 1840-1947*, p. 136.
28. Yitzhak Gil-Har, "French Policy in Syria and Zionism: Proposal for a Zionist Settlement," *Middle Eastern Studies*, Vol. 30, No. 1 (January, 1994), p. 159.
29. 可參考 James J. Simon, "The Role of the Administrative Council of Mount Lebanon in the Creation of Greater Lebanon: 1918-1920," *Journal of Third World Studies*, Vol. 13, No. 2 (Fall, 1966), pp. 137-138.

77. Reeva S. Simon, "The Hashemite 'Conspiracy': Hashemite Unity Attempts, 1921-1958," p. 318.

第四章

1. Yücel Güçlü, "The Controversy over the Delimitation of the Turco-Syrian Frontier in the Period between the Two World Wars," *Middle Eastern Studies*, Vol. 42, No. 4 (July, 2006), pp. 641-642.
2. Dan Eldar, "France in Syria: The Abolition of the Sharifian Government, April-July 1920," p. 494.
3. Yücel Güçlü, "The Struggle for Mastery in Cilicia: Turkey, France, and the Ankara Agreement of 1921," *The International History Review*, Vol. 23, No. 3 (September, 2001), p. 588.
4. W. G. E., "France, Syria, and the Lebanon," *The World Today*, Vol. 2, No. 3 (March, 1946), p. 113.
5. Yücel Güçlü, "The Controversy over the Delimitation of the Turco-Syrian Frontier in the Period between the Two World Wars," pp. 642-643.
6. Avedis K. Sanjian, "The Sanjak of Alexandretta (Hatay): Its Impact on Turkish-Syrian Relations (1939-1956)," *Middle East Journal*, Vol. 10, No. 4 (Autumn, 1956), p. 379.
7. Yücel Güçlü, "The Controversy over the Delimitation of the Turco-Syrian Frontier in the Period between the Two World Wars," p. 643.
8. Joyce Laverty Miller, "The Syrian Revolt of 1925," *International Journal of Middle East Studies*, Vol. 8, No. 4 (October, 1977), p. 563.
9. Yücel Güçlü, "The Controversy over the Delimitation of the Turco-Syrian Frontier in the Period between the Two World Wars," p. 651.
10. Yossi Olmert, "A False Dilemma? Syria and Lebanon's Independence during the Mandatory Period," *Middle Eastern Studies*, Vol. 32, No. 3 (July, 1996), p. 44.
11. Avedis K. Sanjian, "The Sanjak of Alexandretta (Hatay): Its Impact on Turkish-Syrian Relations (1939-1956)," p. 381.
12. Şula Can, "Spatialization of Ethno-Religious and Political Boundaries at the Turkish-Syrian Border" in Matthieu Cimino (ed), *Syria: Borders, Boundaries, and the State* (Cham: Palgrave Macmillan, 2020), p. 129.

（北京：社會科學文獻出版社，2018），頁 36-37。

60. Yitzhak Gil-Har, "Boundaries Delimitation: Palestine and Trans-Jordan," pp. 69-70.
61. Avi Shlaim, *Collusion across the Jordan: King Abdullah, the Zionist Movement, and the Partition of Palestine* (New York: Columbia University Press, 1988), p. 47.
62. Mary C. Wilson, *King Abdullah, Britain and the Making of Jordan*, p. 104.
63. Yitzhak Gil-Har, "Boundaries Delimitation: Palestine and Trans-Jordan," pp. 74-76.
64. Timothy J. Paris, *Britain, The Hashemites and Arab Rule 1920-1925: The Sherifan Solution*, p. 201.
65. Avi Shlaim, *Collusion across the Jordan: King Abdullah, the Zionist Movement, and the Partition of Palestine*, p. 40 與 Philip S. Khoury, "Divided Loyalties? Syria and the Question of Palestine, 1919-39," *Middle Eastern Studies*, Vol. 21, No. 3 (July, 1985), p. 338.
66. Ali A. Allawi, *Faisal I of Iraq*, p. 243.
67. Y. Porath, "Abdallah's Greater Syria Programme," *Middle Eastern Studies*, Vol. 20, No. 2 (April, 1984), p. 172.
68. Timothy J. Paris, *Britain, The Hashemites and Arab Rule 1920-1925: The Sherifan Solution*, p. 181.
69. Y. Porath, "Abdallah's Greater Syria Programme," p. 173.
70. Michael Eppel, "Nuri al-Sa'id and 'Abd al-Ilah's Ambitions in Syria," in Asher Susser and Aryeh Shmuelevitz (eds), *The Hashemites in the Modern Arab World: Essays in Honour of the Late Professor Uriel Dann*, p. 155.
71. Mary C. Wilson, "King Abdullah and Palestine," p. 38.
72. Y. Porath, "Abdallah's Greater Syria Programme," pp. 174-175.
73. Mary C. Wilson, "King Abdullah and Palestine," p. 39.
74. Phebe Marr, *The Modern history of Iraq* (Boulder: Westview Press, 2012), p. 38.
75. Y. Porath, "Abdallah's Greater Syria Programme," pp. 184-185.
76. Majid Khadduri, "The Scheme of Fertile Crescent Unity: A Study in Inter-Arab Relations," in Richard N. Frye, *The Near East and the Great Powers* (Cambridge: Harvard University Press, 1951), p. 150.

44. Richard Schofield, *Evolution of the Shatt al-'Arab Boundary Dispute*, p. 50.
45. 陳立樵，〈石油開採與英伊關係（1901-1914）〉《東吳歷史學報》，第 32 期，2014 年 12 月，頁 222-228。
46. Alirea Najafinejad and Saeid Bahrami, "Origins of Conflicts Between Iran and Iraq," in Mansoureh Ebrahimi, Masoumeh Rad Goudarzi and Kamaruzaman Yusoff (eds), *The Dynamics of Iranian Borders: Issues of Contention* (Berlin: Springer, 2019), p. 37.
47. Shameem Akhtar, "The Iraqi-Iranian Dispute over the Shatt-el-Arab," *Pakistan Horizon*, Vol. 22, No. 3 (Third Quarter, 1969), p. 217.
48. Alirea Najafinejad and Saeid Bahrami, "Origins of Conflicts Between Iran and Iraq," pp. 38-41.
49. Yitzhak Gil-Har, "Delimitation Boundaries: Trans-Jordan and Saudi Arabia," *Middle Eastern Studies*, Vol. 28, No. 2 (April, 1992), pp. 374-376.
50. Joshua Teitelbaum, "Pilgrimage Politics: The Hajj and Saudi-Hashemite Rivalry, 1916-1925," pp. 72-75.
51. Yitzhak Gil-Har, "Delimitation Boundaries: Trans-Jordan and Saudi Arabia," p. 377.
52. Mary C. Wilson, *King Abdullah, Britain and the Making of Jordan*, p. 100.
53. V. M. Amadouny, "The Formation of the Transjordan-Syria Boundary, 1915-32," *Middle Eastern Studies*, Vol. 31, No. 3 (July, 1995), p. 535.
54. J. P. Spagnolo, "French Influence in Syria Prior to World War I: The Functional Weakness of Imperialism," *Middle East Journal*, Vol. 23, No. 1 (Winter, 1969), p. 47.
55. George Antonius, "Syria and the French Mandate," *International Affairs*, Vol. 13, No. 4 (July-August, 1934), pp. 523-524.
56. V. M. Amadouny, "The Formation of the Transjordan-Syria Boundary, 1915-32," p. 537.
57. Alfred Bonné, "The Concessions for the Mosul-Haifa Pipe Line," *The Annals of the American Academy of Political and Social Science*, Vol. 164 (November, 1932), p. 117.
58. V. M. Amadouny, "The Formation of the Transjordan-Syria Boundary, 1915-32," pp. 542-543.
59. 詹姆斯巴爾著，徐臻譯，《瓜分沙洲：英國、法國與塑造中東的鬥爭》

28. Yitzhak Gil-Har, "Boundaries Delimitation: Palestine and Trans-Jordan," *Middle Eastern Studies*, Vol. 36, No. 1 (January 2000), pp. 69-70.
29. Mary C. Wilson, *King Abdullah, Britain and the Making of Jordan* (Cambridge: Cambridge University Press, 1987), pp. 42-43
30. 戴維弗羅姆金著，欒力夫譯，《終結所有和平的和平：奧斯曼帝國的衰亡與現代中東的形成》，頁 547。
31. Joseph Nevo, "'Abdallh's Memoirs as Historical Source Material," in Asher Susser and Aryeh Shmuelevitz (eds), *The Hashemites in the Modern Arab World: Essays in Honour of the Late Professor Uriel Dann*, p. 173-174.
32. Beverley Milton-Edwards and Peter Hinchcliffe, *Jordan: A Hashemite Legacy* (London and New York: Routledge, 2009), p. 19.
33. Mary C. Wilson, "King Abdullah and Palestine," *Bulletin (British Society for Middle Eastern Studies)*, Vol. 14, No. 1 (1987), pp. 37-38.
34. 尤金羅根著，黃煜文譯，《阿拉伯人五百年史（上）》，頁 250。
35. Joseph Nevo, "'Abdallh's Memoirs as Historical Source Material," p. 168.
36. Reeva S. Simon, "The Hashemite 'Conspiracy': Hashemite Unity Attempts, 1921-1958," *International Journal of Middle East Studies*, Vol. 5, No. 3 (June, 1974), p. 316.
37. Ali A. Allawi, *Faisal I of Iraq*, p. 264.
38. Eliezer Tauber, "The Struggle for Dayr al-Zur: The Determination of Borders between Syria and Iraq," *International Journal of Middle East Studies*, Vol. 23, No. 3 (August, 1991), pp. 365-366.
39. John Fisher, "Syria and Mesopotamia in British Middle Eastern Policy in 1919," *Middle Eastern Studies*, Vol. 34, No. 2 (April, 1998), p. 164.
40. "Franco-British Convention on Certain Points Connected with the Mandates for Syria and the Lebanon, Palestine and Mesopotamia," *The American Journal of International Law*, Vol. 16, No. 3 (July, 1922), p. 122.
41. Daniel Pipes, *Greater Syria: The History of an Ambition* (New York: Oxford University Press, 1990), p. 6.
42. 陳立樵，〈伊朗西部邊界劃分與英國之交涉（1905-1914）〉，《成大歷史學報》，第 46 號，2014 年 6 月，頁 158。
43. Khalid al-Izzi, *The Shatt-al-Arab Dispute: A Legal Study* (London: Third World Centre for Research and Publishing, 1981), p. 34.

the Post-Ottoman Order: From Chieftaincy to Suzerainty," *Middle Eastern Studies*, Vol. 34, No. 1 (January, 1998), p. 107.

17. Joshua Teitelbaum, "Pilgrimage Politics: The Hajj and Saudi-Hashemite Rivalry, 1916-1925," in Asher Susser and Aryeh Shmuelevitz (eds), *The Hashemites in the Modern Arab World: Essays in Honour of the Late Professor Uriel Dann* (New York: Frank Cass, 1995), pp. 78-79.
18. Daniel Silverfarb, "The Treaty of Jiddah of May 1927," *Middle Eastern Studies*, Vol. 18, No. 3 (July, 1982), p. 282.
19. Daniel Silverfarb, "Great Britain, Iraq, and Saudi Arabia: The Revolt of the Ikhwan, 1927-1930," p. 224.
20. Edward Peter Fitzgerald, "France's Middle Eastern Ambitions, the Sykes-Picot negotiations, and the Oil Fields of Mosul, 1915-1918," p. 715.
21. Dan Eldar, "France in Syria: The Abolition of the Sharifian Government, April-July 1920," *Middle Eastern Studies*, Vol. 29, No. 3 (July, 1993), pp. 487-488.
22. Sevtap Demirci, "Turco-British Diplomatic Manoeuvres on the Mosul Question in the Lausanne Conference, 1922-1923," *British Journal of Middle Eastern Studies*, Vol. 37, No. 1 (April, 2010), pp. 64-65.
23. C. J. Edmond, "Kurdish Nationalism," *Journal of Contemporary History*, Vol. 6, No. 1 (1971), p. 90.
24. Touraj Atabaki, "The Caliphate, the Clerics and Republicanism in turkey and Iran: Some Comparative Remarks," in Touraj Atabaki and Erik J. Zürcher (ed), *Men of Order: Authoritarian Modernization under Atatürk and Reza Shah* (New York: I.B. Tauris, 2004), p. 60.
25. Nevin Coşar and Sevtap Demirci, "The Mosul Question and the Turkish Republic: Before and After the Frontier Treaty, 1926," *Middle East Studies*, Vol. 42, No. 1 (January, 2006), pp. 126-127.
26. "Treaty Between the United Kingdom and Iraq and Turkey Regarding the Settlement of the Frontier Between Turkey and Iraq, Together with Notes Exchanged," *The American Journal of International Law*, Vol. 21, No. 4 (October, 1927), pp. 136-143.
27. 西恩麥克米金著，黃中憲譯，《終局之戰：鄂圖曼帝國的瓦解，和現代中東的形成（下）》，頁 344。

第三章

1. 西恩麥克米金著，黃中憲譯，《終局之戰：鄂圖曼帝國的瓦解，和現代中東的形成（下）》（新北：左岸文化，2019），頁 59-62。
2. Timothy J. Paris, *Britain, The Hashemites and Arab Rule 1920-1925: The Sherifan Solution* (London: Frank Cass, 2003), pp. 26-27.
3. Isaiah Friedman, "The McMahon-Hussein Correspondence and the Question of Palestine," *Journal of Contemporary History*, Vol. 5, No. 2 (1970), p. 105.
4. 尤金羅根著，黃煜文譯，《阿拉伯人五百年史（上）》，頁 206。
5. Ali A. Allawi, *Faisal I of Iraq* (New Haven and London: Yale University Press, 2014), p. 55.
6. George Antonius, *The Arab Awakening: The Story of the Arab National Movement* (New York: J. B. Lippincott Company, 1939), p. 436.
7. 戴維弗羅姆金著，栾力夫譯，《終結所有和平的和平：奧斯曼帝國的衰亡與現代中東的形成》，頁 502。
8. Edward Peter Fitzgerald, "France's Middle Eastern Ambitions, the Sykes-Picot Negotiations, and the Oil Fields of Mosul, 1915-1918," *The Journal of Modern History*, Vol. 66, No. 4 (December, 1994), p. 697.
9. Ali A. Allawi, *Faisal I of Iraq*, p. 279.
10. Isaiah Friedman, "Arnold Toynbee: Pro-Arab or Pro-Zionist?," *Israel Studies*, Vol. 4, No. 1 (Spring, 1999), p. 75.
11. Judith S. Yaphe, "The View from Basra: Southern Iraq's Reaction to War and Occupation, 1915-1925," in Reeva Spector Simon and Eleanor H. Tejirian (eds), *The Creation of Iraq, 1914-1921*, pp. 32-33.
12. Bruce Masters, *The Arabs of the Ottoman Empire, 1516-1918: A Social and Cultural History* (New York: Cambridge University Press, 2013), pp. 61-62.
13. Timothy J. Paris, *Britain, the Hashemites and Arab Rule 1920-1925: The Sherifian Solution*, p. 8.
14. Daniel Silverfarb, "Great Britain, Iraq, and Saudi Arabia: The Revolt of the Ikhwan, 1927-1930," *The International History Review*, Vol. 4, No. 2 (May, 1982), pp. 223-224.
15. Timothy J. Paris, *Britain, the Hashemites and Arab Rule 1920-1925: The Sherifian Solution*, p. 339.
16. Joshua Teitelbaum, "Shairf Husayn ibn Ali and the Hashemite Vision of

Athens," *International Security*, Vol. 9, No. 4 (Spring, 1985), p. 188.

24. John S. Koliopoulos and Thanos M. Veremis, *Modern Greece: A History since 1821*, p. 135.
25. 馬克馬佐爾著，劉會梁譯，《巴爾幹：被誤解的歐洲火藥庫》，頁 101。
26. R. J. Crampton, *A Concise History of Bulgaria* (Cambridge: Cambridge University Press, 2005), p. 83.
27. Barbara Jelavich, *The Ottoman Empire, the Great Powers, and the Straits Question 1870-1887*, p. 112.
28. Nevill Forbes, "Bulgaria and Serbia," in Nevill Forbes, Arnold Toynbee, David Mitrany and D. G. Hogarth, *The Balkans: A History of Bulgaria, Serbia, Greece, Rumania, Turkey* (Oxford: Clarendon Press, 1915), p. 45.
29. Barbara Jelavich, *The Ottoman Empire, the Great Powers, and the Straits Question 1870-1887*, p. 111.
30. 王三義，《奧斯曼帝國晚期研究（1792-1918）》，頁 296。
31. Richard C. Hall, "Bulgaria in the First World War," *The Historian,* Vol. 73, No. 2 (Summer, 2011), p. 301.
32. Nevill Forbes, "Bulgaria and Serbia," p. 63 與王三義，《奧斯曼帝國晚期研究（1792-1918）》，頁 279-298。
33. Ronald Bobroff, "Behind the Balkan Wars: Russian Policy toward Bulgaria and the Turkish Straits, 1912-13," *The Russian Review*, Vol. 59, No. 1 (January, 2000), p. 94.
34. Nevill Forbes, "Bulgaria and Serbia," p. 64.
35. 悉納阿克辛著，吳奇俊、劉春燕、劉義譯，《土耳其的崛起（1789 年至今）》，頁 100-101。
36. Richard C. Hall, "Bulgaria in the First World War," p. 304.
37. 瑪格蕾特麥克米蘭著，鄧峰譯，《巴黎 和會：締造和平還是重起戰爭？重塑世界新秩序的關鍵 180 天》（臺北：麥田出版，2019），頁 191。
38. 1923 年《洛桑條約》https://www.mfa.gov.tr/lausanne-peace-treaty-part-i_-political-clauses.en.mfa（2021 年 7 月 8 日點閱）

學文獻出版社，2015），頁 299。

10. 菲利普曼瑟著，林玉菁譯，《黎凡特》（臺北：馬可孛羅，2020），頁 281。
11. 請參考 1919 年《國際聯盟盟約》https://avalon.law.yale.edu/20th_century/leagcov.asp#art22（2021 年 8 月 8 日點閱）
12. Stanford J. Shaw and Ezel Kuralshaw, (eds), *History of the Ottoman Empire and Modern Turkey Volume II: Reform, Revolution, and Republic: The Rise of Modern Turkey, 1808-1975* (Cambridge: Cambridge University Press, 1977), p. 348；也可參考悉納阿克辛著，吳奇俊、劉春燕、劉義譯，《土耳其的崛起（1789 年至今）》（北京：社會科學文獻出版社，2017），頁 162。
13. John S. Koliopoulos and Thanos M. Veremis, *Modern Greece: A History since 1821*, p. 76.
14. 趙軍秀，《英國對土耳其海峽政策的演變（18 世紀末至 20 世紀初）》（北京：中國社會科學出版社，2007），頁 241。
15. 趙軍秀，《英國對土耳其海峽政策的演變（18 世紀末至 20 世紀初）》，頁 248。
16. Hasan Kayali, "The Struggle for Independence," in Reşat Kasaba (ed), *The Cambridge History of Turkey Volume 4: Turkey in the Modern World*, p. 141.
17. 1923 年《洛桑條約》https://www.mfa.gov.tr/lausanne-peace-treaty-part-i_-political-clauses.en.mfa（2021 年 7 月 8 日點閱）
18. Antonis Klapsis, "Turkey's Search for a New Foreign Policy, 1923-1925: The View of Greek Diplomacy," *Balkan Studies*, Vol. 46 (2005-2007), pp. 88-92.
19. 1923 年《洛桑條約》https://www.mfa.gov.tr/lausanne-peace-treaty-part-i_-political-clauses.en.mfa（2021 年 7 月 8 日點閱）
20. 馬克馬佐爾著，劉會梁譯，《巴爾幹：被誤解的歐洲火藥庫》，頁 150。
21. Brian W. Beeley, "The Greek-Turkish Boundary: Conflict at the Interface," p. 356-360 與 Hasan Kayali, "The Struggle for Independence," p. 143.
22. Bruce Robellet Kuniholm, *The Origins of the Cold War in the Near East: Great Power conflict and Diplomacy in Iran, Turkey, and Greece* (Princeton: Princeton University Press, 1980), pp. 458-463.
23. Van Coufoudakis, "Greek-Turkish Relations, 1973-1983: The View from

New York: I.B. Tauris, 2016), p. 166.

84. 埃雷斯馬內拉著，吳潤璿譯，《1919：中國、印度、埃及、韓國，威爾遜主義及民族自決的起點》（新北：八旗文化，2018），頁 348。
85. 貢德法蘭克著，劉北城譯，《白銀資本：重視經濟全球化中的東方》（北京：中央編譯出版社，2001），頁 373。
86. 貢德法蘭克著，羅伯特德內馬克編，吳延民譯，《十九世紀大轉型》（北京：中信出版，2019），頁 1-51。
87. 可參考Mohammad Gholi Majd, *The Great Famine & Genocide in Iran 1917-1919* (Maryland: University Press of America, 2013).
88. 可參考 Homa Katouzian, "The Campaign against the Anglo-Iranian Agreement of 1919," *British Journal of Middle Eastern Studies*, Vol. 25, No. 1 (May, 1998), pp. 5-46.

第二章

1. Denis Vovchenko, *Containing Balkan Nationalis: Imperial Russia & Ottoman Christians, 1856-1914* (New York: Oxford University Press, 2016), p. 41.
2. Brian W. Beeley, "The Greek-Turkish Boundary: Conflict at the Interface," *Transactions of the Institute of British Geographers*, Vol. 3, No. 3, 1978, p. 354.
3. 李察克羅格著，蘇俊翔譯，《錯過進化的國度──希臘的現代化之路》（新北：左岸文化，2003），頁 51。
4. John S. Koliopoulos and Thanos M. Veremis, *Modern Greece: A History since 1821* (West Sussex: Wiley-Blackwell, 2010), p. 16.
5. Thomas W. Gallant, *Modern Greece* (London: Arnold, 2001), p. 25.
6. Arnold J. Toynbee, "Greece," in Nevill Forbes, Arnold Toynbee, David Mitrany and D. G. Hogarth, *The Balkans: A History of Bulgaria, Serbia, Greece, Rumania, Turkey* (Oxford: Clarendon Press, 1915), p. 173.
7. "Protocol of Conference between Great Britain, France, and Russia, relative to the Independence of Greece," *The American Journal of international Law*, Vol. 12, No. 2 (April, 1918), p. 67.
8. Denis Vovchenko, *Containing Balkan Nationalism Imperial Russia & Ottoman Christians, 1856-1914*, p. 248.
9. 王三義，《奧斯曼帝國晚期研究（1792-1918）》（北京：中國社會科

51-53.

69. Ervand Abrahamian, *A History of Modern Iran*, pp. 8-14.
70. Vanessa Martin, "An Evaluation of Reform and Development of the State in the Early Qājār Period," *Die Welt des Islams*, Vol. 36, Issue 1 (March, 1996), pp. 23-24.
71. Bradford G. Martin, *German-Persian Diplomatic Relations 1873-1912* (Netherlands: Mouton & Co., 1959), p. 22.
72. J. C. Hurewitz, *Diplomacy in the Near and Middle East, A Documentary Record: 1535-1914, Volume 1*, pp. 265-267.
73. 可參考 W. Morgan Shuster, *The Strangling of Persia* (New York: The Century Co., 1912).
74. C. Snouck Hurgronje, *The Holy War "Made in Germany"* (New York: Putnam's, 1915).
75. Ulrich Trumpener, *Germany and the Ottoman Empire, 1914-1918* (Princeton: Princeton University Press, 1968), p. 4.
76. Christopher Sykes, *Wassmuss "The German Lawrence"* (London: Longmans, Green and Co., 1936), p. 60.
77. Eugene Rogan, "Rival Jihads: Islam and the Great War in the Middle East, 1914-1918," *Journal of the British Academy*, Vol. 4, 2016, p. 3.
78. Mikhail Volodarsky, *The Soviet Union and Its Southern Neighbours: Iran and Afghanistan, 1917-1933* (London: Frank Cass, 1994), pp. 10-11.
79. Amin Saikal, *Modern Afghanistan: A History of Struggle and Survival*, p. 51.
80. 1916 年《賽克斯－皮科協議》https://ecf.org.il/media_items/853（2021 年 7 月 20 日點閱）。可參考戴維弗羅姆金著，栾力夫譯，《終結所有和平的和平：奧斯曼帝國的衰亡與現代中東的形成》（北京：中信出版，2020），頁 228-235。
81. 1917 年《貝爾福宣言》https://ecf.org.il/media_items/297（2021 年 8 月 8 日點閱）
82. WM. J. Olson, *Anglo-Iranian Relations during World War I* (London: Frank Cass, 1984), pp. 131-132.
83. Kristian Coates Ulrichsen, *The First World War in the Middle East* (London: Hurst & Company, 2014), p. 31 與 H. Lyman Stebbins, *British Imperialism in Qajar Iran: Consuls, Agents and Influence in the Middle East* (London and

Record: 1535-1914, Volume 1, pp. 153-156.

57. Donald Quataert, *The Ottoman Empire 1700-1922* (Cambridge: Cambridge University Press, 2005), p. 86.
58. 查爾斯金著，蘇聖捷譯，《黑海史：歐亞角力場》（上海：東方出版中心，2020），頁 228。
59. 徐中約著，屈文生譯，《中國進入國際大家庭：1858-1880 年間的外交》（北京：商務印書館，2018），頁 8。學者佛洛特納（Benjamin C. Frotna）也有相似的看法，他說鄂圖曼加入了「歐洲社團」（European Club）。請見 Benjamin C. Fortna, "The Reign of Abdülhamid II," in Reşat Kasaba (ed), *Cambridge History of Turkey, Volume 4: Turkey in the Modern World*, p. 44.
60. Thomas Erskine Holland, *The European Concert in the Eastern Question: A Collection of Treaties and Other Public Acts* (Oxford: The Claredon Press, 1885), pp. 335-348.
61. 西恩麥克米金著，黃中憲譯，《終局之戰：鄂圖曼帝國的瓦解，和現代中東的形成（上）》（新北：左岸文化，2019），頁 39-40。
62. Carter Vaughn Findley, "The Tanzimat," in Reşat Kasaba (ed.), *Cambridge History of Turkey, Volume 4: Turkey in the Modern World*, p. 14.
63. Abbas Amanat, *Iran: A Modern History*, p. 196.
64. Ervand Abrahamian, *A History of Modern Iran* (Cambridge: Cambridge University Press, 2009), p. 36.
65. Firoozeh Kashani-Sabet, "Fragile Frontiers: The Diminishing Domains of Qajar Iran," *International Journal of Middle East Studies*, Vol. 29, No. 2 (May, 1997), p. 213.
66. Lawrence G. Potter, "The Evolution of the Iran-Iraq Border," in Reeva Spector Simon and Eleanor H. Tejiria (eds), *The Creation of Iraq, 1914-1921* (New York: Columbia University Press, 2004), p. 65.
67. Vanessa Martin, "The British in Bushehr: The impact of the First Herat War (1838-41) on Relations with State and Society," in Vanessa Martin (ed), *Anglo-Iranian Relations since 1800* (London and New York: Routledge, 2005), pp. 58-59.
68. Evgeny Sergeev, *The Great Game 1856-1907: Russo-British Relations in central and East Asia* (Washington: Woodrow Wilson Center Press, 2014), pp.

43. Ernet Tucker, "The Peace Negotiations of 1736: A Conceptual Turning Point in Ottoman-Iranian Relations," *Turkish Studies Association Bulletin*, Vol. 20, No. 1 (Spring, 1996), pp. 25-34.
44. 麥克爾阿克斯沃西著，周思譯，《波斯之劍：納迪爾沙與現代伊朗的崛起》，頁 320。
45. Marshall G. S. Hodgson, *The Venture of Islam: Conscience and History in a World Civilization, Volume 3 The Gunpowder Empires and Modern Times*, pp. 17-18.
46. 薩依德著，王志弘、王淑燕、郭菀玲、莊雅仲、游美惠、游常山譯，《東方主義》，頁 107。
47. 瑪雅加薩諾夫著，朱邦芊譯，《帝國的東方歲月（1750-1850）：蒐藏與征服，英法殖民競賽下的印度與埃及》（臺北：貓頭鷹出版，2020），頁 213-220。
48. Bruce Masters, "Semi-autonomous forces in the Arab Provinces," in Suraiya N. Faroqhi (ed), *The Cambridge History of Turkey Volume 3: The Later Ottoman Empire, 1603-1839* (Cambridge: Cambridge University Press, 2006), pp. 205-206.
49. 尤金羅根著，黃煜文譯，《阿拉伯人五百年史（上）》（臺北：貓頭鷹出版，2019），頁 109。
50. J. C. Hurewitz, *Diplomacy in the Near and Middle East, A Documentary Record: 1535-1914, Volume 1* (New Jersey: D. Van Nostrand Company, 1956), pp. 105-106.
51. Alan Cunningham, *Anglo-Ottoman Encounters in the Age of Revolution: Collected Essays: Volume One* (London: Frank Cass, 1993), p. 28.
52. Barbara Jelavich, *The Ottoman Empire, the Great Powers, and the Straits Question 1870-1887* (Bloomington and London: Indiana University Press, 1973), p. 14.
53. 吉卜林著，廖綉玉譯，《基姆》（臺北：聯經出版，2017），頁 165。
54. J. C. Hurewitz, *Diplomacy in the Near and Middle East, A Documentary Record: 1535-1914, Volume 1*, pp. 110-111.
55. J. C. Hurewitz, *Diplomacy in the Near and Middle East, A Documentary Record: 1535-1914, Volume 1*, p. 55.
56. J. C. Hurewitz, *Diplomacy in the Near and Middle East, A Documentary*

30. Marshall G. S. Hodgson, *The Venture of Islam: Conscience and History in a World Civilization, Volume 3 The Gunpowder Empires and Modern Times* (Chicago and London: The University of Chicago Press, 1974), p. 62.
31. Rudi Matthee, "Safavid Iran and the "Turkish Question" or How to Avoid a War on Multiple Fronts," *Iranian Studies*, Vol. 52, Nos. 3-4 (2019), pp. 513-542.
32. Douglas E. Streusand, *Gunpowder Empires: Ottomans, Safavids, and Mughals*, p. 154.
33. Rudi Matthee, "Safavid Iran and the "Turkish Question" or How to Avoid a War on Multiple Fronts," p. 523.
34. Daniel Razzari, "Through the Backdoor: An Overview of the English India Company's Rise and Fall in Safavid Iran, 1616-40," *Iranian Studies*, Vol. 52, Nos. 3-4 (2019), p. 491.
35. Homa Katouzian, *The Persians: Ancient, Mediaeval and Modern Iran*, p. 125.
36. Douglas E. Streusand, *Gunpowder Empires: Ottomans, Safavids, and Mughals*, p. 153.
37. 麥克爾阿克斯沃西著，周思譯，《波斯之劍：納迪爾沙與現代伊朗的崛起》，頁 38-39。
38. Mehmet Yılmaz Akbulut, *The Scramble for Iran: Ottoman Military Diplomatic Engagements During the Afghan Occupation of Iran, 1722-1729* (İstanbul: Libra Kitap, 2017), pp. 71-87.
39. Pirouz Mojtahed-Zadeh, *Small Players of the Great Game: The Settlement of Iran's Eastern Borderlands and the Creation of Afghanistan* (London and New York: RoutledgeCurzon, 2004), p. 124.
40. Amin Saikal, *Modern Afghanistan: A History of Struggle and Survival* (London and New York: I.B. Tauris, 2004), p. 20.
41. Stanford Shaw, "Iranian Relations with the Ottoman empire in the Eighteenth and Nineteenth Centuries," in Peter Avery, Gavin Hambly and Charles Melville (eds), *The Cambridge History of Iran Volume 7 From Nadir Shah to the Islamic Republic* (Cambridge: Cambridge University Press, 1991), p. 300.
42. Mehmet Yılmaz Akbulut, *The Scramble for Iran: Ottoman Military Diplomatic Engagements During the Afghan Occupation of Iran, 1722-1729*, pp. 38-49.

15. 濮德培著，葉品岑、蔡偉傑、林文凱譯，《中國西征：大清征服中央歐亞與蒙古帝國的最後輓歌》（新北：衛城出版，2021），頁 156。
16. Jane Hathaway, *The Arabs Lands under Ottoman Rule, 1516-1800* (London and New York: Routledge, 2008), p. 75-76.
17. Kate Fleet, "The Ottomans 1451-1603: A Political History Introduction," in Suraiya N. Faroqhi and Kate Fleet (eds), *The Cambridge History of Turkey Volume I: Byzantium to Turkey, 1071-1453* (Cambridge: Cambridge University Press, 2013), p. 33.
18. Douglas E. Streusand, *Gunpowder Empires: Ottomans, Safavids, and Mughals* (London: Westview Press, 2011), pp. 140-141.
19. Abbas Amanat, *Iran: A Modern History* (New Haven & London: Yale University Press, 2017), p. 42.
20. Homa Katouzian, *The Persians: Ancient, Mediaeval and Modern Iran* (New Haven and London: Yale University Press, 2009), p. 110.
21. Douglas E. Streusand, *Gunpowder Empires: Ottomans, Safavids, and Mughals*, pp. 142-143.
22. Michael Axworthy, *A History of Iran: Empire of the Mind* (New York: Basic Books, 2009), pp. 131-132.
23. Abbas Amanat, *Iran: A Modern History*, p. 69.
24. Fariba Zarinebaf, "Azerbaijan between Two Empires: A Contested Borderland in the Early Modern Period (Sixteenth-Eighteenth Centuries)," *Iranian Studies*, Vol. 52, Nos. 3-4 (2019), pp. 299-337.
25. 麥克爾阿克斯沃西著，周思譯，《波斯之劍：納迪爾沙與現代伊朗的崛起》（北京：民主與建設出版社，2021），頁 37。
26. Nikolay Antov, *The Ottoman "Wild West": The Balkan Frontier in the Fifteenth and Sixteenth Centuries*, p. 24.
27. H. R. Roemer, "The Safavid Period," in Peter Jackson and Laurence Lockhart (eds), *The Cambridge History of Iran Volume 6: The Timurid and Safavid Periods* (Cambridge: Cambridge University Press, 1986), pp. 270-271.
28. Gene R. Garthwaite, *The Persians* (Malden: Blackwell Publishing, 2005), p. 174.
29. Sabri Ateş, "Treaty of Zohab, 1639: Foundational Myth or Foundational Document?," *Iranian Studies*, Vol. 52, Nos. 3-4 (2019), p. 398.

5. 提姆麥金塔史密斯編，苑默文譯，《伊本巴杜達遊記：給未來的心靈旅人》（新北：臺灣商務印書館，2015），頁 73。
6. 提姆麥金塔史密斯編，苑默文譯，《伊本巴杜達遊記：給未來的心靈旅人》，頁 227。
7. Saïd Amir Arjomand, "Legitimacy and Political Organisation: Caliphs, Kings and Regimes," in Robert Irwin (ed), *The New Cambridge History of Islam, Volume 4: Islamic Cultures and Societies to the End of the Eighteenth Century* (Cambridge: Cambridge University Press, 2010), p. 260.
8. 林佳世子著，林姿呈譯，《鄂圖曼帝國五百年的和平》（新北：八旗文化，2019），頁 44。也可參考 Kate Fleet, "The Rise of the Ottomans," in Maribel Fierro (ed), *The New Cambridge History of Islam Volume 2: The Western Islamic World Eleventh to Eighteenth Centuries* (Cambridge: Cambridge University Press, 2010), p. 313.
9. Nikolay Antov, *The Ottoman "Wild West": The Balkan Frontier in the Fifteenth and Sixteenth Centuries* (New York: Cambridge University Press, 2017), p. 17.
10. 當下人們通常稱首都為「城裡」，希臘語的「去城裡」（eis ten polin）與 Istanbul 很相似，所以君士坦丁堡後來稱為伊斯坦堡，應是有這樣的語言關係。請見查爾斯金著，葉品岑譯，《午夜的佩拉皇宮：近代伊斯坦堡的誕生》（臺北：麥田出版，2017），頁 322。
11. Huselin Isiksal, "An Analysis of the Turkish-Greek Relations from Greek 'Self' and Turkish 'Other' Perspective: Causes of Antagonism and Preconditions for Better Relationships," *Alternatives: Turkish Journal of International Relations*, Vol. 1, No. 3 (Fall, 2002), pp. 122-123.
12. 馬克馬佐爾著，劉會梁譯，《巴爾幹：被誤解的歐洲火藥庫》（新北：左岸文化，2005），頁 37-38。
13. Halil İnalcık, "The Rise of the Ottoman Empire," in P. M. Holt, Ann K. Lambton, and Bernard Lewis (eds), *The Cambridge History of Islam Volume I: The Central Islamic Lands* (London: Cambridge University Press, 1970), pp. 320-323.
14. 格倫巴基，〈鄂圖曼帝國的多元〉，收錄於艾哈邁德 T 庫魯、阿爾佛雷德史蒂本著，林佑柔譯，《土耳其化的伊斯蘭》（新北：光現出版，2017），頁 40。

2002），頁 24。

10. Ignace Feuerlicht, "A New Look at the Iron Curtain," *American Speech*, Vol. 30, No. 3 (October, 1955), p. 186.

11 薩依德著，王志弘、王淑燕、郭莞玲、莊雅仲、游美惠、游常山譯，《東方主義》（新北：立緒文化，2005），頁 45。

12. Arshin Adib-Moghaddam, *A Metahistory of the Clash of Civilisations: Us and Them Beyond Orientalism* (London: Hurst & Co., 2011), p. 6.

13. 奇麥可著，吳緯疆譯，《成為黃種人：一部東亞人由白變黃的歷史》（新北：八旗文化，2015），頁 23-35。

14. 班納迪克安德森著，吳叡人譯，《想像的共同體——民族主義的起源與散布》（臺北：時報文化，2010），頁 57。

15. 里博著，李易安譯，《歐亞帝國的邊境：衝突、融合與崩潰，16-20 世紀大國興亡的關鍵（上）》（臺北：貓頭鷹出版，2020），頁 11-12。

16. 提姆馬歇爾著，林添貴譯，《牆的時代：國家之間的障礙如何改變我們的世界》（新北：遠足文化，2019），頁 9-15。

17. 大衛弗萊著，韓翔中譯，《城牆：從萬里長城到柏林圍牆，一部血與磚打造的人類文明史》（新北：臺灣商務印書館，2020），頁 319。

18. 薩依德著，王志弘、王淑燕、郭莞玲、莊雅仲、游美惠、游常山譯，《東方主義》，頁 142、頁 338-339、頁 439。

19. 兩河流域是指幼發拉底河（Euphrates）與底格里斯河（Tigris）流經的地區，也稱美索不達米亞（Mesopotamia）。

第一章

1. 可參考休甘迺迪著，黃煜文譯，《先知的繼承者：伊斯蘭最高領袖哈里發統治的國度》（臺北：貓頭鷹出版，2021），頁 242-262。

2. 尼札姆莫爾克著，藍琪、許序亞譯，《治國策》（昆明：雲南人民出版社，2002），頁 3。

3. Michael Chamberlain, "The Crusader Era and the Ayyubid Dynasty," in Carl F. Petry (ed), *The Cambridge History of Egypt Volume I: Islamic Egypt, 640-1517* (Cambridge: Cambridge University Press, 1998), p. 215.

4. Linda S. Northrup, "The Bahrī Mamlūk Sultanate, 1250-1390," in Carl F. Petry (ed), *The Cambridge History of Egypt Volume I: Islamic Egypt, 640-1517*, p. 255.

註釋

前言

1. Maurice Harari, "The Turco-Persian Boundary Question: A Case Study in the Politics of Boundary-Making in the Near and Middle East," PhD Thesis, Columbia University, 1958.
2. Sabri Ateş, *The Ottoman-Iranian Borderlands: Making a Boundary, 1843-1914* (New York: Cambridge University Press, 2013).
3. 簡略列出史科菲爾德對伊朗與鄂圖曼、伊朗與伊拉克邊界的研究：Richard N. Schofield, *Evolution of the Shatt Al-'Arab Boundary Dispute* (Wisbech: Middle East & North African Studies Press, 1986); Richard Schofield, "Interpreting a Vague River Boundary Delimitation: The 1847 Erzerum Treaty and the Shatt al-Arab before 1913," in Keith McLachlan (ed), *The Boundaries of Modern Iran* (London: UCL Press, 1994), pp. 72-92; Richard Schofield, "Narrowing the Frontier: Mid-Nineteenth Century Efforts to Delimit and Map the Perso-Ottoman Border," in Roxane Farmanfarmaian (ed), *War and Peace in Qajar Persia: Implications Past and Present* (London and New York: Routledge, 2008), pp. 149-173.
4. Richard Schofield (ed), *The Iran-Iraq Border, 1840-1958* (Buckinghamshire: Archive Editions, 1989).
5. Ali Gheissari, "Editorial Foreword," *Iranian Studies*, Vol. 52, Nos. 3-4 (2019), p. 289.
6. 另稱阿爾查賀共和國（Republic of Artsakh）。
7. 艾尼斯特葛爾納著，李金梅與黃俊龍譯，《國族與國族主義》（臺北：聯經出版，2001），頁 1-2。
8. 艾瑞克霍布斯邦著，李金梅譯，《民族與民族主義》（臺北：麥田出版，1997），頁 8-9。
9. 霍布斯邦等著，陳思仁等譯，《被發明的傳統》（臺北：貓頭鷹出版，

歷史與現場 314

現代西亞的前世今生

國際強權與區域勢力競爭中的邊界劃分、消逝、再劃分

作者	陳立樵
主編	王育涵
特約校對	廖柏皓
地圖繪製	吳郁嫻
責任企畫	郭靜羽
美術設計	吳郁嫻
內頁排版	張靜怡
總編輯	胡金倫
董事長	趙政岷
出版者	時報文化出版企業股份有限公司 108019 臺北市和平西路三段 240 號 7 樓 發行專線｜ 02-2306-6842 讀者服務專線｜ 0800-231-705 ｜ 02-2304-7103 讀者服務傳真｜ 02-2302-7844 郵撥｜ 1934-4724 時報文化出版公司 信箱｜ 10899 臺北華江橋郵政第 99 信箱
時報悅讀網	www.readingtimes.com.tw
人文科學線臉書	http://www.facebook.com/humanities.science
法律顧問	理律法律事務所｜陳長文律師、李念祖律師
印刷	勁達印刷有限公司
初版一刷	2022 年 7 月 22 日
定價	新臺幣 450 元

ISBN 978-626-335-677-1 ｜ Printed in Taiwan

現代西亞的前世今生：國際強權與區域勢力競爭中的邊界劃分、消逝、再劃分／陳立樵著．
-- 初版．-- 臺北市：時報文化出版企業股份有限公司，2022.07 ｜ 336 面；14.8×21 公分．
ISBN 978-626-335-677-1（平裝）｜ 1. CST：世界史 2. CST：西亞｜ 734.3 ｜ 111010274

時報文化出版公司成立於一九七五年，並於一九九九年股票上櫃公開發行，於二〇〇八年脫離中時集團非屬旺中，以「尊重智慧與創意的文化事業」為信念。